北京文史

历史文化专辑

ANCIENT CHARM
AND NEW STYLE
TRAVEL TO BEIJING

古韵新风

游京华

北京市文史研究馆 编著

祈年殿

中国文史出版社

图书在版编目（CIP）数据

古韵新风游京华 / 北京市文史研究馆编著. -- 北京：
中国文史出版社，2025. 5. --（北京文史历史文化专辑
）. -- ISBN 978-7-5205-4978-3

Ⅰ. K291-49

中国国家版本馆CIP数据核字第2024EL2363号

北京文史历史文化专辑

古韵新风游京华

GUYUNXINFENG YOU JINGHUA

北京市文史研究馆　编著

执行主编：李明洪

编　　委：杨良志　韩　朴　王　岗　邸永君

执行编辑：蒋颖洁　张　壎　周天一

封面题字：苏士澍

书籍设计：刘绍庆

插图绘制：刘绍庆

责任编辑：卢祥秋

责任印制：梁雪峰

出版发行：**中国文史出版社**

地　　址：北京市海淀区西八里庄路69号院　邮编：100142

电　　话：010-81136606　81136602　81136603（发行部）

传　　真：010-81136655

印　　装：北京雅昌艺术印刷有限公司

经　　销：全国新华书店

开　　本：787毫米×1092毫米　1/16

印　　张：20

字　　数：260千字

版　　次：2025年5月第1版

印　　次：2025年5月第1次印刷

定　　价：128.00元

○ 作者简介
Introduction of the Author

杨良志 北京市文史研究馆馆员，北京出版集团资深编审，主持出版《四库禁毁书丛刊》、《四库未收书辑刊》、《毛泽东手迹》丛书、《北京中轴线文化游典》等。

韩 朴 北京市文史研究馆馆员，首都图书馆原副馆长，北京地方文献专家，图书馆界学科带头人，主持出版《地方文献的理论与实际》《消逝的风俗》等。

王 岗 北京市文史研究馆馆员，中国古都学会副会长，北京古都学会会长，主持出版《古都北京中轴线》《历史上的水与北京城》《中国地域文化通览（北京卷）》等。

邱永君 北京市人民政府参事室特约研究员，中国社会科学院民族学与人类学研究所研究员，明清史、北京史专家，《北京弘慈广济寺志·人物志》主笔。

目 录
Contents

前言

北京是一座拥有三千多年文明发展史的历史文化名城。自金建中都以来，至今已历八百七十余年，这里名胜古迹众多，文化积淀深厚。而今日的北京，也在历史的演进中不断发展，兼具深厚的文化底蕴与非凡的现代活力；正以开放包容的博大胸襟，吸引着全国乃至全世界的各方人士来这里探寻中华文明的无穷魅力。

本书以北京市政府组织编制的《首都功能核心区控制性详细规划（街区层面）（2018—2035）》中"文化传承系统规划图"为基本参照，精选集中在北京老城区的最具代表性的八十余处国家级、北京市级文物保护单位与重要文化景观，依空间分布，串联成十条文化探访路线，以期为读者了解北京悠久的历史、亲身感受这座城市的丰富文化内涵提供线索。

这十条文化探访路线，紧密结合北京老城特有的人文景观与自然风物，勾勒出北京核心区的文化肌理。书中的文字介绍与旧影新照相互映衬，以呈现北京历史文化传承脉络与城市发展新貌，为读者了解北京的过去与现在提供帮助、增添意趣。

闲暇之余，请您带上这本书，来一场说走就走的"citywalk"，沿着古老的北京中轴线，观瞻辉煌的皇家建筑，感受庄严的礼仪氛围；信步老城的胡同街区，体会生动鲜活的民俗文化，感悟名人故居的往事意蕴；环步秀美的六海水域，品味人与自然的和谐共生；还有更多的美食老字号和文化创意小店……身临其境，聆听腾跃在京城间的欢歌笑语，触摸大街小巷跳动的脉搏。

北京中轴线探访路线示意图

注：▬▬▬ 探访路线

010

N

北二环
西海
什刹海
旧鼓楼大街
鼓楼西大街
钟鼓楼
鼓楼东大街
前海
万宁桥
地安门
北海
景山前街
景山
北长街
故宫
中海
北池子
端门
王府井
社稷坛
南海
太庙
东单
西长安街
天安门和外金水桥
天安门广场建筑群
前门西大街
正阳门
前门东大街
珠市口
天坛
东经路
天桥
天坛东路
南纬路
北京中轴线南段道路遗存
太平街
先农坛
永定门
南二环

第一章

北京中轴线探访路线

Chapter 1:

Beijing Central Axis Visit Route

中华民族有着悠久而丰富的文明发展史，从三皇五帝一直到今天，中华文明从未断绝。而北京地区的历史也很久远，从考古发掘出的七十万年前的北京猿人，到传说时代的炎帝与黄帝的"阪泉之战"；从周武王分封的蓟国与燕国，到汉唐幽州、辽南京、金中都、元大都、明清北京，再到当代中华人民共和国的首都北京。正是这片大地，见证了中华民族从小到大、从弱到强的文明发展历程。

在中国古代，都城的建造始终是国家建设的核心。从黄帝都涿鹿，到禹居阳城，再到商都安阳、周都镐京，一代又一代的都城，皆代表了不同时代的精华。而历代都城的确立，又造就了一个个政权中心。从秦汉至隋唐的西都长安、东都洛阳，到辽宋金时期的多都制，再到元明清时期的首都加陪都，都城一直是全国各地文化的汇聚之地，又是向各地扩散都城文化的核心之地。

北京作为元明清时期全国的首都，在建造和发展的过程中，有着一条都城建设的主线，又往往被人们称为都城的"脊梁"，即北京中轴线。这条主线自建成之后，不断发展和完善，其历史脉络一直延续到今天。当代新建的天安门广场，体现的是人民当家做主的文化内涵。因此，今天的北京中轴线，既是都城的脊梁，又是都城的灵魂，蕴含着中华民族深厚的文化底蕴。

在明清时期的北京中轴线上，核心的设施是皇城里面的宫城（紫禁城），其他设施，都是围绕着宫城设置的。"左祖右社"是中轴线的最基本配置，代表着天下大宗和国家正统。在天坛和先农坛祭祀天神和先农的仪式，也代表了帝王的权威。鼓楼和钟楼，则代表着宇宙的运行规律，以及人世间的烟火蒸腾。

伟大的建筑学家梁思成先生说：

就全局之平面布置论，清宫及北平城之布置最可注意者，为正中之南北中轴线。自永定门、正阳门，穿皇城、紫禁城，而北至鼓楼，在长逾七公里半之中轴线上，为一贯连续之大平面布局，自大清门（明之大明门，今之中华门）以北以至地安门，其布局尤为谨严，为天下无双之壮观。

永定门位于北京中轴线最南端，是北京外城（又称南城）的正南门。始建于明世宗嘉靖年间，当初是为了增强北京城的防卫力量，故而称"永定门"，寓意国家永远安定。永定门是外城七门中规模最大、规格最高的建筑。20世纪50年代末，永定门被拆除，到2004年，又得到复建。复建后的永定门只是恢复了城门楼，而没有恢复箭楼和瓮城。这座新恢复的永定门，成为北京中轴线的标志性建筑。

明清时期的北京城，是在元大都城的基础上改建而成的。明朝初年，太祖朱元璋定都南京，把元大都城改为北平府，并把城市的规模向南压缩了三分之一。及至明成祖定都北京，又将都城的南面从今长安街一线向南延伸至正阳门一线。到了明代中期，由于明朝统治者没有处理好与北方游牧部落的关系，导致游牧部落经常南下侵扰，其先锋部队甚至突进到北京。

为了保证北京城的安全，嘉靖年间，明世宗决定在北京城的基础上再在原有的宫墙、皇城墙、京城墙的外面修筑第四层城墙，以增强北京的防御力量。于是，就从最南面开始修筑。当南面这一部分修筑完成后，明朝政府的钱财用尽，也就无法再修筑其他三面的城墙，这

就使得北京城形成一个"凸"字形状态，南面为四层城墙，其他三面仍然是三层城墙。这样形成的南面城池，被称为南城或外城，而原来的北京城则被称为内城。这时的永定门，就是这第四层城墙的正南门。

明世宗增建的外城，虽然在防御功能上没有取得预期的效果，但是对北京的发展产生了极大影响。其一，南城的建成，扩大了北京城市空间的面积，使北京城市的经济和文化发展有了更大的区域。其二，延长了北京中轴线的范围，使其南端从正阳门延伸到了永定门。经过这次南城的扩建，北京中轴线基本定型。此后的清代及当代，人们只是对其加以完善。

2004年复建的永定门虽然没有箭楼和瓮城，却仍然是北京中轴线的南端点，保证了这条古都中轴线的完整。早在两千多年前，魏武侯曾向大将吴起夸耀魏国都城的险要，吴起回答说：国家统治的稳固，"在德不在险"。此后又被引申为"得民心者得天下"。明朝虽然修筑了永定门，却因为政治腐败而失去民心，导致了灭亡；清朝因为得民心而取代了明朝。此后清朝的灭亡，也是失去民心的结果。

每当清晨，修复后的永定门迎着朝阳，显出既古老又年轻的身

影。遥想当年永定门建成之后，每天城门尚未打开，门外就聚集了长长的队伍。有披着卢沟晓月而来的赶考举子，怀揣着求取功名的愿望；有匆匆忙忙满载货物前来的各地商人，希望能换回更多的钱财……他们盼望的，就是永定门的城门尽早打开。而当城门打开之际，他们一拥而入，许多人心里都会涌动着一个念头：北京城，我们来了。

❶ 20 世纪初，永定门箭楼南面（瓮城外）的茶摊，老百姓进城前在此停留歇息（Donald Mennie 摄影）
❷ 20 世纪 40 年代，中轴线最南端的永定门城楼和瓮城旧影
❸ 新建成的永定门城楼，入夜灯光璀璨，大气祥和，彰显"双奥之城"的蓬勃活力（赵爱平摄影）
❹ 当复兴号高铁列车从永定门城楼前疾驰而过，一线中轴，贯通古今，交织成一幅独特的城市画卷（视觉中国供图）

北京中轴线南段道路遗存

Road Remains in the South Section of Beijing Central Axis

中轴线南段道路遗存位于永定门北面，这条道路是进入永定门后通往正阳门的最主要通道。它是人们出入京城的通道，也是明清皇帝出入京城从事各种活动的必经之路，又被称为"御路"。

因为天坛和先农坛分列中轴线两边，故而明清皇帝在举行祭祀天神和亲耕之礼时，都要经过这条"御路"。在这条道路上曾经修建过一座桥梁，在举行祭祀仪式之前，帝王都要从这里走过，故而这座桥又被称为"天子之桥"，或简称为"天桥"。

此外，清朝皇帝在命令大军出征及班师回朝时，都要把大军安顿在永定门外，并设置有郊劳台，帝王则由"御路"出永定门，以嘉奖将帅。这种嘉奖仪式格外隆重，又时常伴有献俘之礼。

在永定门和正阳门之间，是一条宽阔的大道，大道的中间凸起一座桥梁，人们称之为"天桥"，天桥的两旁区域有着众多的店铺、地摊和杂耍摊，聚集着大量市民，从而形成了一种独特的民俗文化，人们称之为"天桥文化"。这种文化，成为北京历史文化的一个重要组成部分。而其载体，曾经就是这条中轴线南段的道路及其两旁的区域。

❶ ❻ 已发现的遗址以物质实证真实地展现出明代以来南段居中道路的位置、走向、工程构造和不断传承沿用的历史，见证了北京中轴线延续至今的国家礼仪文化（视觉中国供图）

❷ ❸ 正阳桥考古遗址（拱券及吸水兽、镇水兽）（北京市文物局、北京中轴线申遗保护工作办公室供图）

❹ ❺ 永定门公园考古探沟 L7 道路车辙、珠市口教堂南侧排水沟考古遗址（北京市文物局、北京中轴线申遗保护工作办公室供图）

天坛位于永定门内东侧，是北京最重要的郊祀坛庙之一，是明清帝王举行祭祀天神之礼的场所。早在元代，就曾在大都城的南郊东侧建有郊坛。最初元世祖至元年间，曾建祀台于丽正门东南七里，以合祀天地之神。元成宗即位后，在其地建郊坛，仍"合祭昊天上帝、皇地祇、五方帝于南郊"（《元史·祭祀志》）。这时的郊坛占地三百多亩，而采用的是天地神合祀的制度。

明成祖定都北京，遵循明太祖南京之制，于永乐年间建天地坛于这一带，实行的仍是天地日月诸神合祀的制度。史称："永乐十八年，京都大祀殿成，规制如南京。"这时的天地坛中，即建有大祀殿，采用的是下坛上屋的规制，"屋即明堂，坛即圜丘"（《明史·礼制》）。这项制度，一直沿用至明代中期。

到嘉靖年间，明世宗欲改合祀为分祀之制，曾与众多大臣商议此事，主张仍然采用合祀的有二百多人，主张改为分祀的有一百六十多人，而不置可否的则有近二百人。但是，明世宗执意实行分祀制度，于是分设天地日月四坛于四郊，天地坛遂改为天坛。明世宗又将原来的天地坛改为祈谷殿，再新建圜丘于祈谷殿南侧，以大祀天神。此后清朝仍沿用这一制度，并将祈谷殿改名为祈年殿。

在中国古代，人们已经知道天地运行的基本规律，有四季变化，有风雨雷电等特殊现象。但是对于四季变化的原因，以及风雨雷电产生的现象却没有正确的认识，只认为是神的力量在发挥作用。每当各地发生较为严重的自然灾害，或是大旱，或是大涝，帝王就要到祈年殿里来，祈祷天神给百姓带来风调雨顺，即大旱祈雨、大涝祈晴、冬日祈雪等，以减少自然灾害的恶劣影响。帝王的这种祈祷代表的是广大百姓的愿望。

在天坛当中，又有皇穹宇。明世宗在建造圜丘之后，又在天坛里面重新改建了皇穹宇。这里原来是安放陪祀天神的明代帝王牌位的场所，最初被明世宗定名为泰神殿，此后不久，又将其更名为皇穹宇。这里的建筑非常独特，特别是围墙，有极好的回音效果，故

018

❶ 20世纪20年代，天坛之皇穹宇旧影（Herbert C.White 摄影）
❷ 1935年，旧都文物整理委员会委托基泰工程司整修天坛时，搭满脚手架的祈年殿
❸ 位于天坛南半部的圜丘，其石阶、各层台面石和石栏板的数量，均采用"九"和"九"的倍数，以应"九重天"，强调天至高无上的地位（吴超英摄影）
❹ 每年冬至前后，祈年殿在夕阳下会变成红色，距离冬至越近则红色愈深（视觉中国供图）

❶

❷

❸

④

而又被称为“回音壁”。

在圜丘坛旁边，又有一座斋宫，是帝王在举行祀天仪式前进行斋戒及休息的场所。清朝灭亡后，祀天仪式取消。但是，民国大总统袁世凯为了复辟帝制，特意亲自举行祀天仪式，并专门制作了“九章祀服”，准备举行仪式时穿戴。但是，袁世凯的称帝闹剧很快就归于失败。祀天仪式遂成绝响。

天坛当中还有一个重要机构，称为神乐署。其下辖的乐舞生负责在帝王举行各种郊祀活动时演奏乐曲。每当帝王举行郊祀活动之前，神乐署的官员就要在凝禧殿进行试演彩排。例如举行祀天活动，规模很大，时人称：“天坛大祀。共用乐舞生二百五十九名。”如果这二百多名乐舞生不进行试演，在正式演奏时是很容易出差错的。

元明清三代的帝王和文臣对于祀天乐舞的演奏非常重视。在演奏之前是要由文臣编写好乐章的词句，报请帝王审阅通过后再加以演奏的。元代的祀天乐舞突出了“成”字，主要有《天成之曲》《隆成之曲》《钦成之曲》《明成之曲》《和成之曲》《顺成之曲》等。到了明代，祀天乐舞则突出了“和”字，主要有《中和之曲》《肃和之曲》《凝和之曲》《寿和之曲》《豫和之曲》《熙和之曲》《雍和之曲》《安和之曲》等。而到了清代，突出的则是“平”字，主要有《始平之曲》《景平之曲》《咸平之曲》《寿平之曲》《嘉平之曲》《永平之曲》《熙平之曲》《清平之曲》《太平之曲》等。

而在演奏祀天乐舞时，乐工使用的乐器发出的声音称为八音，即用八种材质制作的乐器演奏出来的声音。这八种材质分别为：金、石、丝、竹、匏、土、革、木。其中，“金”为编钟等乐器，“石”为编磬等乐器，是祭祀天神时主要使用的乐器；“丝”为琴、瑟等乐器，“竹”为管、篪等，“匏”为笙、

竽等，“土”为埙、陶钟等，“革”为鼓、鼗等，“木”为敔等。古人曰：“八音，万物之声也。”又曰：“八音皆备，谓之乐。”同时，又把八音与八卦相联系，有所谓：“埙，坎音也；管，艮音也；鼓，震音也；弦，离音也；钟，兑音也；祝敔，乾音也。”而祀天乐曲，必须八音皆备。

在明清时期的神乐署周围，小商贩们又租借主管官员及乐舞生的住房开设了一些茶馆、制药作坊等，以卖茶、卖药谋利。据嘉庆年间的统计，这种茶馆、作坊已经四十余家，清朝政府认为是“亵越殊甚”，有碍郊坛重地的大祀活动，遂将其中的三十余家关闭，以肃清大祀环境。

天坛除了帝王祭天之外，也举行一些其他活动。如明人沈德符记载称：“今京师午节尚有射柳之戏，俱在天坛，俱勋戚中贵居多。”午节即指端午节，这是万历年间之事。他又称：端午节“京师惟天坛游人最胜，连钱障泥，联镳飞鞚，豪门大估（贾）之外，则中官辈竞以骑射为娱，盖皆赐沐请假而出者”。春天的天坛，当年也是北京民众出游的好地方。

在中国古人的认知系统中，天有两层含义：一层是自然存在的宇宙，有四时运行的变化；另一层是主宰人间祸福的天神，是虚无缥缈的力量。明清帝王在天坛所祀的就是天神，代表了国家居于正统的地位。在今天的人们看来，天神是不存在的，而自然变化却会给人间带来水旱灾荒等危害。这种变化是很难控制的，但是，经过人们的努力，会把其危害降到最低限度。

中华人民共和国成立后，政府对天坛进行了大规模的保护和修缮，并在 1961 年将其确定为全国重点文物保护单位。到 1998 年，天坛又被联合国教科文组织确认为世界物质文化遗产。2024 年北京中轴线申遗成功后，天坛已经成为中国的双遗产项目。

❶ 俯瞰天坛公园，聆听古人与天的对话。如果你是一名跑者，利用跑步软件可以在园内奔跑出“玉兔”和“吉象”等有趣轨迹（视觉中国供图）

先农坛位于永定门内西侧，是北京最重要的郊祀坛庙之一，是明清帝王举行亲耕仪式的场所。明朝永乐年间，明成祖在此建有两座坛，分别称为山川坛及先农坛。山川坛除了祀五岳、四渎等神之外，又祀太岁诸神。永乐年间，这里被称为山川坛。到嘉靖年间，这里被改称为神祇坛。再到万历年间，这里又被改称为先农坛，沿用至今。最初山川坛占地为六百亩，后增为八百亩。又有文献称，先农坛占地为六里，可见其规模很大。到了清末民国年间，先农坛的坛地遭到大量侵占，规模越来越小。今天先农坛虽然得到保留，却已经远非昔日的规模了。

明清时期，帝王通常在这里举行郊祀山川、太岁、先农诸神的典礼，并在此举行亲耕仪式。如果帝王未能亲自到场，也要派遣大臣代行耕耤之礼。明清帝王的亲耕仪式十分隆重。如明世宗在嘉靖年间亲行耕耤之礼，他先执耒三推三返，然后三公为五推、尚书及九卿为九推，此后即观赏乐舞表演，所奏乐曲及舞蹈，"一奏庆丰年之舞，二奏呈瑞应之舞，三奏感天地之舞"（见《明世宗实录》卷一百二十一），场面十分隆重。

又如雍正年间的耕耤仪式，据《大清会典事例》记载：除了帝王、百官行三推、九推之礼外，"教坊司领乐官四人，顶戴老人四人，工歌三十六禾辞者十有二人，司金司鼓司版者各六人，麾五色彩旗者五十人，执耒扒锄帚、披蓑戴笠者二十人，顺天府耆老三十四人，上农夫十人，中农夫十人，下农夫十人"。不算仪仗、卫士的队伍，仅直接参加者即有一百六十人。

在先农坛里，举行耕耤之礼的"耤田"，又被称为帝王的"一亩三分地"。在这块土地上耕种的粮食，帝王行礼之后，是要由政府官员选出的农夫加以耕种的；而每年收获的粮食，则要在帝王举行的祭天、祭祖等仪式上，作为奉献给天神、祖先享用的祭品。为此，在先农坛里又修建有"神仓"，作为存储"一亩三分地"所收获粮食的场所。

在中国古代，农业生产的丰歉是直接影响国家安定与否的重要因素，故而帝王们把"重农"作为基本国策而加以尊崇。亲耕耤田正是贯彻"重农"国策的一项仪式，表明帝王对农业生产的重视。除了先农坛是大祀农业神的场所之外，天坛祈年殿及社稷坛，也都是大祀农业神、祈求风调雨顺的祭祀场所。由此可见，在中国古代，"重农"思想占有极为重要的地位。一直到今天，保障粮食安全仍然是我国的基本国策。

先农坛

Xiannong Altar

❶

❷

❸

❶ 20 世纪初，先农坛观耕台旧影（小川一真摄影）

❷ 位于先农坛内坛西北部的先农神坛，如今已恢复了八组青铜香炉，将祭坛衬托得更加庄严神圣（视觉中国供图）

❸ 从拜殿穿堂而过，映入眼帘的是国内最大的太岁殿，也是先农坛里最大的单体建筑（视觉中国供图）

❹ 太岁殿顶部的明代天宫藻井典雅精致，中间是古代星宿图，深邃的蓝色底上，镶嵌着金色星点，宛若星河。但这座藻井并不是这里的"原住民"，隆福寺才是它的"老东家"，1976年地震后迁移至此（视觉中国供图）

正阳门位于永定门北面的中轴线上，是北京内城的正南门，是内城九门中规模最大、规格最高的城门。今天得见者，为箭楼与正阳门城楼，为了改善城市交通，瓮城及城墙已经在民国年间被拆除。民间有俗语称"前门楼子九丈九"，正是形容正阳门的高大雄伟。

在中国古代，人们认为世界是由阴、阳两种元素组成的，阴和阳无处不在。而在数字表达中，奇数为阳，偶数为阴。一座都城，南面为阳，北面为阴。作为"九"，代表的是阳数中的最大值，故而九丈九，正是代表了正阳门作为都城正南门的地位。这种用数字表达阴阳观念的办法，在许多古代建筑中皆是有所体现的。

在明朝嘉靖年间建造外城之前，这座正阳门就是北京都城的正南门。正阳门有三座城门，凡是前来都城的人们，大多要经过这里，但只能走东西两座城门。正南门平时不开，只有明清帝王在外出举行活动时，才走正阳门的正南门，通过"御路"出行。到了民国年间，又将正阳门三门改为五门，以便人们出入。据《燕都丛考》称：京城九门，"惟正阳门城阓辟三门。民国八年改建，辟为五门。余八门，城阓各一门"。这里记录了这样一段历史：原来正阳门正中有一门洞，两侧瓮城各有闸门洞，故为"三门"；后来瓮城拆了，闸门洞没了，但在城墙的两侧各开两个门洞进出车辆行人，再加上正中那大门洞，故为"五门"。

在北京的民俗中，有摸正阳门的门钉之说，清人称："京师旧俗，妇女多以元宵一夜出游，名走桥。摸正阳门钉，以被除不祥，亦名走百病。"元宵节就是正月十五，妇女

至正阳门摸钉，不仅有"被除不祥"的寓意，而且有多生男孩子（"丁"）的寓意。古人有"重男轻女"的陋俗，而"摸钉"就正是这种习俗的表现之一。

正阳门的瓮城内，明清时期有两座小庙，京城民众认为极其灵

❶ 旧时，正阳门南边是护城河，河上横跨着三座石拱桥，即"正阳桥"
❷ 京奉铁路正阳门东车站街旧影
❸ 20世纪60年代，为修建地铁，老车站以钟楼为中心"镜像对称平移"，左侧部分建筑拆掉，右侧按老车站原样重建，如今它以中国铁道博物馆（正阳门展馆）的身份迎接各地游客（视觉中国供图）
❹ 抬头仰望，湛蓝晴空下的正阳门城楼更显雄伟（张祎婷摄影）
❺ 秋日里的正阳门箭楼和城楼，古朴而庄重，与色彩斑斓的秋叶相映成趣，美不胜收（视觉中国供图）

验。其中一座为观音庙，每年二月"十九日为观音大士诞辰。正阳门月城内观音庙香火极胜"。

另一座则为关帝庙，清人称："除夕开正阳内门，由内城居人瞻拜；夜子后开西门，城外居人瞻拜。香火极胜。岁之五月十三日为单刀会，是日多雨，谓天赐磨刀水云。殿祀精严，朱楹黄覆，绮槛金龛，中奉圣祖御书额曰'忠义'。"

在明清时期的北京城内外，观音庙和关帝庙有百余座，但是被认为特别灵验的当数这两座。文中所云"月城"，即指瓮城。而这两座小庙，随着正阳门瓮城的拆除，也被拆除了。

清朝末年，义和团运动兴起，延及北京。当时众多民众以烧毁各国在京教堂、攻打各国使馆，以及烧毁教民所办店铺为主，遂将正阳门一带的教堂及商铺加以焚烧，引起大规模火灾，"东尽前门大街，西尽煤市街、南河沿，又逾河而至月墙荷包巷，正阳门城楼亦被延及，是日共计被焚店铺不下四千余家"（《西巡大事本末记》），正阳门城楼亦遭焚毁。以后复建。

027

❶ 正阳门箭楼南面便是前门大街，"五牌楼"因牌坊四柱面阔五间而得名，牌坊中间额题"正阳桥"三字（视觉中国供图）
❷ 登上正阳门箭楼远眺，一条用青白石条铺设的"御道"映入眼帘，它是明清两代皇帝前往天坛祭天、先农坛演耕的必经之路（戴冰摄影）

天安门广场位于正阳门北侧、天安门南侧的中轴线上。在明清时期，是帝王颁布诏书和举行出征阅兵、班师献俘的地方，也是举行全国科举考试之后发布结果的场所。明清时期的广场规模比较小，也比较封闭。中华人民共和国成立后，加以扩建。扩建后的天安门广场，南北长近900米，东西宽约500米，是目前全世界规模最大的广场。在天安门广场上有一组建筑，包括人民英雄纪念碑、国家博物馆、人民大会堂，以及毛主席纪念堂等。

人民英雄纪念碑耸立在天安门广场的中央，是中国人民为纪念自鸦片战争起，百年来英勇奋斗而牺牲的革命烈士所建造的。特别是纪念碑基座上的十组浮雕，刻画了百年来的十个历史发展重要节点，包括"虎门销烟""金田起义""武昌起义""五四运动""五卅运动""南昌起义""抗日战争""胜利渡江""支援前线""欢迎解放军"。

这十个历史节点都体现着中华民族百年来的英勇奋斗。"虎门销烟"体现了中华民族反抗帝国主义侵略的斗争；"武昌起义"体现了中国人民推翻了腐朽的帝制；"南昌起义"体现了中国共产党领导

的武装向国民党发动反攻；"抗日战争"体现出中华民族在世界反法西斯战争中做出的突出贡献；"胜利渡江"则体现了中国人民解放军推翻国民党、蒋介石反动统治的情景。这些雕塑皆用汉白玉制作，十分精美。

国家博物馆位于人民英雄纪念碑东侧，与人民大会堂相对。建成之初，原分为中国历史博物馆和中国革命博物馆，分别展示反映中华民族悠久历史文明的"通史展览"，以及反映近现代以来革命斗争经历的"中国革命史陈列"。这两个展览，全面展示了中华文明的发展历程和中国革命的奋斗历程，这两项基本陈列在当时取得了很好的展示效果。

改革开放以来，两馆合并，成立了中国国家博物馆。新的国家博物馆充分发挥了宣传窗口的重要作用，先后举办了"三中全会以来的伟大成就展""改革开放四十周年大型展览"等重大主题展览，向全世界展示了中华人民共和国所取得的辉煌成就。除了上述的两项展览内容之外，国家博物馆又隆重推出了"复兴之路"展览，体

天安门广场及建筑群

Tian'anmen Square and Building Complex

❶ 1949 年 10 月 1 日，在开国大典上，人民解放军列队通过天安门广场接受检阅（视觉中国供图）
❷ 天安门广场以其辽阔无垠的胸怀，热情地拥抱着来自世界各地的旅者，展现着包容与开放的姿态（宏描摄影）
❸ 国家博物馆是我国最高历史文化艺术殿堂和文化客厅，向世人展示着中国从古至今的辉煌与沧桑（视觉中国供图）
❹ 人民英雄纪念碑镶嵌着汉白玉浮雕，展现了自清道光二十年（1840 年）鸦片战争以来中国人民浴血奋斗的艰辛历程（视觉中国供图）

现了中华民族从饱受帝国主义欺凌到不断发展壮大的历史进程。此外，这里还经常举办各种古今中外文化及文明的特别展览和临时展览。

人民大会堂位于人民英雄纪念碑西侧，与国家博物馆相对。这处建筑，是为召开全国人民代表大会而建造的。全国人民代表大会是国家最高权力机构，由全国各地选举出来的全国人民代表组成，每年都要在这里召开会议，以商讨国家的政治、经济、文化等各方面的重要事情，并做出决议。1953年，全国共选举出一千二百余名代表。翌年9月，在北京中南海召开了第一届全国人大代表会议，并隆重选举出毛泽东为中华人民共和国主席，朱德为副主席，刘少奇为全国人大常委会委员长，周恩来为国务院总理。

人民大会堂又是党和国家领导人接见外国元首及重要外宾的场所，而且还是举行重大活动、举办大型演出的主要场所。例如，1964年，大型音乐舞蹈史诗《东方红》就是在这里演出的。改革开放以后，又有许多重要的演出在这里举行。如纪念红军长征胜利80周年文艺晚会《永远的长征》、庆祝中华人民共和国成立70周年大型文艺晚会《奋斗吧中华儿女》、

庆祝改革开放 40 周年文艺晚会《我们的四十年》等。

毛主席纪念堂位于人民英雄纪念碑南侧，南邻正阳门，坐落在中轴线上。是全国人民和国外友人瞻仰毛主席遗容、参观毛主席等老一辈革命家丰功伟绩展览的场所。1976 年 9 月，毛泽东主席逝世后，党中央决定在这里建造纪念堂。从 1976 年 11 月到 1977 年 9 月，毛主席纪念堂建成并对外开放。纪念堂建成后，这里遂成为天安门广场建筑群的一个重要组成部分。

在毛主席纪念堂的一层，北大厅中有用汉白玉制作的毛主席坐像。而在瞻仰厅里，安放着用中国共产党党旗覆盖的毛主席遗体，以便人们瞻仰。而在纪念堂的二层，则是毛主席和周恩来、刘少奇、朱德等老一辈革命家的纪念室，在这里摆放着他们的照片，以及各种实物，体现出他们光辉的人生历程，以及创建的丰功伟绩。这些陈列，生动表现出老一辈革命家们带领全国人民战胜帝国主义和国民党反动派、成立和建设中华人民共和国的壮举。

天安门广场是中国人民举行重大活动的地方。1949 年 10 月 1 日，中华人民共和国中央人民政府成立典礼在天安门广场隆重举行。1959 年的国庆节，毛主席与其他党和国家的领导人一起在天安门观看阅兵仪式，以及群众的游行活动。1969 年的国庆节，毛主席在天安门广场观看由工、农、兵、学以及文艺工作者等群众组成的游行队伍。又如，在 2015 年 9 月 3 日，党和国家领导人与抗日老战士们一起在天安门广场检阅陆、海、空三军及导弹部队、空军编队的仪仗队游行。这场大阅兵活动，在天安门广场上展示了全世界反法西斯力量的强大。

031

❶ 来天安门广场看一场升旗仪式，当第一缕晨光洒落，五星红旗冉冉升起，那一刻，时间仿佛静止，万物皆为之动容（视觉中国供图）
❷ 人民大会堂是党、国家和各人民团体举行政治活动的重要场所，承载着无数重大的历史时刻和国家记忆（视觉中国供图）
❸ 毛主席纪念堂（原址为中华门）是以毛泽东同志为核心的中国共产党第一代中央领导集体的纪念堂，庄严肃穆（视觉中国供图）

外金水桥位于天安门广场北侧的外金水河上，由七座桥组成。中间一座桥是帝王行走时使用的，故该桥又被称为御桥。其他几座桥则由不同身份的人分别行走。元代建大都的皇城时，曾引玉泉山的泉水进入皇城太液池，作为皇家用水。古人以"五行"与"五方"相配，西方属"金"，故从西方引水进入都城的河道，再加上为皇家用水，称"金水河"，即今内金水河。河上所架桥梁，称金水桥。

及至明代定都北京，不仅废弃了自玉泉山直接进入大都、专供皇城用水的金水河故道，而且用以支撑城市用水并接济通惠河漕运、自白浮泉至积水潭的高梁河水系，也因为保护昌平皇陵的风水而停用。这样玉泉山的泉水转而汇入瓮山泊，由北京城北流注入积水潭，成为全城唯一的水源。永乐年间开凿南海，并引其湖水向东南经天安门前穿过，即外金水河。河上所架桥梁，即外金水桥。桥建于明永乐年间，初为木桥，景泰年间改为石桥，清康熙年间重建，乾隆二十九年（1764年）重修。原为五桥，新中国成立以后在"文化宫"和"中山公园"前加建二桥成七桥。

明朝中期，明宣宗就曾在"承天门外"（外金水桥）考试国子监的学生二百多人，以便选取"天下教官"。清朝初年，全国各地的千余举子汇集京城，参加会试，其考试的地点也是在外金水桥畔。这一成例一直实行到顺治末年，才改到太和殿前举行。这些应试举子都是未来国家的栋梁，而在金水桥畔的考试，就决定着他们的政治命运：或者一朝成功，仕途通达显身手；或者仕途遇阻，继续苦读圣贤书。不论如何，金水桥畔的经历都将令他们终生难忘。此后到嘉庆年间，仍有在天安门外金水桥畔举行考试的事例。

中华人民共和国万岁

世界人民大团结万岁

❶ 每天清晨，国旗护卫队都会迈着铿锵的步伐，护卫着五星红旗，在万众瞩目之下，从外金水桥步入天安门广场，进行庄严的升旗仪式（视觉中国供图）

❷ 20 世纪 60 年代，外金水桥旧影（视觉中国供图）

❸ 外金水桥与金水河共同构成了天安门前的壮丽的景象（视觉中国供图）

天安门位于外金水桥北侧的中轴线上，是北京皇城的正南门。又有人认为，天安门与端门、午门共同组成了宫城的三重朝门。明朝时，这里称承天门，与紫禁城内的奉天门、奉天殿相呼应，突出了"天"的核心理念。到了清朝，改称天安门，与紫禁城内的太和门、太和殿相呼应，形成了"内和外安"的核心理念。作为北京皇城的正南门，天安门是连接都城和宫城的必经之地，有着非常重要的枢纽作用。

明清时期，天安门又是帝王颁布诏书的场所。明代皇帝在承天门颁布诏书时，百官要在门前侍立等候，颁布诏书后，百官还要"山呼万岁者三"，场面十分壮观。到了清代，帝王仍然在这里颁布诏书。清人称："凡国家大庆覃恩，宣诏书于门楼上。由堞口正中承以朵云，设金凤衔而下焉。"（《大清会典事例》卷八百六十二）文中"门楼"即指天安门城楼。

承天门又是明代复审囚犯的场所。每当岁末，即在这里举行会审，决定最终判决结果。如明仁宗在刚即位不久，就命大理寺与五府六部等机构一起在承天门会审重犯，以免发生冤假错案。明武宗在正德年间，即命刑部在承天门主持会审，"如常例"。明世宗时，

会审的规模更大，"在京法司会官审囚，俱于承天门外东西重行列位"（《明世宗实录》卷一百九十四）。公侯、驸马等排列在东侧，尚书、都御史等排列在西侧，共同参与会审。

天安门又是清代帝王阅兵的场所，时人作诗曰："天安门上阅兵来，万马无声紫禁开。九派龙蛇将起陆，一时鹰犬亦登台。秋风故国惊华发，落日昆池话劫灰。莫说当涂能代汉，本初健者是粗才。"（清·连横《剑花室诗集》卷一）场面十分壮观。清朝时经常举行各种各样的阅兵活动，但是在天安门举行这项活动则是不常见的。

1949年10月1日，毛泽东主席在天安门城楼上，向全世界庄严宣告，中华人民共和国成立了，以北京作为新中国的首都。从此，天安门就有了新的政治内涵。每当有重大的政治活动，如每五年或十年的隆重国庆日，或是抗日战争胜利的纪念日，党和国家的领导人，都会在天安门城楼上检阅游行队伍。参加游行的群众浩浩荡荡，行进在东西长安街上，分为工人、农民、解放军战士、知识分子、学生等，场面十分热烈。而在中华人民共和国的国徽上，天安门也作为国家的象征，占有突出的位置。

034

❶ 20 世纪初，天安门旧影（小川一真摄影）
❷ 每逢重大政治活动，飞机释放彩烟划过天安门广场，留下一道道绚丽的航迹（视觉中国供图）
❸ 天安门城楼两侧的喷泉表演气势十足，水帘中的彩虹若隐若现，为这片庄严之地增添了几分生机与活力（视觉中国供图）

太庙位于天安门内东北侧，与社稷坛相对应的位置上，始建于明永乐十八年（1420年），是明清时期帝王代表国家祭祀祖先的场所。古人有所谓"左祖右社"的规制，"左祖"即指太庙。早在先秦时期的周代，人们之间的血缘关系十分受到重视，由此而实行宗法制，其载体就是从天子（秦朝以后称皇帝）、诸侯到百姓，各级祭祖场所的设置。

从周代开始，实行宗法制与分封制。天子在全国都城建立宗庙，称太庙，即最大的宗庙。其子孙及功臣被分封到全国各地为诸侯，又各在自己的都城建立宗庙。而百姓则在自己居住的城镇及乡村中建立宗祠（或祠堂）。这些祠庙，都是为岁时祭祀祖先而设置的。帝王的太庙，一定是建造在全国都城之中。如周代，天子的太庙是建在镐京的，而晋、鲁、燕、齐、楚等国，也皆在自己的都城建有宗庙。

太庙

在北京地区，最早的燕国即建造有宗庙。到了金朝，海陵王设置金中都，即在中都城里建有太庙。他的太庙，是与南宋的太庙并列的。元世祖建造大都城之前，也在中都旧城建造有太庙。但是，这时全国尚未统一，故而他的太庙仍与南宋的太庙并立。及至元朝统一全国，新大都城又已经在建造之中，于是他将太庙建于大都新城之中。而这时的太庙，已经是全国统一的王朝历史上最大的宗庙了。

明太祖定都南京，在那里建有太庙。及至明成祖定都北京，又在这里再建太庙，即是今天的劳动人民文化宫。这时的太庙，实行的都是"同堂异室"的祭祀制度。明世宗即位后，想要改变这种祭祀方法，每位先帝各立一庙，共建造了九座宗庙。但是刚建好就发生了一场大火，将九座宗庙全部烧毁。明世宗认为这是上天对他改制的惩罚，于是又改回原来的"同堂异室"的祭祀制度。

❶ 民国时期，太庙戟门旧影
❷ 北京市劳动人民文化宫（太庙）南门。太庙原无此门，1914年与中山公园南门同时辟建，以便保持皇城对称格局，门后有敞厅衔接，直通庙内（视觉中国供图）

❸ 太庙戟门金水桥为七座单孔石桥，两侧有汉白玉护栏，龙凤望柱交替排列，乾隆年间引护城河水流经桥下，夏日荷花盛放，生机盎然（视觉中国供图）
❹ 穿过戟门，便来到了享殿，黄琉璃瓦重檐庑殿顶，檐下悬挂满

汉文书写的"太庙"九龙贴金题额，雪中的大殿庄严雄伟，可以想见古代举行大典时，那香烟缭绕、仪仗簇拥、钟鼓齐鸣、韶乐悠扬、佾舞翩跹的情景（视觉中国供图）

❶

❷

❸

明朝灭亡，清朝建立后，则沿用这种"同堂异室"的制度，来祭祀祖先。大祀礼时，要把祖宗神主牌位移至这里进行"祫祭"（大合祭）。

太庙的六十八根大柱，采用珍贵的金丝楠木，地铺特别加工的"金砖"，顶覆重檐庑殿式黄琉璃瓦，下坐三层汉白玉须弥座。乾隆年间重修时将前殿九间扩为十一间，后殿五间扩为九间。建筑群中两庑各有配殿。后殿有墙隔开，成单独院落，称为"祧庙"（祭祀远祖的庙）。建筑群中神库、神厨、宰牲亭、井亭、石桥等俱备。

明清时期的帝王，凡遇有大事，如帝王即位、丧葬、立皇后、立太子、帝王与皇子婚嫁等，再加上国家其他大事，如出征、平叛等，皆要到太庙举行隆重仪式，告知祖先。而平时四季变化，以及遇有元旦、端午、冬至等节令，帝王也要亲至太庙，或是派遣大臣到这里举行祭祀活动。

清朝灭亡后，太庙已经失去其作为帝王祭祀祖先的场所的功能。1924年，这里被开辟为"和平公园"，面向广大市民开放。中华人民共和国成立后，这里被改建为"北京市劳动人民文化宫"，由北京市总工会管理，成为广大市民开展娱乐活动的主要场所之一。1988年，太庙被列为全国重点文物保护单位，受到更多的保护和修缮。

❶ 太庙享殿内展示中华和钟，大殿68根大柱皆是整根金丝楠木，殿顶布片金沥粉彩画装饰，地面墁铺金砖，彰显着皇家的尊贵与华丽（视觉中国供图）

❷ 享殿的后面是寝殿，明清时期，这里是平日供奉历代皇帝皇后牌位的地方，每次祭典前一天，将牌位移至享殿安放于神座之上，祭毕奉回（视觉中国供图）

社稷坛位于天安门内西北侧，与太庙相对应的位置上。是明清帝王祭祀土地神（社神）和农业神（稷神）的地方。在中国古代，祭祀社稷之神的现象极为普遍，上至都城，中至州县城，下及乡野，多设置有社稷坛。古代的社稷坛分为两个坛，一个是社坛，另一个是稷坛。元朝在大都城建造社稷坛时，就是采用两个坛的制度。

元代至元年间，在和义门内之南，设置有社稷坛，占地四十亩。这时的社稷坛分为两座：一座是社坛，以祭土地之神；另一座是稷坛，以祭先农之神。两座坛皆方广五丈，高五丈，相距五丈。社坛按方位覆以五色土，稷坛皆覆以黄土。这个社稷坛的模式，完全按照汉唐时期的制度。而在社稷坛的周围，建有坛墙，高五丈，长宽皆为三十丈。此外又建有望祀堂、仪鸾库、法物库、乐工房等。这座坛庙到了明代已经废毁无存了。

明代初年，太祖朱元璋曾经想把社坛和稷坛合而为一，并命大臣们加以评议，经过评议，大臣们也都认为两坛合一更加合理，遂将其改为合一之坛。明太祖又曾想在社稷坛上建造房屋以遮挡风雨，就有大臣说，社稷之神"必受风雨霜露以达天地之气"，明太祖采纳了这个建议，也就没有在坛上建造房屋。

明成祖定都北京，遵照南京的制度，建造北京社稷坛时，将其移至端门右前方，又将两个祭坛合并为一个坛，仍是高广五丈。社稷坛上，仍覆以五色土：东面是青色土，代表五行中的木；南面是赤色土，代表五行中的火；西面是白色土，代表五行中的金；北面是黑色土，代表五行中的水；中央是黄色土，代表五行中的土。这时的社稷坛，与太庙东西对称分布，即遵行"左祖右社"之制。

到了嘉靖年间，明世宗又在西苑（今北海及中南海）中设置有帝社、帝稷之坛，进行祭祀社稷之神的活动。为此，还在帝社、帝稷旁边设置有豳风亭、无逸殿，以及恒裕仓等设施，成为西苑中的一处游赏之地。此后不久，又在其附近建有永寿宫、元极殿、高玄殿等。如果说社稷坛是帝王代表国家祭祀社稷神灵的场所，那么帝社、帝稷则是帝王私人重视农业生产的活动场所。这项举措不仅以前从未有过，而且在明世宗死后也没有流传下去。

明朝北京社稷坛的制度为清朝帝王所承袭。清代帝王祭祀社稷神灵的活动也有所增加，例如，平定叛乱后，在这里举行献俘典礼；又如，每当天气干旱成灾，则在这里举行祷雨仪式；等等。清朝灭亡后，民国政府将这里改建为中央公园，向社会开放。后又将这里改建为中山公园，将拜殿改称中山堂，用以纪念中国革命的先行者孙中山先生。

在中山公园中变化最大的是将"克林德碑"牌坊迁入。"义和团运动"中，德国使臣克林德于东城的总布胡同口被害，德国强迫中国政府在这附近建了一座大牌坊，称"克林德碑"，以示纪念。及至

第一次世界大战结束,中国为战胜国,据《燕都丛考》称:"民国八年,碑迁于中山公园,改为公理战胜坊。"新中国建立后,又将其改为"保卫和平坊"。

民国年间,这里被改建为公园之后,政府精心加以修整,"西拓缭垣,收织女桥御河于园内,南流东注,迤逦以出皇城。撤西南垣,引渠为池,累土为山,花坞水榭,映带左右,有水木明瑟之胜"(《燕都丛考》)。此外,园中又建有来今雨轩、投壶亭、绘影楼、春明馆、上林春等景观,以作为游人四时来观赏的雅集之地。

❶ 园中的社稷坛,铺垫着五种颜色的土壤,象征"普天之下,莫非王土"(张堞摄影)

❷ 1925 年 3 月 12 日,孙中山先生在北京逝世,19 日孙中山灵柩由协和医院移送中央公园社稷坛大殿内(视觉中国供图)

❸ 园中的孙中山先生像,高 3.4 米,由曾竹韶设计,底座镶黑色花岗岩,正面镏金刻邓小平题词"伟大的革命先行者孙中山先生永垂不朽"(视觉中国供图)

❹ 瞻仰完孙中山先生雕塑,再往前走就看到槐柏合抱树,顺东北方向看,一座古朴雅致的房子映入眼帘——来今雨轩,轩名取自杜甫《秋述》诗小序中的"旧雨来,今雨不来",寓意旧友新知欢聚一堂。这里的冬菜包子胖墩墩、香喷喷,就连鲁迅先生都是它的"铁杆粉丝"(视觉中国供图)

❺ 第一次世界大战结束后,位于东单北大街西总布胡同的克林德碑被拆除,后散件移至中山公园,重建为"公理战胜坊",1952 年改为"保卫和平"石坊

❻ 现在坐落于公园南门内的保卫和平石坊,见证了中华民族的兴衰荣辱(刘海摄影)

端门位于天安门北侧的中轴线上，规制与天安门相同。早在先秦时期的周代，宫城的正门就被称为端门，此后历朝历代，皆称宫城的正门为端门。明代在北京建造宫城，在皇城和紫禁城之间，也建有端门，清代加以沿用。明清时期，帝王出行，在此安置仪仗及乐队等设施。百官进紫禁城朝见帝王，亦在此集合队伍。故而端门又有礼仪之门的作用。

在明清时期，端门的位置十分重要。其一，是中央政府的衙署之一。明代及清代的六科皆设置在这里。明人称："端门之左有直房五间，系坊局官候朝公会及收贮卷箱之所，凡东宫官属侍班讲读，

亦于此伺候。"（《典故纪闻》卷十六）清人称："正中南向者为端门。制与天安门同。门内东庑五间为礼科公署。西庑五间为工科公署。"而在端门旁边，东西庑又各有房舍四十二间，为六科办公场所。（《大清会典事例》卷八百六十二）

其二，在清代，这里又是储存武器的库房。清人称："端门楼旧贮腰刀、撒袋一万八千分，梅针箭十八万枝，为乾隆四十六年从给事阿那布之奏，照大阅合操时用盔甲一万八千余副之数备制收存者。八旗各营用则领取，毕则交回。"（《竹叶亭杂记》卷一）此后一直沿用到清末。

❶ 遥望天安门北侧中轴线上的天安门、端门等建筑（视觉中国供图）
❷ 端门之韵，岁月悠悠，漫步至端门，仿佛穿越了时空的长廊，一砖一瓦都诉说着历史的沧桑与辉煌（视觉中国供图）

故宫位于端门北侧的中轴线上，又称紫禁城。是明清时期帝王主持政务、举行活动和居住生活的场所，始建于明代永乐年间。明初，太祖朱元璋定都南京，及至明成祖定都北京，在这里建造皇城与宫城，其中的宫城又称紫禁城。紫禁城主要由坐落在中轴线上的午门（宫城正南门）、奉天门（清朝称太和门）、三大殿（又称外朝）、乾清门、两宫、御花园（又称内廷）等组成。明朝灭亡后，清朝定都北京，仍然沿用紫禁城之名。清朝被推翻之后，皇帝迁出紫禁城，政府在这里设立了故宫博物院，简称故宫。

❶ 20 世纪初，午门旧影（小川一真摄影）
❷ 午门中开三门，两旁各有一掖门。中门为皇帝专用，文武百官走东侧门，宗室王公走西侧门，但殿试的前三名即状元、榜眼和探花及第后，可从午门中门出宫一次，这也成为他们一生的荣耀（视觉中国供图）
❸ 穿过午门，走入太和门广场，内金水河一路蜿蜒流淌，为宫内提供排水通道的同时，还与景山相呼应，形成有山有水、山水协调的审美意象（赵瑞摄影）
❹ 俯瞰雄浑壮丽的紫禁城（张肇基摄影）

(044)

The Forbidden City

故 宫

◎ 午门

紫禁城正门为午门。明朝人又曾说，紫禁城有三重门。第一重门为承天门（天安门），第二重门为端门，第三重门为午门。午门的形制比较奇特，门两旁突出两阙，更显出午门的威严。明朝时大臣上谏帝王，被斥责后，往往在午门遭受枷刑或杖刑，有的大臣甚至被打死，显现出当时政治斗争的残酷无情。

进入午门之后，紫禁城内分为两大部分，一部分是外朝，另一部分是内廷。外朝是明清时期帝王平时上朝，处理政务的场所；内廷则是明清帝王私人生活的空间。两者以乾清门为界，乾清门以南为外朝，以北为内廷。外朝的主体建筑为三大殿及文华殿、武英殿等，内廷的主体建筑为两宫及东、西六宫等。

❶

◎ 三大殿

前朝的三大殿在明代前期称奉天殿、华盖殿、谨身殿；在明代中后期改称皇极殿、中极殿、建极殿；到了清代，则改称为太和殿、中和殿、保和殿，此后一直沿用至今。外朝的有些建筑，则是清朝增建的。而内廷的主体建筑乾清宫和坤宁宫的名称则一直没有改变，沿用至今。其他的内廷宫殿，有些是改变了名称，有些连建筑也改变了。

三大殿是明清帝王举行重大活动的场所，例如其中的奉天殿，时人称："国朝，大朝会则奉天殿，即古之正朝也。常朝则奉天门，即古之外朝。而内朝独缺。然华盖、谨身、武英等殿，犹内朝之遗制也。"（明·刘元卿《贤弈编》）文中的"国朝"即指明朝。时人又称："凡大朝会，役象甚多，驾车驮宝皆用之。若常朝止用六

只耳。所受禄秩俱视武弁，有差等。国朝因之，一如其旧，但改锦衣卫为銮仪卫耳。"（明·沈德符《万历野获编》卷二十四）由此可见，明代在奉天殿举行的活动十分热闹。

到了清代，这里改称太和殿，仍然是帝王举行重大活动的场所。时人描述曰："每岁元旦，太和殿设朝，金炉内所爇香名四弃香，清微淡远，迥殊常品，以梨及苹婆等四种果皮晒干制成。历代相传，用之已久，昭俭德也。"（清·况周颐《眉庐丛话》）在清朝前期，科举取士的最后一道考试场所是在太和殿前面的丹墀（石台）之上，雍正年间，因"天寒砚冻。上命移至殿内两傍，并令太监多置火炉，俾殿内和暖，使诸贡士得尽心作文写卷"（《熙朝新语》卷八）。文中之"上"即指雍正帝，"贡士"则指考生。此后，考场又被移至保和殿，遂成惯例。

046

❶ 20世纪初，太和殿旧影（小川一真摄影）
❷ 太和殿前的日晷宛如一位智者，静静地守望着初升的太阳，与宫殿同辉（视觉中国供图）
❸ 太和殿前丹墀上还站立着铜鹤，象征着长寿与贤能，它的地位仅次于皇家专用的龙和凤（视觉中国供图）
❹ 铜鹤后面立着铜龟，与铜鹤共同代表着祝皇祚万岁之意，每当太和殿举行大典时，铜鹤、铜龟化身为香炉，嘴里缓缓吐出白色的烟雾，使得整个大殿笼罩在香气之中（陈风檩摄影）
❺ 太和殿位于紫禁城中轴线的显要位置，是明清两朝皇宫建筑中等级最高的大殿（宏描摄影）

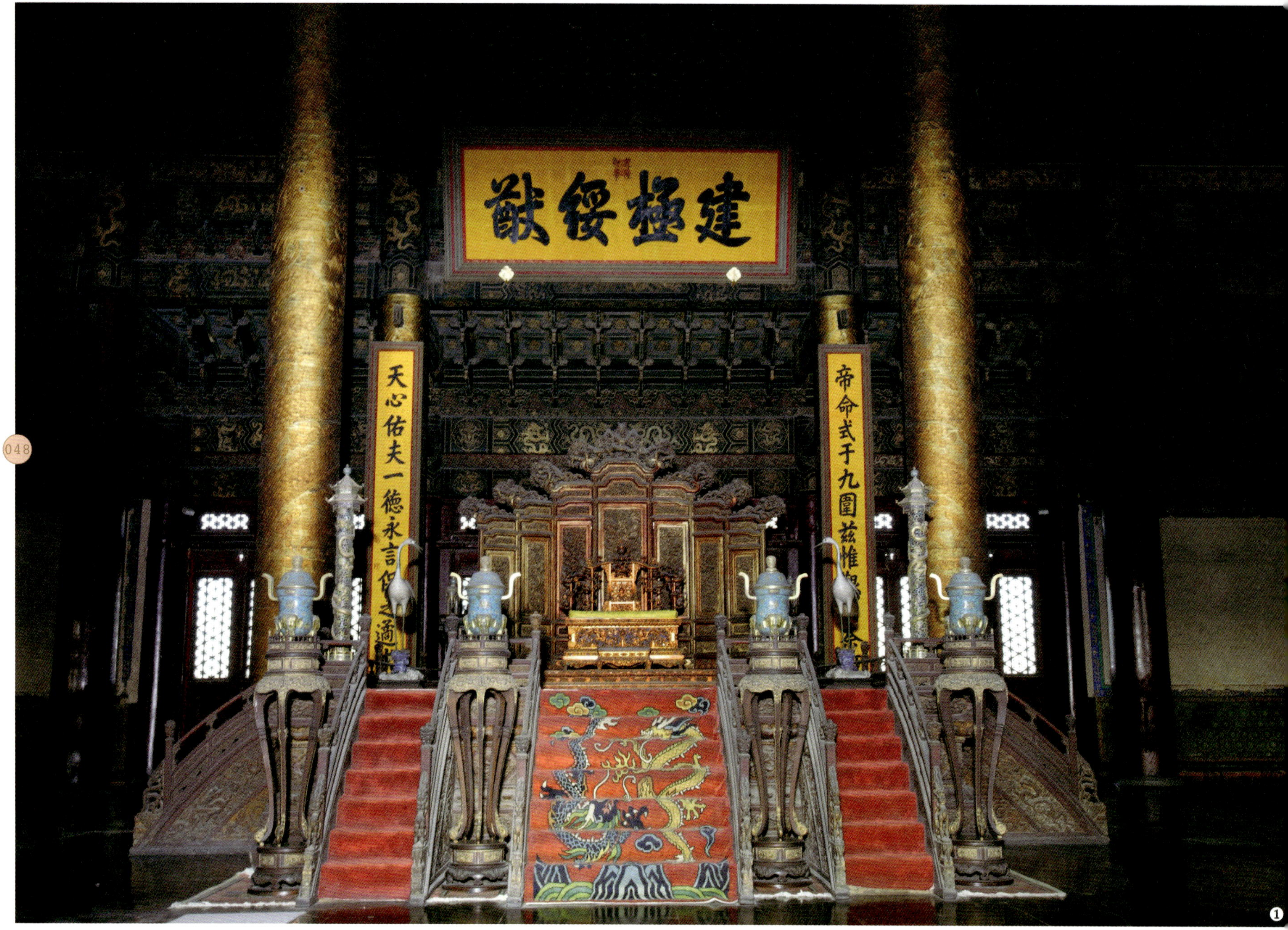

1

明代的华盖殿，是帝王平时召见大臣、讲论治国之道的地方。又经常在这里举办宴会，以招待诸宗王。时人称："文皇帝时，友爱诸弟，每来朝，赐宴于华盖殿，辞亦如之。世子郡王，则皇太子宴于文华殿。独宴尚师哈立麻亦华盖殿，盖以亲王例宾之也。"（明·王世贞《皇明异典述》卷六《赐宴华盖殿》）文中的"文皇帝"即指明成祖。再如谨身殿，其功能与华盖殿大致相同。

到了清代，中和殿是帝王审阅玉牒、奏书及祭文等重要文献之处。这里又是帝王在太和殿上朝之前的休憩之处，并在此召见大臣，商议政务。而保和殿的功能要更多一些。时人称："保和殿，则筵宴外藩茬之。殿试、覆试、朝考、大考考差皆于此，监试皆以王公。"（清·震钧《天咫偶闻》卷一《皇城》）文中的"外藩"即指蒙古宗王。

❶ 太和殿内悬有"建极绥猷"的匾额，其有"君临天下，承天建邦，抚民以顺大道"之意（视觉中国供图）
❷ 中和殿位于太和殿和保和殿之间，作为前朝三大殿之中体量最小的一座，承载着皇帝从寝宫至大殿之间的过渡（视觉中国供图）
❸ 保和殿位于中和殿北侧，与太和殿、中和殿形成了前朝三大殿前后呼应、主辅有别的建筑风格（视觉中国供图）

晴空下的故宫三大殿（右起：太和殿、中和殿、保和殿），更显巍峨壮丽，气势磅礴（宏描摄影）

三大殿东南面的文华殿在明清时期是帝王和大臣讲经论道的场所。在明代，文华殿最初是作为皇太子读书之处，此后则作为帝王聘请儒臣在此讲学的场所。最初，明朝帝王在文华殿的东侧殿中供奉有佛像。到明世宗嘉靖年间，将其撤去，"乃祀伏羲、神农、黄帝、尧、舜、禹、汤、文、武九凭南向，周公、孔子二凭东西向"（明代余继登《典故纪闻》卷十七）。到了此后的清朝，这里仍然是帝王和儒臣探讨治国道理的地方。

三大殿西南面的武英殿，在明朝前期是帝王召见全国著名画师在此绘画的场所，并授予这些画师以武英殿待诏的名誉。到了清代，这里则成为纂修典籍、刊印书籍的场所，并设有总裁、纂修、校对等工作人员，以负责出版的相关事宜。这时刊刻的图书，有《四库全书》、"二十四史"等重要典籍，印制极为精美，被称为"武英殿聚珍版"，故而武英殿版图书皆驰誉海内外。

◎ 南书房和上书房

清朝帝王对于翰林院的词臣十分重视，故而在紫禁城内的乾清门西侧设置有南书房，并派词臣在此侍奉，以便帝王随时召见，探讨有关诗词、文赋的相关问题。当时的许多文臣，皆以被召入南书房为极高的荣誉。

清朝帝王对后辈的教育十分重视，故而在日精门旁边设置有上书房，专门负责教育六岁以上的皇子。据《国朝宫史》记载：清世宗曾专门为上书房的书斋题写有对联一副，称："立身以至诚为本；读书以明理为先。"是对诸皇子的谆谆教诲。

◎ 军机处和养心殿

在紫禁城里，还有两处著名建筑，一处为军机处，另一处为养心殿。军机处为雍正时设置的办事机构，史称：军机处"初只秉庙谟商戎略而已，厥后军国大计，罔不总揽。自雍、乾后百八十年，威命所寄，不于内阁而于军机处，盖隐然执政之府矣"（《清史稿》卷一百七十六）。其地点在紫禁城里的隆宗门内西侧。由此可见，随着时间的推移，军机处的重要作用已经超过内阁，军机大臣也就成为清朝帝王最亲近的部下。

养心殿在紫禁城里的月华门之西，有养心门，门内即养心殿。养心殿东暖阁有随安室，西暖阁有三希堂。明朝和清朝初期，帝王们通常是居住在乾清宫的。康熙帝死后，雍正帝为了表示对康熙帝的思念，搬出乾清宫，入住养心殿。此后的清朝帝王皆仿此制，大多居住在这里。

乾隆帝时，曾将王羲之的《快雪时晴帖》、其子王献之的《中秋帖》和侄子王珣的《伯远帖》三件历代文人墨客梦寐以求的稀世珍宝放在这里，并命其名为三希堂。此后，乾隆帝又将他收藏的历代书法精品刊刻为《三希堂法帖》共三十二册，并在西苑（今北海公园）阅古楼内刻石嵌入墙壁，以供人鉴赏，遂成为稀世之珍宝，留存至今。

❶ 文华殿前海棠依旧，数量之多，堪称故宫之最，每到春日落英缤纷，古建繁花，甚为动人（视觉中国供图）
❷ 武英殿位于故宫西路，与文华殿东西对称，如今已成为故宫博物院陶瓷馆，珍品云集，荟萃一堂（视觉中国供图）
❸ 夕阳下的军机处，低调而神秘，它是清代的中枢权力机关，皇帝的各项重要机密指示均由军机大臣起草发出（视觉中国供图）
❹ 从军机处缓步至养心殿，行程不足50米，雍正帝登基后，选择养心殿作为自己的寝宫和办公场所，如今正殿北墙中央仍高悬着由他御笔亲书的"中正仁和"牌匾（视觉中国供图）

◎ 两宫和东西六宫

两宫是皇帝和皇后居住的场所，东西六宫则是嫔妃和皇子居住的场所。乾清宫原是明朝皇帝的住所，到清朝初年，帝王仍居住在这里。到康熙年间，"今上亲政后，选翰林官直讲禁中，先在弘德殿，后移于乾清宫。讲官始则熊赐履，继为史鹤龄、孙在丰、张英、徐元文、陈廷敬、叶方蔼、张玉书、汤斌、归允肃。大抵以掌院学士一员与翰林官一员同讲，止二员"（《池北偶谈》卷四《日讲》）。文中的"今上"即康熙帝，由大臣向帝王讲解治国道理遂成为一种制度。

清朝帝王又曾在这里存放有《永乐大典》，最初为一万两千册。此后，雍正年间，又把新纂修成的历朝《实录》安放在这里，遂把《永乐大典》迁移到翰林院安放。也是在雍正年间，清世宗把立乾隆帝为皇储的密书安置在乾清宫内的"正大光明"匾额之后，这又成为清朝帝位传承的一项制度。

而皇后居住的坤宁宫，到了清代，则成为祭祀满族神灵的场所，又分为春秋大祭和岁时常祭。清代人福格著《听雨丛谈》中记录："坤宁宫春秋大祭，例有王大臣进内吃肉，即古人馂余之礼。凡在内廷行走之王大臣、额驸、御前大臣、领侍卫内大臣、大学士、军机大臣、内务府大臣各官，皆得予馂。"诸多大臣、侍卫分食祭神之肉，遂成为一种特殊的礼制。

⑦

　　清朝人称，北京八旗子弟平时也要施行祭神之礼，"大率满洲用豕，每祭或一日，或三日。其三日者，第一日祭肉不出门，第二日祭肉乃分胙于邻里亲党。蒙古用羊。汉军亦用豕。八旗汉军祭祀，从满洲礼者十居一二，从汉人礼者十居七八"（《听雨丛谈》）。即满人及汉军在祭祀时用猪肉，而蒙古人则用羊肉。

　　东西六宫，是明清紫禁城内廷的规制。在明代，东六宫为：景仁宫、承乾宫、钟粹宫、延禧宫、永和宫、景阳宫；西六宫为：永寿宫、翊坤宫、储秀宫、启祥宫、长春宫、咸福宫。清代的规制则有一些变动。东西六宫之中，不仅居住有皇太后、嫔妃等，还有一些皇子。清乾隆年间，又在此建造有重华宫，作为乾隆帝岁时休暇之处。

❶ 交泰殿坐落于乾清宫与坤宁宫之间，作为紫禁城中女性地位的体现，见证了深宫后院的万千荣宠，天地交合，康泰美满（视觉中国供图）

❷ 交泰殿殿内设宝座，上悬康熙帝御书"无为"牌匾，宝座后有板屏一面，上书乾隆帝御制《交泰殿铭》（视觉中国供图）

❸ 清朝入主中原后，对坤宁宫进行了改造，仿盛京清宁宫，改原

明间开门为东次间开门，原隔扇门改为双扇板门，其余各间的槛花槅扇窗均改为直槅吊搭式窗（视觉中国供图）

❹ 自康熙帝大婚开始，坤宁宫东边两间便成为帝后的洞房，洞房西北角的龙凤喜床，床上挂有五彩纱百子幔，上绣百子图，喜床上铺红缎龙凤炕褥，喜气洋洋（视觉中国供图）

❺ 清末，宫廷里的满族女子（李哲供图）

❻ 乾清宫正殿之上，高悬着由清代顺治皇帝御笔亲书的"正大光明"匾，字迹遒劲，寓意深远，这块匾的背后藏有决定太子命运的"建储匣"（周山杉摄影）

❼ 沐浴在晚霞余晖中的乾清宫，典雅庄重，古韵盎然（视觉中国供图）

◎ 御花园

御花园在三殿两宫的北面。御花园里面不仅花草茂盛，山石怪异，亭台秀美，还有一座钦安殿，以供奉道教的真武大帝。明成祖在发动靖难之役时，以为受到真武大帝的庇佑，故而在北京建紫禁城时，于奉天殿里画有真武大帝像，又在钦安殿里塑造了真武神像，岁时加以祭祀。此外，明朝时还修建有对育轩、清望阁、金香亭、翠玉亭、乐志斋、曲流馆等建筑。到了清代，又在这里修建或是改名的有凝香亭、浮碧亭、摛藻堂、绛雪轩等建筑。

❶ 20 世纪 20 年代初，溥仪、婉容及双方弟妹在御花园，左起：溥仪、铁格格（毓崇之妹）、润麒（婉容之弟）、韫颖、婉容、韫和、韫媖（李哲供图）
❷ 春天的御花园，一抹抹淡雅的杏花悄然绽放，洁白的花瓣随风飘落（视觉中国供图）
❸ ❹ 从坤宁门进入御花园，西侧的千秋亭，与东侧的万春亭相互对称，是一对造型、构造几乎相同的建筑，仅藻井彩画有细微差别，千秋亭内的藻井花纹精美，彩画与浮雕繁而不乱，静静向人们展示着穹顶之上的极致美学（视觉中国供图）
❺ 故宫的"御猫"们，悠然穿梭于红墙金瓦之间，它们是这座古老宫殿的可爱守护者（视觉中国供图）
❻ 园中粉色榆叶梅竞相绽放，漫步其间，如梦如幻（视觉中国供图）
❼ 昔日的御花园是明清皇帝和后妃们消遣嬉游的胜地，而如今则成为人欣赏皇家园林艺术的绝佳之处（刘海摄影）

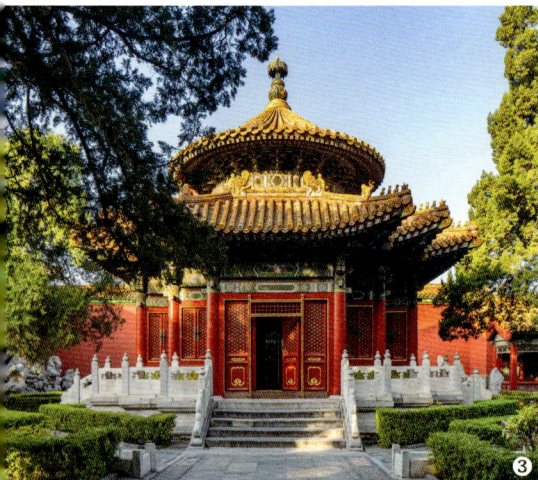

◎ 神武门

神武门是紫禁城的北门，明永乐十八年（1420 年）建成，明称玄武门。清康熙年间重修时，因避康熙帝玄烨名讳改称神武门。

神武门旧设钟、鼓，由銮仪卫负责管理，钦天监指示更点，每日由博士一员轮值。每日黄昏后鸣钟 108 响，钟后敲鼓起更。其后每更撞钟击鼓，启明时复鸣钟报晓。皇帝住宫内时则不鸣钟。

神武门作为皇宫的后门，是宫内日常出入的重要门禁，此门专供皇室人员出入，朝中大臣不得行走。明清两代皇后行亲蚕礼即由此门出入。清代每三年一次选秀女，备选者经由此偏门入宫候选。1924 年逊帝溥仪被逐出宫，亦由此门离去。

❶ 1946 年，紫禁城神武门旧影（李哲供图）
❷ 站在景山之上，俯瞰中轴线上的故宫，红墙金瓦，宏伟壮丽（刘姝平摄影）
❸ 故宫神武门与"中国尊"，传统与创新的碰撞，一古一今，相映成趣（刘宇摄影）
❹ "一场故宫雪，梦回紫禁城"，雪后的故宫更显静谧古朴（视觉中国供图）

◎ 角楼

紫禁城垣四隅之上的角楼，建成于明永乐十八年（1420 年），清代重修，至今已有六百多年的历史。

角楼是紫禁城城池的一部分，它与城垣、城门楼及护城河同属于皇宫的防卫设施。

角楼的平面布局为两个"十"字相叠的曲尺形，四周环绕白玉石柱杆基座，三层重檐，多角交错。上层檐由四角攒尖顶和歇山顶组成。角楼采用减柱造做法，室内减去四根立柱扩大了利用空间面积。在房屋构架上采用扒梁式做法，檐下梁头不外露，使外观上更加突出装饰效果。

另外，设计者巧妙地运用了借景的艺术手法，借鉴了宋画《水殿招凉图》和《黄鹤楼》等中的临水建筑形式，以护城河碧波荡漾的水面对景衬托，把紫禁城映照在倒影之中，颇有临水映皇城的诗情画意。

❶ 20 世纪初，从西北望筒子河和神武门旧影，几位妇女正忙着采莲藕

❷ 故宫城墙四角各有一座角楼，设计新颖别致，造型玲珑奇巧（视觉中国供图）

❸ 逛完故宫，从神武门出来，去附近的故宫淘宝体验馆"淘淘宝"，巨型"御猫"正在门口迎宾，憨态可掬，惹人喜爱（视觉中国供图）

❹ ❺ 到故宫角楼咖啡厅坐下歇脚，带有浓浓中国风的隔扇、灰砖、木椅，古色古香，连里面饮品和甜品的名字都透着"宫"味儿，"康熙最爱巧克力""三千佳丽奶茶"，吸引着不少年轻人前去"打卡"品尝（视觉中国供图）

❻ 秋日的角楼静立，银杏叶间透过的阳光斑驳陆离（视觉中国供图）

景山位于紫禁城北面神武门的正北中轴线上。据传建自金代，用以镇压北边蒙古草原上的王气。元代建大都皇城，这座山被圈入禁中。后人又称："万岁山俗称煤山。相传漠北有山，征异气。金时，辇致其土于燕积成。今北垣禁御，缭以周庐，天枢拱护，绵亘钩陈。"（《北游录·纪文》）山旁建有"灵圃（灵囿）"，是皇家动物园，饲养有众多的禽兽。元世祖平定江南之后，曾将南宋宫廷中饲养的几十种飞禽悉数迁到大都城来，即饲养在这里。

到了明代初年，这里被称为"煤山"，仍然是皇家园林，只是建造的亭台楼阁较少。明代中后期山前建万岁门，遂称"万岁山"，而与西苑中的万岁山重名。时人称："皇城北安门内寿皇殿之南，则万岁山，俗所谓煤山也。皆土渣堆积而成，山上树木森郁，鹤鹿成群，内有红阁，烈皇帝殉国之所，鼎湖泣血，千古痛心。"（清·林时对《荷牐丛谈》卷一）文中"烈皇帝"即指崇祯帝，明末在山上的寿皇亭自缢身亡。

到清代前期，清世祖始命名为"景山"，一直沿用至今。清朝诸帝对这里进行了较大规模的改建。康熙时在山前设置有景山官学，并建有绮望楼，为学生拜谒孔子的场所。时人称：景山官学"在景山内，皆内务府子弟充补。其制与咸安宫同，为内务府总管所辖"（《啸亭杂录》卷九）。乾隆时又在山上建有五座亭子，供奉有佛像。山后则建有寿皇殿，作为御容殿，以供奉清朝帝王的御容像。

❶ 1906 年，景山山右里门旧影

❷ 晴空如洗，万春亭上，人潮如织，喧嚣声此起彼伏（闫淼摄影）

❸ 夜幕低垂，满月盈空，万春亭剪影静伫景山之巅，与夜空中的明月交相辉映（李睿摄影）

❹ 景山五亭航拍图，两端的周赏亭和富览亭均为蓝瓦紫剪边，稍内的观妙亭和辑芳亭均为绿瓦黄剪边，正中的万春亭为黄瓦绿剪边，五亭由两侧至中间的琉璃瓦颜色的变化对应着等级的逐渐增高（张肇基摄影）

寿皇殿最初是在景山的东北面，到乾隆年间被清高宗移至景山正北的中轴线上。早在宋元时期，帝王就把祖先的御容画像分别供奉在佛寺及道观之中，到了明代，则在皇城之中创建奉先殿，专门安置御容像。到了清代雍正年间开始，除了奉先殿之外，又把祖先的御容像及牌位安置在了寿皇殿里，岁时加以祭祀，遂成定制。

据《燕都丛考》称：寿皇殿的主殿"殿凡九室，重檐金楹，如太庙制，恭奉列代御容"。其后又有集祥阁、兴庆阁、永思殿、观德殿等建筑。清高宗专门写有《寿皇殿碑记》，称："每遇圣诞、忌辰、元旦、令节，亲诣瞻拜，色笑如亲。"其思念祖先的亲情，历历在目。

中华人民共和国成立后，政府在这里设置有北京市少年宫，作为广大少年活动的场所，设有各种球类、棋类、音乐舞蹈、书法绘画等培训班。近年来，为了北京中轴线申遗工作需要，遂将其迁出，以便保护和修缮寿皇殿古建筑。

065

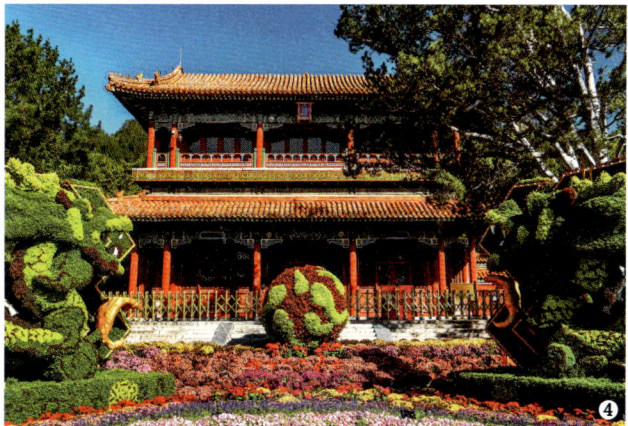

❶ 寿皇殿建筑群，傲立中轴线，成为除故宫外第二大建筑群之瑰宝（视觉中国供图）
❷ 20 世纪初，从万春亭向北眺望寿皇门和寿皇殿旧影（小川一真摄影）
❸ 寿皇殿内原先陈设帝后御影，每年，皇帝要按照节令祭日和相关规定，到景山寿皇殿祭祀祖先（视觉中国供图）
❹ 坐落于景山公园南门之内的绮望楼，依山而建，楼内曾是供奉孔子牌位的地方，为清代官学堂学生祭拜先师孔子之处（易国跃摄影）

万宁桥位于景山北面、钟鼓楼南面的中轴线上，在元代俗称海子桥，到明清以后，又因其在地安门（俗称"后门"）外，被称为"后门桥"。桥下即是京杭大运河北京段的通惠河。通惠河是元世祖至元二十九年春（1292 年）至三十年（1293 年）秋开凿的，故而万宁桥也应该是这时建造的。《元一统志》称：通惠河上有桥，"取象星辰紫宫之后，阁道横贯，天之银汉也"。故而把通惠河比喻为天上的银河（银汉），而万宁桥自然也就是银河上面的鹊桥了。

初建的万宁桥为木桥，元代中期始改建为石桥。桥下的木闸也随之改建为石闸。石闸旁又刻有镇水石兽六只，其中桥东北角那只是元代雕刻的。因为通惠河是大都漕运的主要通道，故而在河上设置有包括万宁桥在内的二十多座桥闸，以控制流往通州的水量，便于转运漕粮及各种商品。

在元世祖决定建造元大都城时，这里是一片平原，只有金中都时修建的北苑万宁宫最为显眼。而在元世祖建造大都城的过程中，城里有许多纵横交错的水道，需要搭建桥梁，以供行人往来。据《析津志辑佚》一书记载，大都城的著名桥梁有龙津桥、拱宸桥、福宁桥、朝阳桥（俗称"枢密院桥"）、通明桥（俗称"酒坊桥"）、会通桥、升平桥、析津桥等。此外，无名桥尚有一百余座。

这些桥梁构成了大都城的一张交通网络，最初大多是用木材搭建的。到了元代中期，一些重要的桥梁，才又被改建为石桥。而当时的万宁桥，就是元朝帝王每年往来于大都城与上都城（在今内蒙古正蓝旗境内）之间的必经之路。大都城里的居民，也经常要路过这里。

元人马祖常曾作有《海子桥》一诗，称："朝马秋尘急，天潢晚镜舒。影圆云度鸟，波静藻依鱼。石栈通星汉，银河落水渠。无人洗寒露，为我媚芙蕖。"（《元诗选初集·丙集》）诗中的"石栈"是指万宁桥，这时已经由木桥改建为石桥了。而"银河"则是指桥下的通惠河。读此诗可知，当时的万宁桥边，积水潭（又称海子）的景色是十分秀美的。

到了明代，因为没有了与上都城之间的往来，这座石桥的作用也就有所减弱。但是，万宁桥边的什刹海景色依然秀美。明人曾棨亦曾作有《海子桥》一诗，称："鲸海遥通一水长，沧波深处石为梁。平铺碧甃连驰道，倒泻银河入苑墙。晴绿乍添垂柳色，春流时泛落花香。微茫迥隔蓬莱岛，不放飞尘到建章。"今天的万宁桥，已经成为中国大运河和北京中轴线上的双遗产点。

❶ 万宁桥东北方向的镇水兽，兽身不辨花纹，兽首面目模糊，为元代遗存
❷ 万宁桥是北京中轴线上最古老的桥梁，也是北京市唯一还在为社会交通服务的元代桥梁（吴强摄影）

②

钟鼓楼分为鼓楼和钟楼，鼓楼位于万宁桥北侧的中轴线上，钟楼位于鼓楼北侧，是中轴线的北端点。这两座楼皆始建于元至元九年（1272 年），位于全城的中心位置，是都城报时的机构。明朝初年被毁，明成祖定都北京后于永乐十八年（1420 年）重建，清朝沿用之，一直保存到今天。

在中国古代，钟鼓楼的设施十分重要，代表的是中央政府颁布四时运行规律的权力，故而只有在全国的都城，才能够设置钟鼓楼。早在汉唐时期，全国都城中的皇城和宫城皆建造在全城的北面，故而鼓楼和钟楼就设置在皇城的南面，东西对称，钟楼在东，鼓楼在西。到了宋代，皇城和宫城皆建造在全城的中央，而钟鼓楼设置在皇城的前面，鼓楼在东，钟楼在西。

到了元代，新建大都城，则把钟鼓楼设置在全城的中心位置，

钟
鼓
楼

Bell and Drum Tower

鼓楼在南，钟楼在北。这时的钟鼓楼，开始成为都城中轴线的最北端。而作为帝王、后妃居住的宫城，以及宫城外面的皇城，就都设置在钟鼓楼的南面。元朝为新建的鼓楼取名为"齐政楼"，象征着天上的北斗七星，《汉书·天文志》称："北斗七星，所谓'璇玑、玉衡，以齐七政'。"就是此意。

《元史》中记载："都城刻漏，旧以木为之，其形如碑，故名碑漏，内设曲筒，铸铜为丸，自碑首转行而下，鸣铙以为节，其漏经久废坏，晨昏失度。"时任星历教授的齐履谦"因见刻漏旁有宋旧铜壶四，于是按图考定莲花、宝山等漏制，命工改作；又请重建鼓楼，增置更鼓并守漏卒，当时遵用之"。由此可见，在大德年间，齐履谦不仅修好了碑漏，而且重新建造了鼓楼。

到了明代初年，太祖朱元璋定都南京，故而在拆除元大都的宫

❶ 20 世纪 20 年代鼓楼旧影，檐下悬挂一匾"明耻楼"：民国十三年（1924 年）京兆尹薛笃弼为使民众不忘 1900 年八国联军入侵北京的国耻，将鼓楼易名为"明耻楼"（视觉中国供图）

❷ 行走在繁华的地安门外大街上，现代都市的喧嚣与历史的沉静相互交融，时光悠悠，鼓楼依旧（张祎婷摄影）

❸ 鼓楼的二层存放着 25 面更鼓，中间为首的大鼓代表 1 年，24 面小鼓则代表二十四节气，钟鼓楼在长达六百多年的报时历史中，

始终沿用先击鼓后撞钟的模式，"暮鼓晨钟"由此而来（视觉中国供图）

❹ 钟鼓楼的建筑之美，无论是白天的壮丽雄伟，还是夜晚的灯火辉煌，都是摄影爱好者的最佳出片儿点（视觉中国供图）

殿时，也将钟鼓楼加以拆除。及至明成祖定都北京，则在元代钟鼓楼的位置上重新建造了这项设施，使得明代的都城中轴线又有了北端点。清朝定都北京以后，许多原有的设施皆加以沿用，钟鼓楼也没有变化，维持了原有的报时功能。

古人有"暮鼓晨钟"之说，则是指一种较为普遍的报时制度。暮鼓指白天最后一次击鼓报时，击鼓之后夜晚来临。晨钟指夜里最后一次撞钟，撞钟之后早晨来临。古人认为钟鼓报时是测量天地运行规律的大事，故而只有在都城才设置钟鼓楼，其报时的钟点代表全国的时间运行规律。元大都时所颁行的《授时历》，就是依据测量天体运行规律而制定的。

① 20 世纪 20 年代，钟楼旧影（Herbert C.White 摄影）

② 钟楼的铜钟铸造于明朝永乐年间，重约 63 吨，为中国迄今发现最重的铜钟（视觉中国供图）

③ 如今的钟鼓楼焕发新彩，沉浸体验，虚实结合，呈现一场名为"时间的故事"的常设展览（视觉中国供图）

④ 夕阳余晖下的钟鼓楼广场，美如油画（视觉中国供图）

⑤ 晨练的老人舞动着祥龙，使得古老的钟楼焕发出无限生机与活力（岳友森摄影）

什刹海—护国寺—新街口探访路线示意图

注： 探访路线

N

德胜门箭楼

北二环

积水潭

鼓楼大街

北二环

西海

宋庆龄故居

鼓楼西大街

旧鼓楼大街

后海北沿

什刹海

羊房胡同

后海南沿

后海

鼓楼东大街

新街口

烟袋斜街

德胜门内大街

辅仁大学旧址

恭王府及花园

郭沫若故居

前海东沿

柳荫街

前海

梅兰芳纪念馆

护国寺街

定阜街

龙头井街

地安门西大街

德胜门箭楼

宋庆龄故居

什刹海

烟袋斜街

郭沫若故居

恭王府及花园

辅仁大学旧址

梅兰芳纪念馆

072

第二章 ＼

什刹海—护国寺—新街口探访路线

Chapter 2:

Shichahai-Huguo Temple-
Xinjiekou Visit Route

在北京西城境域内,自南向北,一连串分布着六个湖泊,这就是北京人常说的"内三海"和"外三海"。这本是古高梁河下游河道形成的洼地型湖泊。元代初年,惯于逐水草而居的蒙元皇帝参照这几处"海子",勘测并设定了元大都的中心台,进而以中心台为基准,规划建设起世界闻名的大都城,为今日北京核心区的发展奠定了基础。

其实早自辽金时代起,"内三海"的部分水域(包括今日的北海和中海)便被划入了皇家禁苑,明代初年,又在中海之南的御苑内开辟了南海,使得"内三海"水域远离了京城百姓的视线。而"外三海"却依然留在市井民间,逐渐成为帝都中一处风景绝佳之地。这"外三海"在金代称为白莲潭,元代称积水潭,称海子,本来是汪洋一体,明代以后水位下降,湖面缩小,逐渐分解成为什刹海前海、后海和西海三处水面,统称为什刹海。地灵则人杰,北京历经元明清三代七百余年的光阴,在什刹海畔孕育出帝都独有的都市滨水文化。

眼前这条探访路线上的景点,全部位于西城区的东北部,旧皇城以外的什刹海风景区之内。这里以历代的城门城楼、王府宅邸、名人故居、园林寺庙、街道桥梁为其特色,民俗活动丰富多彩,历史遗迹、人文景点的密度在各城区名列前茅,是北京这座历史文化名城的重要组成部分,被新版的《北京城市总体规划》划定为十三片文化精华区之一 。

　　著名的文学家老舍,用这样生动的笔墨描述了北京这片海水:

　　到了德胜桥,西边一湾绿水,缓缓的从净业湖向东流来,两岸青石上几个赤足的小孩子,低着头,持着长细的竹竿钓那水里的小麦穗鱼。桥东一片荷塘,岸际围着青青的芦苇。几只白鹭,静静地立在绿荷丛中,幽美而残忍地,等候着劫夺来往的小鱼。北岸上一片绿瓦高阁,清摄政王的府邸,依旧存着天潢贵胄的尊严气象。一阵阵的南风,吹着岸上的垂杨,池中的绿盖,摇成一片无可分析的绿浪,香柔柔的震荡着诗意。

地铁二环沿线是京城最繁忙的路段之一。其实就在二环线上，明清北京内城的高大城垣矗立了几百年。如今北二环路上虽已不见城垣，却仍能看到一座巍峨壮丽的古代箭楼，这就是明清内城硕果仅存的城楼之一——德胜门箭楼。

明代北京城垣是在元大都的基础上建设起来的。明洪武元年（1368 年），大将徐达攻克元大都后，在大都北城垣向南 2.5 千米的地方新筑了一道土城，作为第二道防线。此后，元大都的北部逐渐废弃，这道新筑土城变成了明清北京的北城垣。新筑土城上与健德门对应的城门命名"德胜"，既有"以德致天下"之意，也是"得胜（还朝）"的谐音。

明英宗正统元年（1436 年）始，命太监阮安等监修京师九门。在传统土城的内外两面都包上了城砖，并修建京师九门的城楼、箭楼、石桥以及四隅的角楼。德胜门箭楼就是在这次工程中建成的。

德胜门箭楼

Deshengmen Archery Tower

德胜门外连居庸关、八达岭，是明清北京城重要的北方门户，见证了诸多历史上的战争场面。明朝初年，败退到北方草原的北元政权依然对明朝的北部边境构成威胁，永乐皇帝亲率大军，十年之间，五次北征，使北部疆域得以安定，而这五次北征都是从德胜门出发的。正统十四年（1449 年），蒙古瓦剌分兵三路进犯明边。英宗朱祁镇仓促间御驾亲征，致使五十万大军全军覆没，皇帝本人被俘。在此国难之际，兵部尚书于谦力挽狂澜，积极整军备战，率众分守北京各门，并在德胜门外大败瓦剌军，获得京师保卫战的胜利。崇祯二年（1629 年），后金皇太极率军十万突入关内，直逼京师。督师袁崇焕统领诸路援军保卫北京，德胜门外亦为主战场之一。崇祯十七年（1644 年），李自成率领农民军从德胜门攻入北京城，但仅 42 天就退出了京城，结束了短命的政权。清康熙年间，蒙古准噶尔部割据天山南北和青藏等地。康熙二十七年（1688 年），准噶

❶ 1914 年以前的德胜门城楼、瓮城及箭楼旧影
❷ 清末，北平城德胜门城楼旧影（李哲供图）
❸ 德胜门箭楼素有"军门"之称，是京师出征时的必经之处，取"得胜"的谐音，此为修复后的箭楼（视觉中国供图）
❹ 华灯初上，德胜门箭楼流光溢彩，静谧梦幻（视觉中国供图）

❶

❷

尔部首领噶尔丹在沙俄的支持下东犯喀尔喀部，进而南下威逼京师。康熙亲率大军，三征噶尔丹，粉碎叛乱，结束了我国西北边陲长期分裂割据的局面。这三次征伐也都是从德胜门出发的。

近代以来，失去了军事防卫意义的古代城垣与城市现代化的进程发生了剧烈的冲突。人们为处理好都市发展进步与传承、保护古代文化的关系，也曾付出了相当的代价。

民国四年（1915 年），为修筑环城铁路，沿途的瓮城、闸楼被一体拆除，使德胜门城楼与箭楼分处于铁路两侧。民国十年（1921 年），德胜门城楼因梁架朽坏，在内城九门中率先拆除，仅存的城台及券门，也于 1955 年拆除。

1964 年修建地铁 2 号线时，德胜门箭楼本拟拆除，但因箭楼与城楼之间的距离比其他城门要长出 50 米，未致直接影响到地铁施工，这才幸免拆除。此后修二环路时又拟拆除箭楼，幸有古建专家郑孝燮致函中共中央副主席陈云力保，成功地保下了德胜门箭楼，并于当年公布为北京市文物保护单位。

1980 年，国家拨专款对在 1976 年地震中遭到破坏的德胜门箭楼进行了全面的修整。1982 年竣工并对外开放。1992 年，又在箭楼之下复建了原瓮城内的真武庙，并于此设立了古代钱币展览馆。2006 年，德胜门箭楼被公布为全国重点文物保护单位。

❶ 随着 1992 年二环路的通车，德外大街与北二环路交汇处建起一座大型立交桥，德胜门箭楼逐渐成为了北京的重要交通枢纽（视觉中国供图）

❷ 登上德胜门箭楼，见两门大炮，其非战争之器，昔日与宣武门之炮共司报时，午时轰鸣，城内对时皆以此为准（视觉中国供图）

宋庆龄是伟大的革命先行者孙中山先生的夫人和战友，举世闻名的爱国主义、国际主义和共产主义的伟大战士，是杰出的国际政治活动家、中华人民共和国卓越的领导人，被公认为"20世纪的伟大女性"。

宋庆龄故居坐落在后海北沿46号。清代康熙年间，这里曾是武英殿大学士明珠的府邸花园，称为渌水院，也是清代著名词人、明珠长子纳兰性德主持的"文艺沙龙"所在地，南楼前两株树龄三百余年的"明开夜合"树，就是纳兰性德亲手栽种的。乾隆年间，明珠的后代得罪了权相和珅，被抄没了家产，花园也被和珅占据。嘉庆皇帝即位后，将这座花园连带府邸一起赏给了自己的弟弟成亲王永瑆，并特准他引后海水进入花园。为感激天子的殊恩，成亲王在纳兰性德渌水亭的旧址上修建了恩波亭。

到了光绪年间，这座府邸被慈禧太后赏给了光绪皇帝的生父醇

亲王奕譞。奕譞在成亲王府的基础上建成醇亲王府，经历百余年后，除个别拆改外，园内古建仍然沿袭了当年王府花园的旧制。花园之内四面环山，东南土山上建有一座扇形亭子。北京地区共有四座扇形园亭，此乃皇家园林以外唯一的一座。匾额上"箑亭"二字为醇亲王奕譞题写，"箑"即为古"扇"字。西南土山上有对应的一组建筑，称"听雨屋"。南山下临湖是南楼。后海之水从西端引入，绕园一匝，由东端流出园外。狭长的水池被小桥和游廊分隔为四个小小湖面，一条游廊横跨湖上，串联起全园主要建筑。

奕譞去世后，由光绪皇帝的弟弟载沣继承醇亲王位。1909年，载沣的长子溥仪即皇帝位，是为宣统。然而仅仅两年多，辛亥革命的炮声就迫使清帝退位。民国十三年（1924年），醇亲王府邸正院被国民政府征用，载沣一家移居王府花园，载沣本人曾在园中的畅襟斋里住了十年。

❶ 宋庆龄生前喜欢饲养鸽子，因为鸽子象征和平，还为纪念孙中山，他也喜欢鸽子

❷ 步入大门，向西约100米，北侧有一座小山，拾级而上，即可看见一座雕梁画栋、状如折扇的亭子，其匾额上正名为"箑亭"，

为光绪皇帝的生父醇亲王奕譞题写（视觉中国供图）

❸ 过箑亭，楼堂亭榭、曲径回廊，游廊左侧一直延伸到南楼的二层。南楼正是当年明珠之子、清朝第一词人纳兰性德邀请文人墨客在此吟诗填词、研读经史、著书之地（视觉中国供图）

❹ 游廊右侧，一座六角攒尖顶的"恩波亭"翼然俏立其间，跨过南湖的游廊，直通内宅东侧（视觉中国供图）

❺ 内宅东侧便是宋庆龄先生雕像和序厅，序厅一般不开放，瞻仰过雕像，从面对主路左侧便可以去往西侧的主楼（视觉中国供图）

❶

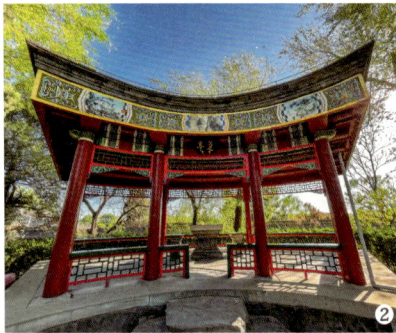
❷

❸

❹

1949年，宋庆龄来到北京后，国家曾先后安排了两处寓所，供她临时居住，并多次提出为她修建住宅。宋庆龄不愿增加国家的开支，一次次婉言谢绝。20世纪60年代初，周恩来总理亲自为她物色到这个花园，并进行了改建。1963年4月，宋庆龄迁入新居。

走进园内主建筑群，南面的前厅是宋庆龄的大客厅。她常在这里接待来访的各国朋友。北面的后厅即畅襟斋，是大餐厅。宋庆龄曾在这里宴请国内外宾客。畅襟斋前，两株古老的西府海棠生机盎然。宋庆龄常在花事最盛的4月上旬邀请朋友们来树下品茶赏花。秋天果实压弯了枝条，宋庆龄亲手做成海棠酱，分送给朋友和身边的工作人员品尝。宋庆龄每天都要下楼到花园散步，走过开满鲜花的小径，走到楼后去看她的鸽子。

她是那么喜欢孩子，为了招待小客人们，她专门竖起了秋千架，让院子里充满孩子们的欢声笑语。

1981年5月29日，20世纪的杰出女性、一位真正的人民领袖，在这座庭院里永远离开了她挚爱的人民。当年的大客厅和大餐厅已辟作宋庆龄生平展览的展厅，展示着二百多幅重要的历史图片，陈列着孙中山、宋庆龄留下的近二十件珍贵文物。周恩来总理曾多次赞誉宋庆龄是"国之瑰宝"。1992年，为纪念宋庆龄诞辰100周年，在园内西山上兴建了瑰宝亭，作为对她的永久纪念。在宋庆龄逝世一周年之际，宋庆龄基金会在这里成立。如今，宋庆龄故居作为国家重点文物保护单位和爱国主义教育基地，每年都有成千上万的国内外宾客到这里来缅怀宋庆龄。

❶ 主楼为一栋中西合璧的两层小楼，是周恩来总理亲自筹划建筑的（视觉中国供图）

❷ 主楼二层的卧室和书房，是宋庆龄日常工作生活的主要场所，她经常在桌前工作到很晚（视觉中国供图）

❸ 主楼后面内宅院中的西府海棠，距今已有二百余年的历史。每年4月上旬开花之时，花开似锦，香气四溢。到了秋天，宋庆龄会亲自采摘海棠果实制作海棠酱（视觉中国供图）

❹ 从主楼出来右转，经和平鸽舍，到达宋庆龄的生平展馆，里面的展陈展现了她不同时期的风采与魅力（视觉中国供图）

什刹海在元代称为积水潭，为保障元大都粮食和物资的长年供应，水利专家郭守敬将其建成了京杭大运河的北方终点码头。当年的积水潭原本就是一个相连属的庞大水体，为保障其能够得到充沛的上游来水，郭守敬从京城西北的白浮泉、瓮山泊、玉泉山引来了不尽清泉水，积水潭真个是烟波浩渺，水体面积比之现在要阔大得多。

明代以后，由于皇城改扩建导致运河进城的航路中断，加之上游水源白浮泉地下水脉因皇陵的修造受到影响，也有人认为皇陵前水向西流有伤"风水"，所以渐呈衰减，水位下降，水面缩减，其作为京杭运河终点码头的地位也终被东边的通州所取代。

广袤的积水潭渐渐缩成了西海、后海、前海三片相互勾连的水泊。作为跨水的津梁，人们在三处水泊相交之处分别建起了德胜桥和银锭桥。同时又在湖水退去的岸边建起了大量官署、寺庙、宅邸和楼馆园林，甚至开垦稻田，种植水生植物，使此地成为文人仕宦休闲雅聚的城市田园。清朝时，什刹海周边进一步成为京城的一大风水宝地，皇亲贵戚、达官显贵、仕宦名流纷纷在此兴建府邸园林。清末民国时期，这里又成为极具人望的民俗文化空间，号称京城内外头一号的平民游赏地。

❶ 20 世纪 50 年代，在什刹海溜冰的市民
❷ 京城有水，源于白浮泉，流于瓮山泊，经高梁河故道，积水成潭，汇为什刹海，坐上一艘摇橹船，悠然穿行在水面上，感受那份宁静与惬意（武辉摄影）

◎ 银锭桥

什刹海前海与后海之间的水面轮廓骤然缩紧，形状就像是手把件葫芦的纤腰。就在这细腰之处，一座小小的单拱白石桥连接两岸，因其形似一枚倒置的古代银锭，故称银锭桥。此地居于前海、后海和烟袋斜街之间，东向直通北京中轴线末端的钟鼓楼，乃是什刹海风景区的核心枢纽之地。

银锭桥始建于明正统年间，历代有修葺，现在的桥是 1984 年才重建的。石桥本身已算不上什么文物古迹，之所以能格外地牵动北京人的乡愁，一来是桥的原始位置未变，桥畔风光依旧表现出最纯正的古城韵味；二来也因为这是自己家门口的名胜，很像是一位德高望重的老街坊。

"鼓楼西接后湖湾，银锭桥横夕照间。不尽沧波连太液，依然晴翠送遥山。"清人宋荦诗中提到的美景，说的正是北京民间流传的"燕京小八景"之一"银锭观山"。所谓"燕京小八景"，不是金

章宗始创、乾隆帝审评出的"燕京八景"，而是北京民间流传的另外八处京华名胜，其中"银锭观山"赫然排在前列。

天气晴好时，人们站在桥上向西北眺望：近处水波粼粼，翠柳摇风；远处天高云淡，西山层峦，起伏不绝。若是有幸赶上火烧云，则几疑身在仙境。按照现代城市规划科学的术语，"银锭观山"是老城区内唯一一处能够展现山、水、城三者相融的景观视廊。

遗憾的是，近百年来随着北京城市快速发展，一些高层建筑也陆续出现在以平房四合院为主的历史文化街区，显得十分突兀。1989年，位于西海南侧的积水潭医院新北楼建成投用，三十多年来，对历史文化街区周边的人文环境造成了不利的影响。这栋11层50余米高的楼房，正好堵在"银锭观山"的景观视廊里，其体量和高度对什刹海周边平缓开阔的城市天际线造成了致命的破坏，把连绵起伏的西山山脊线硬生生地"截"成了两段，真是名副其实的"煞风景"。

习近平总书记在视察北京时，多次为老城保护指明方向："文化底蕴毁掉了，城市建得再新再好，也是缺乏生命力的。要把老城区改造提升同保护历史遗迹、保存历史文脉统一起来。"为此，《北京城市总体规划》明确提出了"恢复银锭观山景观视廊"，通过易地扩建，充分保障了医院的业务空间后，2021年7月22日，积水潭医院新北楼全部拆除完毕，成为北京数十年来罕见的建筑降层案例，银锭桥也从此恢复了"银锭观山"的历史景观。

❶ ❷ 每当红日衔山、晚霞洗彩时分，站在桥上向西远眺，远处西山群峰层峦叠嶂，近观水面波光粼粼、翠柳扶风，清朝诗人宋荦有"银锭桥横夕照间"之咏，此景便是"银锭观山"（视觉中国供图）

◎ 荷花市场

今日的荷花市场，位于什刹海前海的西岸。自晚清直至 20 世纪中叶，这里曾是北京人的消夏胜地，自形成伊始，就是个风俗性、季节性的平民市场。如今，市场周边的环境已经发生了很大的变化，却依然是中外旅游者探求古老北京城市记忆的"打卡"之处。

清末民初的葡萄园、菱角坑、二闸和什刹海，号称旧京的"消夏四胜"。什刹海由于地位居中，空间广阔，风光旖旎，故而名声最大，人气最旺。什刹前海俗称莲花泡子，最初游人赏花多集中于前海北岸。随着来此游玩的人越来越多，便有商人逐利而来，在荷塘边、古柳下搭起了茶棚或小吃摊，供赏花的人品茗休息。这处市场发展得很快，银锭桥头的流动浮摊很快变成了固定的商户，茶棚也变成了饭馆。作为"银锭三绝"之一，如今声名煊赫的百年老店"烤肉季"，就是当年由前海北沿的浮摊儿发展起来的。

民国五年（1916 年），地方政府应当地绅商所请，将业已形成的临时市场略加整顿，规定以前海中间的长堤为中心，正式开办"荷花市场"。自每年端午节起渐次开市，待中元节之后天气转凉，顶多坚持到农历八月也便拆棚收市，历时三个多月。生意最旺的六、七月间，前海大堤连

荷花市坊

带着南、北、东三面湖岸上，席棚布帐鳞次栉比，摊贩云集。前海大堤中间是通道，两旁搭棚。这些摊棚，多是半悬在湖面上的"水座"。游人凭栏而坐，品茗听曲，赏花观荷，湖风拂面，暑意顿消。

早先在荷花市场出售的食品多系清凉爽口的零食，最受欢迎的还是炎夏应时的酸梅汤、雪花酪等清凉食品，尤其是用什刹海自产的"河鲜"——现挖现摘的鲜藕、鲜菱角、鲜鸡头米和新鲜莲子配上新鲜核桃仁、杏仁制作的"冰碗"，以及八宝莲子粥、荷叶粥等。待后来生意日益兴隆，食品摊上的小吃品种也就越来越多，变成了一处京味小吃的大型博览会。荷花市场里的曲艺杂耍，每日近午开演，日落前结束。游人只需花两毛钱买一份水牌子就可进去看表演，而艺人们的收入则包含在茶水小吃等消费中。

炎炎夏日里，此地绿柳摇风，红荷玉立，百戏杂陈，再加上琳琅满目的京味美食，游客们可游、可逛、可听、可看、可吃、可买，雅俗共赏，老少咸宜，成为北京人消夏避暑的胜地。上到官宦之家、文人雅士，下至布衣百姓、贩夫走卒，俱都流连忘返，乐此不疲。当年北京的岁时俗曲唱道："六月三伏好热的天，什刹海前正好赏莲，男男女女人不断，听完了大鼓书，再听十不闲。逛河沿，果子摊全，西瓜香瓜杠口的甜，冰镇的酸梅汤打冰盏，买了把子莲蓬回转家园。"在没有风扇和空调的年月，荷花市场给炎夏中的北京人平添了不少的惬意和清爽。

时至1928年国民政府迁都南京以后，北平市场萧条，荷花市场也逐渐败落。至20世纪40年代末，随着时局的动荡与社会变革的推进，荷花市场已失去了往日的繁华与活力，并在50年代初关闭。此后，荷花市场周边的环境经历了多次变迁。20世纪50年代后，长堤西侧的西小海被填平改建成什刹海游泳场，1958年后又改成什刹海体校和体育馆，为北京市培养了大量的竞技体育人才。而原本两面临水的荷花市场大堤则变成了一面临水的湖岸。

1990年起，北京市重新开放荷花市场，然而此时的市场环境与消费群体已不同于清末或民国时代。此后三十余年间，西城区有关机构联合旅游业、商业工作者，经历反复的探索与改造。2024年4月，荷花市场又一次升级重张，成为一处集"传统游览、品质餐饮、文化创意、绿色生态"于一体的商业步行街，吸引着海内外的游客纷至沓来。

❶ 荷花市场旧影
❷ 市场坐拥什刹海荷花池畔西岸，柳丝轻拂，茶肆林立，古朴的牌楼匾额由书法大家启功先生题写（视觉中国供图）
❸ 走在荷花市场前海栈道上，湖面上湿润的空气中夹杂着荷花的清香，荷塘雅趣，夏蝉始鸣（刘海摄影）
❹ 傍晚时分，吹着夏日的微风，远眺这京城美景，时光煮雨，岁月缝花，光阴流转间，沉迷于这烟火人间（视觉中国供图）
❺ 2024年春节，荷花市场又添新景，"蛟龙出海"巨型龙灯占据了前海西沿，造型威武，金红色龙头上的长须飘逸潇洒，栩栩如生（视觉中国供图）

◎ 火德真君庙

火德真君庙，俗称火神庙，位于什刹海前海东岸，紧贴在中轴线的西侧，古万宁桥的西北岸边。

这是一座古老的道教宫观，供奉的主神火德真君，是自古以来令中华先民敬畏而又崇拜的先天诸神。截至20世纪30年代，北京内外城区还有大小十七处火神庙，其中最古老、最神秘、最传奇的就要算都市中轴线上、海子碧波前的这处火德真君庙了。

据一些旧籍记载，火德真君庙的前身是始建于唐贞观六年（632年）的西药王庙。若此说成立，就意味着它距今已有一千三百多年的历史，比元大都还要早上六百多年。据说，寺庙修建伊始，周围还是一片沼泽，不过是幽州城外的一处乡间寺庙。另外也有一些著述认为，此庙始建于唐代只是一种模糊的传说。

元大都建成后，这处寺庙不但被扩进了城里，而且是城市中轴线上最古老的建筑之一。来自江南的漕船，月月年年，排着长队驶过它的门前。

然而，它终究只是一处民间寺庙，此后的260多年间，与元明两代皇城以内的帝王之家也并无瓜葛。直至明朝万历年间，皇宫之内接二连三频繁失火，终于使皇帝的眼光投向了皇城以北的这处小庙。于是扩建庙宇，再塑金身，市井小庙摇身一变，从此成为皇家敕建的御用庙宇。殿宇屋顶上的屋瓦也被替换为青绿色的琉璃筒瓦，为了镇压火势，还格外采用了五行属水的黑色琉璃瓦。

此后的明清皇室，代有修葺颁赐。明天启元年（1621年），还将每年农历六月二十二日的"火祖圣诞"列为国家祀典。清乾隆年间，火神庙再度重修，山门及后殿的屋瓦被替换为皇家专用的黄琉璃筒瓦，金碧辉煌，一派皇家气象。为了提升避火的"效果"，还在火祖殿内装饰了一口极尽华丽、超越等级的藻井。

尽管皇家态度恭谨，火神爷却未见得买账，大大小小的回禄之灾，照样还是要发生的。最过分的是，就在皇家尊崇、庶民效从、香火达到极盛之际，这座敕建的火神庙自身却遭受了火灾。万历皇帝对此极为震惊，认为神不受祀、自焚其庙乃是不祥之兆，不过也只能是命工部立即修复火毁殿堂，再派道录司主持做一场消灾的道场而已。

作为明清以来敕建的道教宫观，火神庙采用的是传统道教建筑的格局：坐北朝南，中轴对称，殿宇重重。唯一不同的是，作为主要出入口

❶ 敕建火德真君庙，俗称"火神庙"，北京城曾经有很多火神庙，保留下来的数座里唯一有香火的便是这里，也是历史最悠久的火神庙（左普摄影）

❷ 庙里香火兴旺，信徒进香祈福的签纸插满了案台，红彤彤、黄澄澄，喜庆华丽（视觉中国供图）

❸ 如今山门、殿宇尚保持原建格局，作为土生土长的道教正一派宫观，素来便有"拜火神中状元，拜月老得良缘"的美誉（张祎婷摄影）

实在百姓眼中，它就是前海之滨的一座道观而已。每逢道教节日，这里都要举行斋醮活动，尤其是农历七月十五的中元节，火神庙要举办"资度道场"，放铁罐焰口，超度十方孤魂野鬼，还要在山门外焚化巨型法船，这才是当年京城的一大盛事。

20 世纪 50 年代后，道士们陆续离庙还俗，神像不存，殿宇另作他用，原有的旗杆、钟鼓二楼以及山门前的木牌楼均被拆除，只有殿堂建筑还算基本完好。

的庙门并非位于轴线正南的传统位置，而是位于庙宇东南部，朝向东侧的北京城市中轴线。火神庙南端的灵官殿，本是一处北向开门的倒座殿堂，直至 2002 年重修时才被辟成面南而开的山门式建筑。

辛亥革命后，没有了皇家的眷顾，火神庙逐渐失去了昔日风光。其

1984 年，火神庙被列为北京市文物保护单位，此后又被西城区人民政府列为什刹海风景区的深度开发重点之一，于 2002 年开始修缮，2004 年实现了腾退、修复和开放。2010 年，火德真君庙举行开光大典，成为由正一派道长住持的宗教场所。

◎ 广化寺

银锭桥头及其毗邻的烟袋斜街，从来都是什刹海旅游区里闻名遐迩的"打卡"热点，白天晚上都是游人如织。其实你只需离开人流，往西边的鸦儿胡同里走上几步，很快就能脱离喧嚣，感受静谧，体验到另一个完全不同的深邃北京。沿鸦儿胡同西行数百米，在重重的平房院落之间，深藏着一处京城古刹，路北山门上方的匾额上，题写着寺名"敕建广化寺"。

广化寺是京城著名的佛教十方丛林，始建于元至正二年（1342年）左右。那时的积水潭还是京杭运河的终点码头，水波浩荡，要比现在宽阔得多。寺庙山门面临湖沿，门前道路遂被称为"沿儿胡同"。

明朝初年寺庙荒废，天顺至成化年间才得以重修。由于得到内府太监苏诚的资助，重修后的广化寺规模宏大，布局严谨，庙宇分为中、东、西三路，层层院落，向北直抵鼓楼西大街。但由于上游来水减少，什刹海水面缩减，人们沿着逐渐消退的湖岸，建起了大量的宅邸、楼馆和园林，"沿儿胡同"早已远离湖岸，改称"广化寺街"了。

清代以后，广化寺多次募资重修，"殿堂廊庑，规模宏大"，位列京师"内八刹"之一。此时的广化寺隐身深巷，门前胡同又恢复为"沿儿胡同"，谐音称为"鸭儿胡同"或"鸦儿胡同"。

广化寺在历史上留下过不少故事，最出名的，要算是它和中国国家图书馆之间的关系。

中国国家图书馆的前身，是清朝末年的京师图书馆，其筹备和建立与晚清名臣张之洞有很大关系。其实，在张之洞之前已经有人提出了建立国家图书馆的设想。光绪三十二年（1906年），张之洞出任军机大臣，分管学部，综合前人的建议，给皇帝上了一份《奏筹建京师图书馆折》，完整地提出了建馆主张。

张之洞在南方任职时，已为筹建图书馆购买了不少的私家藏书，回京后便暂时寄放在广化寺里。宣统二年（1910年），清廷批准创建京师图书馆，并暂借广化寺作为临时馆舍。在此期间征集、调拨的大批图书，也都寄放在广化寺。然而筹备工作尚未完毕，辛亥革命爆发，此事暂停。

进入民国后，京师图书馆继续筹办。1912年8月27日，京师图书馆在广化寺正式对外开放。这一时期实际负责图书馆运行工作的，是正在担任教育部第一科科长的周树人（鲁迅）。他对于京师图书馆的初期运行付出过很多辛劳，也在《鲁迅日记》中留下了大量记录。在他的努力下，费了多年的周折，终于把原藏承德避暑山庄内的文津阁《四库全书》运到了京师图书馆，也就是广化寺的院中。

1915年，京师图书馆搬离广化寺，迁往安定门内方家胡同的国子监南学旧址。此后几经发展，京师图书馆变身为北京图书馆、中国国家图书馆，成为全球十大图书馆之一，但京师图书馆初创于广化寺这件事，永远地被载入了史册。

1981年，北京市佛教协会在广化寺内宣告成立，并对广化寺进行了大规模修复。广化寺收藏国家各级文物1716件，其中不少是文物珍品，如明永乐年间翰林院刻印的《大方广佛华严经》、清雍正皇帝抄写的《金刚经》，还有不少明清名人字画，饱含着佛教文化的丰厚底蕴和博大精深的艺术魅力。

❶ 从银锭桥沿着鸦儿胡同缓缓前行，不久便见一座古朴的寺院映入眼帘，那便是广化寺。寺院东邻银锭桥，西邻宋庆龄故居，于尘世繁华中，固守佛国的宁静与清凉（宏描摄影）
❷ 走进山门，首先映入眼帘的是天王殿，殿内供奉着威严的四大天王，各自镇守一方（视觉中国供图）
❸ 绕过天王殿，便来到了五佛宝殿，又称大雄宝殿，是广化寺的中心建筑，殿内供奉毗卢遮那即密宗大日如来，令人肃然起敬（视觉中国供图）

元大都的街巷经过严格规划，很少出现斜街。斜街形成的原因之一，多半是受到地表水体的影响。元代积水潭"汪洋如海"，其北岸直抵今日鼓楼西大街一线，岸边的道路形成了大都城内最长的一条斜街，当时的官方称呼就叫"斜街"。城内最大的市场区就在积水潭边、斜街路北、中心阁以西的日中坊，故又被称为"斜街市"。

从中轴线北端到积水潭东岸之间，自然也会出现交通需求，这条小小的烟袋斜街就是最便捷的一条通道。不过当时它的名字还不是烟袋斜街，而是"打鱼厅斜街"。《元史·地理志》载，元代积水潭"恣民渔采无禁"，并不禁止大都百姓下湖捕鱼或采摘水生植物。虽说是"渔采无禁"，但日常的管理还是必要的，所谓"打鱼厅"，指的就是元代管理海子捕鱼事务的官方机构。今日烟袋斜街11号的门前台阶侧面刻有"元代打鱼厅旧址"字样，标示着昔日衙门的位置。

明代以后，积水潭的水势大幅度减少，湖面已缩小为什刹三海。人们在裸露出来的湖岸上建起了大片的宅邸和园林，并在新的湖滨和鼓楼西大街之间开辟出众多胡同。这些胡同与湖岸之间或垂直或平行，也都随着湖岸"一溜歪斜"起来，而打鱼厅斜街就是众斜街

中最靠东边的一条。至明朝中叶的嘉靖年间，《京师五城坊巷胡同集》一书中，仍然保持着"打鱼厅斜街"这个地名。

清朝初年，旗民分城而居，什刹三海和烟袋斜街被划入正黄旗的辖区。什刹海地区仍是游赏、休闲的好地段，但新主人换作了八旗亲贵与官佐兵民。在《乾隆京城全图》中，这条街的名字被记作"鼓楼斜街"。在光绪年间成书的《光绪顺天府志》中，已记为"烟袋斜街"了。

说到烟袋斜街名称的由来，与内城旗人的吸烟嗜好有关。自明万历间烟草传入中国，至崇祯年间，汉人吸烟之风渐兴。几乎与此同时，满洲亲贵及八旗将帅也渐染其俗。至康熙年间，上自朝廷高官，下至平头百姓，大多嗜好烟草，尤其是居住在内城的旗人，更是烟民的重要组成部分。有清一朝，售卖烟草和烟具的店铺遍及京师各大商业区。其中开在内城的烟铺，包括烟袋斜街里的烟铺和烟袋铺，显然都是针对旗人烟民的需求开设的。

那时的商店都会在门前悬挂显眼的招幌，而烟袋铺的招幌就是一只巨大的木制烟袋。这种烟袋招幌内外城都可见到，而在烟袋斜街这样的专卖街上就更显眼了。尤其是斜街东口路北的双盛泰烟袋

烟袋斜街

094

❶ 旧时烟袋铺幌子
❷ ❸ 烟袋斜街，在清末是一条以经营烟袋、烟具、古玩字画为主的商业街，素有"小琉璃厂"之称，如今这里游人络绎不绝，热闹非凡（视觉中国供图）
❹ 夜晚的烟袋斜街，大红灯笼高高挂起，细长的街道宛如一只烟袋杆，十分有趣（视觉中国供图）

铺，门前的烟袋幌子有着金漆烟锅，黑漆烟杆，白漆绿纹仿的翡翠烟袋嘴，烟锅外缘还系着红布幌穗，极尽招徕之能事。

还有一种说法认为，烟袋斜街本身就像是一只烟袋，细长的街道好似烟袋杆儿，东头入口像是烟袋嘴儿，西口展开折向银锭桥，就像一个烟袋锅儿。什刹海上水云弥漫，就像是它喷出来的烟雾。

烟袋斜街不只卖烟袋，也曾是服务于贵族官宦的高档商业区。庆云楼号称是北京最早的高端鲁菜酒楼，始创于嘉庆二十五年（1820 年），距银锭桥仅一步之遥，曾是不少王公亲贵昔日诗酒流连之地。清朝末年，烟袋斜街东口曾有一家"潘步昆"西服店，这是当时的王公贵族开始接受西方文化的一个标志，也说明当时的烟袋斜街是王公贵族经常光顾的商业区。辛亥革命后，居住在什刹海附近的王公贵族和八旗子弟没有了"铁杆庄稼"（指月饷），为维持生计，纷纷变卖古玩字画。烟袋斜街上一时

开设了多家经营文玩字画的商铺，号称"小琉璃厂"，也算是衰世中的盛景。

1949 年以后，烟袋斜街渐趋平民化。此时的消费者群体和市场环境都发生了很大变化。经历过社会主义工商业改造，大量的个体工商业者纷纷合并到国营或集体所有的商业与服务网点。这一带的商户逐渐稀疏，而代之以普通的居民住户，烟袋斜街又恢复成了一条单纯的通道。直至20 世纪 80 年代初，走进烟袋斜街东口的人们还能感受到大街与深巷的强烈反差。

改革开放迎来了旅游经济大潮，纷至沓来的游客引来了手持商品与资金的商家和投资者。古老烟袋斜街的胡同肌理和建筑风格基本没有改变，又得益于富含文化信息和城市记忆的历史街区保护工作，2010 年，烟袋斜街被国家文旅部、国家文物局等单位授予"中国历史文化名街"称号，古老的烟袋斜街从此日新月异，迅速成为了解北京历史文化的"网红打卡点"。

❶ ❷ ❸ 漫步于此，除了品尝冰糖葫芦等各式小吃，还能欣赏到虎头鞋、沙燕风筝等丰富多彩的中国传统手工艺品，仿佛置身于一条传统与现代交织的艺术长廊（视觉中国供图）

郭沫若故居坐落于西城区前海西街 18 号。当年这里曾是清乾隆宠臣和珅宅邸的马号，民国初年，为同仁堂支脉达仁堂的创办人乐达仁所购买，将其修建成中西合璧式庭院。1950—1959 年这里是蒙古人民共和国驻华使馆。1960—1963 年为宋庆龄寓所。1963 年 11 月郭老迁居此处。

故居大门坐西朝东，门上方悬挂着邓颖超同志题写的"郭沫若故居"金字木匾。院中坐北朝南的垂花门内是由正房、东西厢房组成的两进四合院。前院有正房五间，左右耳房各两间，厢房三间，后院有后罩房十间，由红绿相间的抄手游廊、檐廊将全部房屋连接为一体，典雅而别致。院内植有蜡梅、垂丝海棠、牡丹等花木。

前院东厢房是"郭沫若的文学世界"专题展室。西厢房为"郭沫若与中国史学"专题展室。正房由西至东依次为郭老的会客室、书房兼办公室和卧室，基本保留了主人生前的格局与陈设。坐北朝南的大客厅内，沿窗摆放着一组简朴的沙发，右侧钢琴前的单人沙发是郭老接待来宾和友人的"专座"。客厅的西壁是傅抱石于 1965

年春所作题为《拟郭沫若九龙渊诗意》的巨幅山水画。

在书房兼办公室内，东壁悬挂毛泽东手书《西江月·井冈山》的复制品，西壁悬挂郭沫若夫人于立群书写的魏碑体毛泽东诗词《沁园春·雪》，格外引人注目。郭老的卧室设于耳房内。单人床右侧是放置"百衲本二十四史"各史书籍"拼"成的大书柜。在通往后罩房的走廊壁上，是由郭老题写匾额的"故宫博物院""保卫和平""荣宝斋""中国书店""北京人民艺术剧院""中国银行""北海公园""中山公园"的照片。

后院正对客厅的是于立群的书房。这里悬挂着郭老于 1961 年秋书"咏武则天"墨迹和于立群用小篆书写的毛泽东诗词《沁园春·雪》等。后罩房西端有郭老生平录像播放。西壁以傅抱石巨幅山水画为背景，上面有郭老的一段话："我要以松柏的态度来刻画出自己的年龄，能成为合抱的大木给天下的劳人以一片清荫，即使中途遭了电击或者枯死，我也希望它的残骸能够供给贫苦人一把取暖的柴。"这正是郭老对自己人生的写照。

❶ 四合院垂花门外，矗立着两口铜钟，一左一右，和门前两株古柏相伴（视觉中国供图）
❷ 跨入垂花门，院子宽敞幽静，里面的房间大多被布置为展厅，静静地讲述着郭沫若的生平事迹（视觉中国供图）
❸ 这处故居不仅是郭沫若夫妇的家，也是其办公的场所，此为位于后罩房的于立群书房（视觉中国供图）

◎ 恭王府

恭王府及花园，位于前海西沿、后海南岸，是清代规模最大的一座王府，也是唯一一处完全对外开放的清代王府。恭王府及花园历经了清王朝由鼎盛而至衰亡的历史进程，所以有"一座恭王府，半部清代史"的说法。

明代弘治年间，大太监李广即曾置第于此。清乾隆四十一年（1776年），乾隆皇帝的宠臣和珅开始在这处宅基上修建他的豪华宅第。嘉庆四年（1799年）乾隆帝去世，和珅立即被嘉庆帝赐死、抄没家产、宅第入官。随后，嘉庆帝将这处宅第赐予其同母弟庆王永璘，称庆王府。至咸丰二年（1852年），按照清朝降等袭爵的规制，庆王的后代已不适合居住府内了，咸丰帝遂将府第转赐其弟奕䜣，成为恭王府。

恭亲王奕䜣在辛酉政变中帮助慈禧太后夺得政权后，深得慈禧信任，成为议政王，主持清廷的内政外交。同治十一年（1872年），命王爵"世袭罔替"，成为清朝历史上第十位"铁帽子王"。光绪十年（1884年），由于渐渐与慈禧太后政见不合，奕䜣被慈禧太后罢去军机大臣职、停双俸，并勒令"家居养疾"。光绪二十年（1894年）甲午战争爆发，清政府为挽救政局再次起用恭亲王。光绪二十四年（1898年），恭亲王奕䜣去世，其孙溥伟袭封恭亲王，直至清亡。

民国年间，恭王府先被抵押给西什库教堂，后归辅仁大学所有。中华人民共和国成立后，恭王府被收归国有。1988年8月，恭王府花园部分对外开放。2008年8月，恭王府府邸部分对外开放。

恭王府的建筑分为府邸和花园两个部分。府邸部分的建筑为清代王府的最高规制，虽不能与皇宫相比，但其严格的中轴对称格局与紫禁城是完全一致的。府邸分为中、东、西三路建筑，自南向北各由多进四合院组成。中路的三座建筑是府邸的主体，首先是代表亲王身份的大殿银安殿，类似紫禁城里的太和殿，只有逢重大事件或节日时方打开；其次是奉神祭祖的后殿嘉乐堂；府邸的最后一进建有东西长达180米、横贯王府三路院落、四十余开间的两层后罩楼，是国内王府类建筑中最长的后罩楼。在其后墙上开有四十四扇形态各异的什锦花窗，民间俗称为"藏宝楼"。

❶ 辅仁大学时期，嘉乐堂作为恭王府主殿，成为女院礼堂，图为女学生在嘉乐堂前合影
❷ 此为恭王府一宫门，恭王府极尽奢华，步入其中，仿佛能够聆听到数百年前庭院深处的回响（刘宇摄影）
❸❹ "藏宝楼"每间房的窗户都不重样，据说和珅从窗户的样式和花纹就知道该房间所放何物（视觉中国供图）

❸

❹

府邸的东路和西路各有三个院落，与中路相呼应。东路的多福轩厅前，有一架两百多年的藤萝，在京城极为罕见。其后进院落名为"乐道堂"，是当年恭亲王奕䜣的起居处。西路的四合院落小巧精致，主体建筑为葆光室和锡晋斋。葆光室是对外的客厅；锡晋斋在和珅时称为"嘉乐堂"，在庆王和恭亲王时称"庆宜堂"。直到小恭王溥伟时，因斋内存有晋人陆机手书的《平复贴》珍品，方改称为"锡晋斋"。这里也曾是和珅的起居处，嘉庆帝公布的和珅二十大罪中，"僭侈逾制"的"楠木殿"说的就是这里，乃是当年和珅仿紫禁城内的宁寿宫所为。

后罩楼迤北的花园名为萃锦园，据考证是清乾隆年间在明代旧园上重修的。园内建筑也分成中、东、西三路，散置了叠石假山、曲廊亭榭、池塘花木，一向被传为《红楼梦》中大观园的原型。

位于花园中路南端的西洋门，是园内唯一的西式建筑。这是一座洛可可风格的雕花石拱券门，在那个时代的私家园林中难得一见。西洋门向北是一柱擎天的北太湖石"独乐峰"，同时起到影壁和屏风的作用。由

于多年风化，赏石上的纹理已形成一种古朴典雅的自然美。"独乐峰"身后的蝠池，以其形似蝙蝠而得名。

安善堂前出抱厦，后带平台，是萃锦园中路最主要的建筑。安善堂北的假山名叫滴翠岩，其中心腹部的秘云洞，藏有康熙帝题写的"福"字。假山顶上的建筑叫"绿天小隐"，是整个花园的制高点；前面的平台为"邀月台"。花园中路最北端有"蝠厅"（谐音"福"）一座，其平面曲折对称类似蝙蝠，故名。后成为恭亲王之孙、著名书画家溥心畬的书房。

始建于同治年间的大戏楼位于花园东路，建筑面积685平方米，可容纳二百多人。其建筑采用三卷勾连搭全封闭式结构，为了保证声音逼真，将戏台底下掏空后放置了九口大缸以增大共鸣混响空间，使每一位观众都能清晰地听到演员的演唱。

方塘水榭是花园西路的主要景观，由面积约二百平方米的长方形池塘和水中央的湖心亭组成。在清代的北京，往私宅中引入活水，是要经过皇帝特批的，恭王府就是少数获此殊遇的王府之一。

❶ 西洋门，即恭王府花园的正门，仿圆明园海园门而建，汉白玉雕刻，十分气派（视觉中国供图）
❷ 恭王府花园最北端的重头建筑——蝠厅（恭王府博物馆供图）
❸ 花园中的大戏楼梁柱屋顶遍绘藤萝，据说，是由于恭亲王担心

逾制获罪而想出的"良策"（视觉中国供图）
❹ 位于恭王府花园西路的方塘水榭一派清幽，别有一番韵味
（宏描摄影）

◎ 柳荫街

在恭王府及花园的西墙外有一条柳荫街，北起后海南岸的羊房胡同，一路南行再转东，衔接今天的前海西街。这两条街本来是连接积水潭和什刹前海的一条水道，当地人称之为清水河，或是月牙河。这条月牙河不是自然形成的河流，而是为了保障和稳定皇城内前三海的水量与水位，于明代中期开挖的一条人工河。

直到 20 世纪 50 年代之前，前海的总面积还要比现在大出三分之一左右，前海西岸的位置在今日前海西街郭沫若故居的门前。一条横亘南北的长堤将这片水面分为两个部分：堤东就是今日的前海；堤西则称为"西小海"，也就是今天的什刹海体校所在地。传说这道长堤是和珅仿照杭州的苏堤而建，晚清和民国时期的地图上都标名为"和公堤"，当年荷花市场的中心位置就在这条长堤上。

那时，来自城外的高梁河水自积水潭注入什刹海西海之后，并不是顺流向东注入后海，而是经过后海以南的一条月牙河，沿今日的羊房胡同、柳荫街、前海西街一线南下而注入西小海，然后再经过皇城根下的西压桥，向南注入北海的太液池。

月牙河上总计有六桥一闸，北端的第一座桥就是李广桥。李广其人本是明朝弘治年间的太监，权势煊赫。他获罪后，八大罪状之一就是"盗引玉泉，经绕私第"。入清以后几经辗转，李广的宅第归为权臣和珅的居所，也就是后来的恭王府。

自李广桥往南又有清水桥、三座桥等，桥边相应的街巷分别叫作李广桥西街、清水桥胡同和三座桥胡同。那时的西小海与前海是彼此独立的水体。只有来水量满足了皇家太液池的需求，西小海水位抬升，才会通过和公堤北部著名的"响闸桥"注入前海。长堤两边的水位落差较大，夏季水量充沛时，声若滚雷，雾似烟霞，于是"石闸听瀑""响闸烟云"的大名便响彻四九城，引得历代诗人吟咏不绝。注入前海的湖水，再向西北流经银锭桥后注入后海，故有"银锭观山水倒流"之说。

20 世纪 50 年代，什刹海水系经过了多次的改造清淤，上游来水自西北而东南，经西海、后海、前海，直接向南进入北海公园，"西小海""响闸桥"与"水倒流"的景象已不复存在。为改善卫生环境，北京市政府把地上的明沟改成了地下暗管，月牙河与沿河的桥梁也看不见了。60年代，李广桥西街、清水桥胡同和三座桥胡同统一改名为柳荫街和前海西街。80 年代，徐向前元帅亲笔题词"柳荫军民文明街"。1984 年，柳荫街军民为抢救落水学生而牺牲的解放军战士袁满囤烈士建起了纪念塑像。如今的柳荫街是全国著名的双拥共建模范街巷。

今天的柳荫街一改过去的幽静，恭王府地区的胡同游成为中外游客的重点游览项目，据说仅这一地区"胡同游"的三轮车竟有近千辆之多。许多中外游客手持地图漫步在柳荫街上，四处寻找老北京人的足迹。

❶ 恭王府一侧的柳荫街两旁种植着许多高大茂盛的柳树，每当微风吹来，树叶便奏响悦耳的沙沙乐章（视觉中国供图）

辅仁大学旧址位于定阜街路北。创办于1927年的辅仁大学曾与北大、清华、燕京并称"北平四大名校"，是一所由罗马教廷在亚洲直接设立的唯一的天主教大学，校名源自《论语·颜渊》中曾子所言："君子以文会友，以友辅仁。"其前身为教育家、慈善家、中国近代天主教精神领袖英敛之和马相伯于1913年在北京香山创办的大学预科"辅仁社"。英敛之是《大公报》的主要创办人，因揭露慈禧太后暴政、袁世凯卖国、斥责清政府杀害徐锡麟和秋瑾而名震海内外；马相伯学识渊博，不惜变卖家产办学。

该校1925年由美国本笃会正式创办，1933年后改由美、德两国圣言会接办，1950年10月由中央人民政府接办。至1952年院系调整，该校与北京师范大学合并，原址现为北京师范大学继续教育学院。

作为辅仁大学的重要发起人和奠基人，英敛之确定了既要吸收西方最新科学，又要发扬中华优秀文化的办学宗旨和信教自由的办学理念。辅仁大学在史学、国文、物理、化学、心理、教育、生物等学科荟萃了一批学有专长的中外学术名家，先后设文、理、教育三个学院，规模最大时有四个学院、十三个系、六个研究所。美籍教士奥图尔任第一任校长，后由著名教育家、广东新会人陈垣出任校长，由政界、文化教育界名流张继、胡适、傅增湘、翁文灏、沈兼士等任董事，执教者多为卓有成就的学者。

虽然辅仁大学仅存在了二十七年，但它以精英人才为培养目标，在学术研究上强调"动国际而垂久远"，在中国现代高等教育史上写下了浓墨重彩的一笔。

辅仁大学旧址是醇贤亲王奕譞第七子贝勒载涛的府邸，1925年3月租给了罗马教廷。1928年，本笃会委托比利时籍传教士格

里森设计辅仁校舍。新楼利用花园南边的空地和马圈旧址建造，而使王府花园得以保存。

遵从辅仁大学校方提出的设想，"……宜采用中国传统建筑形式并使其适应现代学校的功能要求"，格里森将辅仁大学建筑设计成一座全封闭的中国皇宫式城堡，内部空间布局仿西方修道院形制，四面围合，以中间楼房分隔成两个小庭院，四角作角楼造型。立面采用了汉白玉拱门、绿琉璃屋顶、汉白玉须弥座等中国传统建筑手法。辅仁大学与协和医学院、燕京大学、国立北平图书馆等建筑同时成为北京近代"传统复兴式"建筑风格的代表。

❶ 辅仁大学主楼旧影（视觉中国供图）
❷ 1935 年，辅仁大学中外籍教职员合影，中间为校长陈垣
❸ 层叠的绿瓦上留下岁月的痕迹（视觉中国供图）
❹ 中西合璧的宫殿式三层小楼，绿色琉璃瓦，雕花木框，浅灰色水磨砖墙，古典雅致，透露出浓郁的书香气息（刘姝平摄影）

梅兰芳纪念馆设立于 1986 年 10 月，坐落在西城区护国寺街 9 号。这是一座典型的小型北京四合院，原为清末庆王府马厩的旧址，民国时期禁烟总局曾设在此。中华人民共和国成立后将其改建成招待所。后经过修缮，1951 年梅兰芳搬到这里居住，在这里度过了他生命的最后十年。

著名京剧表演艺术大师梅兰芳，原名澜，字畹华，又字浣华，于 1894 年 10 月 22 日出生在北京一个梨园世家。

梅兰芳自幼学习京昆表演艺术，勤奋刻苦，努力继承先辈传统，勇于革新，创立了我国卓越的戏剧表演"梅派"艺术。他是把中国传统戏剧成功介绍到国际舞台的第一人。梅兰芳的表演艺术被公认为与斯坦尼斯拉夫斯基、布莱希特并列的世界三大表演体系，影响广泛而深远。他的爱国情操、民族气节赢得人民的爱戴。

1949 年中华人民共和国成立后，梅兰芳被政务院（国务院前身）直接任命为中国戏曲研究院院长、中国京剧院院长，并担任过中国文联副主席、中国戏剧家协会副主席、全国人大代表及全国政协常委等职务。著有《梅兰芳文集》《梅兰芳演出剧本选》《舞台生活四十年》等。代表剧目有《贵妃醉酒》《天女散花》《宇宙锋》《打渔杀家》等。先后培养、教授学生一百多人。

纪念馆朱漆大门上悬挂着邓小平亲笔题写的匾额"梅兰芳纪念馆"。进门后迎面是青石砖瓦的大影壁，影壁前，安放着一座梅兰芳半身塑像。在屏门内小影壁后面，摆有四个石质刻花小圆墩和一个汉白玉的鱼洗。东、西、北房筑有穿廊，红漆圆柱，廊沿上有鲜艳的彩绘。院内有两棵柿子树、两棵海棠树，柿子树寓有"事事平安"之意。

梅兰芳纪念馆现有两部分，正院保存故居原貌，会客厅书房、卧室和起居室内的各项陈设均按梅兰芳生前生活起居原状陈列。东、西厢房原分别为梅葆玥、梅葆琛居住处所，现辟为不定期更新展览内容的专题展室。外院展览室，以大量珍贵图片、实物扼要地介绍梅兰芳一生的艺术和社会活动。

梅兰芳逝世后，夫人福芝芳及子女将家藏大量珍贵戏曲资料及各种文献捐献给国家，现由梅兰芳纪念馆收藏。

❶ 1959 年春，梅兰芳在家中看报，旁边是他的女儿梅葆玥及孙儿（视觉中国供图）

❷ 北京梅兰芳纪念馆朱漆大门上的匾额为邓小平题写（视觉中国供图）

❸ 步入大门，青石砖瓦大影壁前，安放着一尊梅兰芳的半身塑像，仿佛诉说着他卓越的艺术成就与永恒的人格魅力（视觉中国供图）

❹ 故居的客厅，中西兼容，牛皮沙发配明代茶几，旁边是印度画圣难达婆薮为梅兰芳绘制的巨幅画《洛神》，中置六角紫檀桌与红木坐墩，桌上供有一束盛开的梅花，寓示宅院主人的姓氏（视觉中国供图）

❺ 《贵妃醉酒》中的梅兰芳，姿态曼妙，风华绝代，一颦一笑间尽显贵妃之韵（视觉中国供图）

南锣鼓巷—雍和宫、国子监—地坛探访路线示意图

注： 探访路线

N

地坛

广厚街

安定门外大街

和平里西街

北护城河

北二环

安定门西大街

安定门

五道营胡同

国子监与成贤街

雍和宫大街

北京孔庙

雍和宫

箭厂胡同

国子监街

北锣鼓巷

安定门内大街

方家胡同

鼓楼东大街

北新桥

交道口南大街

南锣鼓巷

文丞相祠与顺天府学

府学胡同

地安门东大街

张自忠路

文丞相祠与顺天府学

南锣鼓巷

北锣鼓巷

国子监与成贤街

北京孔庙

雍和宫

地坛

110

第三章 ＼

南锣鼓巷—雍和宫、国子监—地坛探访路线

Chapter 3:

Nanluoguxiang-Yonghe Lamasery,
Guozijian-Temple of Earth Visit Route

圜橋教澤

北京城的东北面，有一片中国古代教育集聚区。在这里，设置有元明清三代的全国最高学府——国子监学，又称太学。明清时期，这里还设置有北京地区的最高学府——顺天府学。在先秦时期，当时中央讲学之处称为"辟雍"，或是"明堂"；而乡里讲学之处则称为"庠"或是"序"，又称"塾"。孔庙在国子监学的东侧，规模十分宏大，乃是按照"左庙右学"的规制建造起来的，用来祭祀著名的儒学创始人孔子。

在国子监学及孔庙的东边，则有一座由王府改建的寺庙，即雍和宫。这里原是康熙帝为其第四子胤禛建造的王府，称雍亲王府。胤禛即位后，称雍正帝。雍正帝死后，这里被改建为雍和宫。雍和宫是当时北京城里最大的藏传佛教寺庙，供奉的主要是黄教一派的祖师宗喀巴。

雍和宫北面，出安定门，有一座重要的坛庙，即地坛。这里是明清帝王祭祀地祇神灵的场所，始建于明嘉靖年间，与天坛、日坛、月坛并称。在中国古代，人们认为，大地不仅是人类的母亲，而且养育了世间万物，功德无量，因此加以祭祀。

在国子监学西侧，则有两条著名的胡同，即南锣鼓巷和北锣鼓巷。这两条胡同附近，曾有一些重要的政府机构，还有一些著名人物的故居，代表了北京胡同文化的特色。

民国著作宏富的小说散文家张恨水曾记录了这样有趣的情景：

我那胡同的后方，是国子监和雍和宫，远望那撑天的苍柏，微微点缀着淡绿的影子，喇嘛也脱了皮袍，又把红袍外的黄腰带解除，在古老的红墙外，靠在高上十余丈的老柳树站着。看那袒臂的摩登姑娘，含笑过去。这种矛盾的现象，北平是时时可以看到，而我们反会觉得这是很有趣的。

文丞相祠与顺天府学位于东城区府学胡同内。文丞相祠是人们为纪念南宋大臣文天祥而设立的祭祀场所。其西侧的顺天府学则是明清时期北京地区的最高学府。文丞相祠在元代是兵马司的监狱，曾经在这里关押文天祥长达三年多。文天祥英勇就义后，受到人们景仰与缅怀，到明代初年，这里遂被设置为文丞相祠，一直延续到今天。

文天祥是南宋末年的大臣，在元朝大军南下之时，奋起反抗，屡败屡战，最后被元朝军队俘虏，并被押送到大都城来。他在被俘之后，曾写有《过零丁洋》诗，其中有两句是："人生自古谁无死，留取丹心照汗青。"表达了他反抗残暴的敌人、誓死不屈的决心。他在被押送到大都之后，关押在兵马司的牢狱中。元世祖曾经对他劝降，他没有屈服；元世祖又让已经投降的南宋小皇帝劝他投降，他也没有屈服。

元朝政府官员本想用长期的关押让他屈服，但是，文天祥在狱中又写出了《正气歌》，表达了他决不屈服的坚强信念。

而面对权势和富贵的巨大诱惑，文天祥坚守信念，充分表现出了浩然正气，以及历代英雄人物的崇高品格。所谓"或为辽东帽，清操厉冰雪。或为《出师表》，鬼神泣壮烈。或为渡江楫，慷慨吞胡羯。或为击贼笏，逆竖头破裂。是气所磅礴，凛烈万古存"。这种精神，正是中华民族最伟大的精神。

文天祥之所以受到后人的景仰，与他的崇高品格有着密切联系。面对强大的敌人屡败屡战，宁死不屈；面对被囚禁的苦痛，决不退缩；最终英勇就义。因此，后人在他被关押的地方专门建造了一座祠堂，作为纪念他的场所。此后历经数百年，一直到今天，千百万人都到此加以瞻仰，而《正气歌》也得以广为传颂，永垂不朽。

顺天府学在文丞相祠西侧，所在的胡同，今天就被称为府学胡同。最初称大兴县学，是明朝初年北平府下辖的大兴县（城东半部）的学校。明成祖定都北京后，将北平府改称顺天府，这里也就被改为顺天府学。据《天府广记》称：永

乐年间，顺天府同知甄仪在府学中建造明伦堂及东西斋舍（教室）。其后，顺天府尹张贯又建有大成殿及学生宿舍。明宣宗时，又将顺天府学加以扩建，并重修文丞相祠，使顺天府学颇具规模。

到清代，顺天府学又陆续增建了一些相关建筑，如文昌祠、名宦祠、乡贤祠、魁星阁、尊经阁等，使其设施更加完备。民国年间，将这里改为小学。今为府学胡同小学，是北京市的著名教育机构。

❶ 文丞相祠旧影，殿旁的这株枣树，相传为文天祥手植，枝干向南自然倾斜，象征"臣心一片磁针石，不指南方不肯休"的精神（视觉中国供图）
❷ 走近祠堂，大门正中上悬的"文丞相祠"四个大字映入眼帘（张祎婷摄影）
❸ 进入大门，在过厅的门前是一块文天祥石刻像，碑上写着他最后的遗言："孔曰成仁，孟曰取义；唯其义尽，所以仁至。读圣贤书，所学何事？而今而后，庶几无愧。"（视觉中国供图）
❹ 穿过前殿，便到了后殿的祠堂，堂屋内供奉着文天祥的彩塑坐像，上方高悬"古谊忠肝""天地正气""仁至义尽""有宋存焉"四块匾额，是文天祥英雄爱国气概的真实写照（视觉中国供图）
❺ 在文天祥生平展中，还收录了著名教授季羡林题词和书法家文怀沙手书的《正气歌》（视觉中国供图）

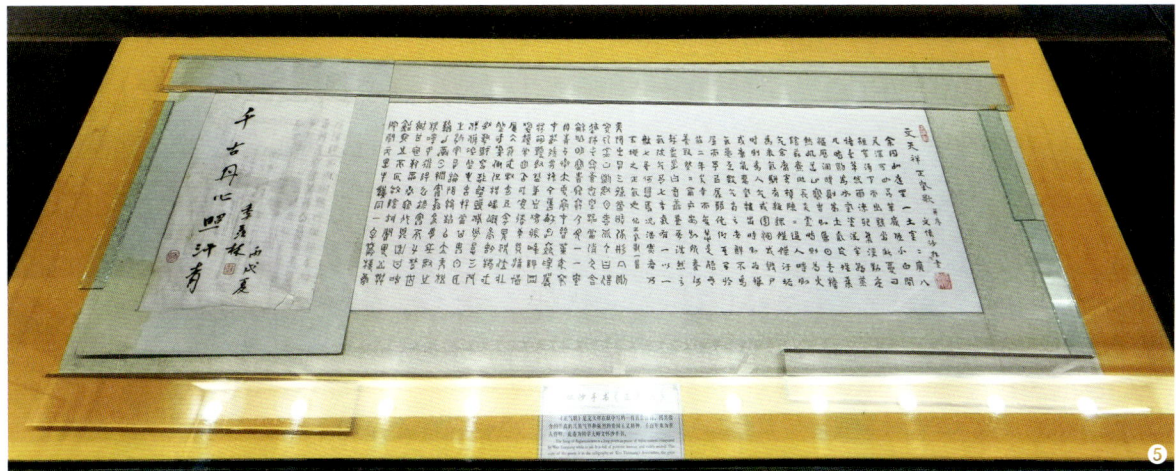

南锣鼓巷位于东城区交道口地区，是北京一条著名的街巷。在安定门内西侧，南北向，南起平安大街，北至鼓楼东大街。在这条街巷的两侧，分布着一些著名的街巷与院落。就院落来说，在其东侧，有清后期蒙古亲王僧格林沁的王府（简称僧王府，又称"阿王府"），以及现代著名文学家茅盾的故居。在其西侧，则有著名私家园林可园、民国政要冯国璋故居，以及著名画家齐白石旧居。

僧格林沁是蒙古将领，曾参加镇压太平天国和捻军的起义，又曾领兵抗击英法联军的侵略，因为对清朝政府有功而被封为藩王，并在炒豆胡同建有王府。这处王府占地面积极大，几乎占有整条炒豆胡同，北面开门在板厂胡同。清朝末年至民国年间，其子孙逐渐败落，遂将王府分割卖出，今日依稀可见其旧貌。这种现象，在民国年间普遍存在。所谓"旧时王谢堂前燕，飞入寻常百姓家"。

茅盾，原名沈德鸿，字雁冰，是现代著名文学家，与鲁迅、郭沫若等齐名。他曾经创作有长篇小说《子夜》（原名《夕阳》），通过细腻的笔法，描写了现代中国资产阶级在帝国主义压迫下的生活状况。他还创作有《蚀》《林家铺子》《白杨礼赞》等文学作品，在当时产生了较大影响。他在北京时曾居住在后圆恩寺胡同中一座完整的四合院。如今这里被定为茅盾故居。

可园是一处私家园林，位于帽儿胡同，系仿照苏州的拙政园和狮子林建造，规模不大，却十分精致。这处园林的主人为清朝末年大臣文煜。据文煜之侄志和所撰碑记称：可园"拓地十方，筑室百堵，疏泉成沼，垒石为山。凡一花一木之栽培，一亭一榭之位置，皆着意经营，非复寻常"。今园林中的山、沼等仍在，而人事全非。紧邻这处园林的，也是文煜的住宅，在民国年间被冯国璋买去作为住宅。冯在民国年间，曾任中华民国副总统及代总统，后死于这所宅院。

❶ 穿梭在南锣鼓巷的青石板路上，每一步都踏着历史的回响（视觉中国供图）

❷ 从南锣主街进入，过西边两个胡同口，就能看见雨儿胡同，明朝时称"雨笼胡同"，清朝称"雨儿胡同"，光绪年间镶黄旗衙门曾在胡同北侧（视觉中国供图）

❸ 拐进秦老胡同里寻觅秋色，好几棵巨大的白蜡树满树金黄，在夕阳映射下熠熠生辉（视觉中国供图）

❹ 北边寿比胡同里的粉色蔷薇，簇拥在古朴的垂花门边，恣意绽放，美不胜收（视觉中国供图）

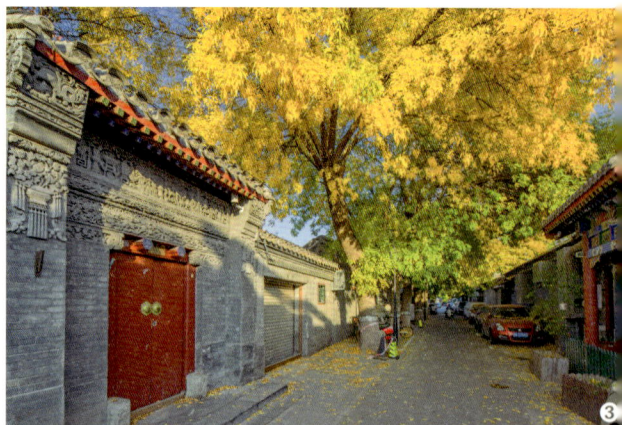

齐白石旧居纪念馆

❶ 位于雨儿胡同 13 号院的齐白石旧居纪念馆，为典型的清代四合院建筑，晚年的齐白石在此创作了许多重要的作品，绘下了其艺术生涯最后的辉煌（视觉中国供图）

❷ 位于黑芝麻胡同 13 号院的清光绪内务府大臣奎俊府，气势非凡，门槛两侧的抱鼓石，雕刻精致，极富质感（视觉中国供图）

❸ 位于后圆恩寺胡同 13 号院的茅盾故居，是文学巨匠的静谧庭院，先生在这个小院中度过了他人生最后的七年时光（视觉中国供图）

❹ 万宁桥东侧，南锣鼓巷西侧的玉河，流水潺潺，两岸绿树成荫，石板小路曲径通幽，在明清两代是达官显贵专享的消夏场所（视觉中国供图）

　　齐白石是享誉国内外的国画大师，他对传统国画的传承与创新，有很大贡献。中华人民共和国成立后，他曾短时期居住在雨儿胡同中部，他搬离之后，这里即改为齐白石纪念馆。这是一处标准的四合院，院门朝南，院落不大，但是建筑皆较为精致，有木雕和砖雕多处。"文革"期间，纪念馆曾被撤销。改革开放后，该处曾一度被北京画院《中国画》编辑部所使用。

　　南锣鼓巷在改革开放以后，成为北京一处著名的商业街。胡同里的四合院大多数被商家买下，改造为商店、小饭馆及酒吧等，所出售的商品也大多为旅游纪念品。有些电视剧，如《贫嘴张大民的幸福生活》等也把这里作为取景拍摄地。由此而使得这里整天挤满了游客，十分热闹。

北锣鼓巷位于安定门内西侧，南北向，南起鼓楼东大街，与南锣鼓巷相接，北至安定门西大街。在这条街巷两侧，有着一些著名建筑。在其东侧，有明代设置的印造佛、道经籍的印经厂，而在印经厂南面则是黄瓦财神庙。在其西侧，有元代设置的倒钞司、明代建造的净土寺及宏恩观等。

今北锣鼓巷东侧的大经厂、小经厂胡同是明代前期明成祖定都以后，在这里设置经厂的地方，印造佛教和道教的典籍，以供宫廷中使用。明朝在北京曾经设置有内经厂及外经厂，内经厂是设置在皇城之内的，分为番经厂、汉经厂及道经厂，由太监衙署司礼监掌管。外经厂即是今北锣鼓巷东侧的大经厂及小经厂胡同所在地，在明代被称为灵椿坊。

而黄瓦财神庙应该是民间供奉财神的庙宇，最初应该是普通的灰瓦，及至受到皇家信奉后，才被易以黄瓦，由此可见其等级是比较高的。在北京地区，民间建有许多祠庙，如关帝庙、娘娘庙等，而财神庙也是其中的一种。较为著名的，有广安门大街附近的、虎坊桥一带的、和平门一带的、阜成门一带的、广渠门一带的，等等。而这座财神庙则是其中规制最高的。

今北锣鼓巷西侧的宝钞胡同，原称倒钞胡同，是元朝政府推行钞法之后，设置倒钞库（置换坏钞的地方）。其后，"倒钞"被讹传为"宝钞"。而到了明代，纸钞最初是与铜钱一同行用的，此后铸钱重纸钞轻，而使其不得行用，至清代亦然。因此，这处宝钞胡同当为元代倒钞胡同旧址。

宝钞胡同西侧，是净土胡同，系因胡同里曾建有净土寺而得名。净土宗为中国古代佛教中的一个派别，以"念佛"为修炼的主要方法。这处净土寺，在明代的香火就很兴盛，寺中立有嘉靖年间的石碑，而到了清乾隆年间纂修《日下旧闻考》时尚有记录。今天这座寺庙已经无存了，只留下了一个地名。

在北锣鼓巷西侧、钟楼北面，又有一座著名的道观，称宏恩观。这座道观在元代和明代皆为佛教寺院，元代称千佛寺，明代称吉祥寺。一直到清朝末年，才被改建为道观。中华人民共和国成立

120

后，这里被改建为工厂，后来又曾改建为菜市场。2022 年在北京中轴线的修复保护的工作中，才又被恢复为文物保护单位。因为它位于中轴线北侧，地理位置十分重要，故而在修复后开始受到人们越来越多的重视，文化部门常在此举办展览，并举办一些文化活动，甚至成为一处北京"网红打卡地"。

在北锣鼓巷西侧，还有民国时期北大教授杨昌济的故居，位于豆腐池胡同内。杨昌济是杨开慧的父亲、毛泽东的岳父，他在清朝末年，曾经去英国留学，获学士学位。民国初年回国，曾在湖南高等师范学校等校任教，成为毛泽东的老师。1918 年，他受蔡元培聘请，到北京大学任教授。其间，杨昌济即居住在这里，后病逝于北京。

❶ 位于北锣鼓巷南口东侧的黄瓦财神庙，庙宇虽小，来历非凡，大殿里供奉着五位神祇，但他们并不是这里的"原住民"，而是修复后新"请来"的（视觉中国供图）
❷❸ 把读过的书变成脚下的路，悠闲地逛逛这里的特色小店，今日不做匆匆过客，只做这古巷中的温柔旅者（视觉中国供图）
❹ 清末民初，宏恩观旧影
❺ 宏恩观——坐落于钟楼后身的豆腐池胡同，紧压中轴线末端，故称"龙尾之要"（视觉中国供图）
❻ 位于宏恩观内的"中轴线主题邮局"，各类中轴元素的邮品及文创品可谓"品貌双绝"，吸引着游览者驻足，用心感受着北京中轴线的文化（视觉中国供图）

国子监位于雍和宫西侧的成贤街上，孔庙的西侧，又称"成均"。自古以来即有"东庙西学"的规制。这里是旧时全国最高学府的所在地，早在汉代就有了国子学（有时又称"太学"），而北京的国子监学始建于元代，是在建完孔庙之后建造的，用于培养达官显贵的子弟。明朝初年，改为北平府学（后称顺天府学），及至明成祖定都北京，才恢复国子监学的位置，并一直沿用到清代。

在中国古代，中央官学的设置就比较早。《汉书·宣帝纪》称：汉宣帝时"建太学，修郊祀，定正朔，协音律，封泰山"等。由此可见，至少在汉代，建太学就已经成为帝王的功绩之一。又据《汉书·儒林传》称："昭帝时，举贤良文学，增博士弟子员满百人。宣帝末，增倍之。"文中的"博士弟子"就是太学中的学生。而到了汉成帝末年，太学生增至三千人。由此可见，当时太学的规模是相当可观的。

到了元代，国子监学最初就是一所贵族子弟学校，学生的员额只有二百人，此后不断增加，也只达到四百人。到了明代，国子监学的生员数量猛增，洪武年间的南京国子监学的生员有八千多人，永乐年间达到九千人，明宣宗及明英宗时皆有四千多人，明宪宗时亦有六千多人，此后逐年减少，到明世宗嘉靖年间尚有两千余人。

到了清代，最初的国子监生员数量并不多，分为内班与外班，内班有学生一百五十人，外班为一百二十人，合计为二百七十人。到乾隆年间，其在监生员及观礼诸生，逐渐达两千人，国子监学的规模已经十分可观。而这时又有隶属于国子学的学生，为八旗官学子弟。最初的学生也不多，到雍正年间，八旗子弟增加较多，每旗生员为百人，八旗当有学生八百人。到清朝末年，裁撤国子监，设立学部，不久又废除科举，提倡新学。

在今天的国子监学中，主要的建筑有集贤门及太学门、琉璃牌坊、辟雍殿、彝伦堂（元代的崇文阁）、敬一亭等。辟雍殿是清代乾隆年间仿古代讲学之所而建造的，中间为殿，四周环水。史称：乾隆四十八年"建造辟雍殿座，取用二尺金砖千三百块。令江苏巡抚敬谨烧造，搭解运抵通州"（《大清会典事例》卷八百七十五）。仅辟

❶ 20世纪初，国子监牌楼旧影（李哲供图）
❷ 国子监辟雍，按照周代礼制所建，周边以圆形水池环绕，形成"辟雍泮水"的古制，是现存唯一的皇帝讲学场所（视觉中国供图）
❸ 院内的千年紫藤，从参天树顶倾泻而下，流年紫气，岁月繁花（视觉中国供图）
❹ 四季更迭，阳光穿过黄叶，斜射而下，与周边的红墙牌楼相互映衬，秋意绵绵（视觉中国供图）

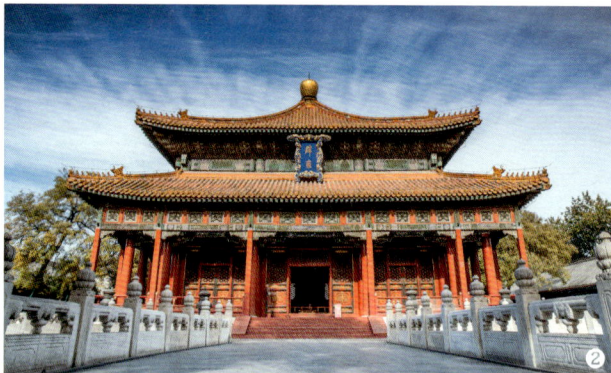

雍殿铺地一项，就要用金砖一千多块。辟雍殿建好后，清高宗即在此讲授儒家经典，一时传为盛事。

时人对辟雍殿描述称："辟雍亭，在国子监彝伦堂下。碧水环周，檐楹壮丽，虹梁四达，碧坊高骞。列圣屡次临幸，亲行释奠礼，执经讲学，典迈桥门矣。"（《天咫偶闻》卷四《北城》）由此可见，这里不仅是帝王巡幸、讲学的场所，而且也在这里举行"释奠礼"。

国子监中还有刻成于乾隆年间的"十三经"碑石，也是仿照汉代国子学刊刻儒家经书的典故。中国古代从汉朝开始就有了刊刻儒家石经的传统。因为古代印书不易，故而政府将儒家典籍刊刻为石经，以供学子们岁时学习。今日可知的有汉代刻于洛阳的熹平石经、唐代刻于长安的开成石经、北宋刻于开封的汴学石经、南宋刻于临安（今杭州）的绍兴石经，以及清代刻于北京的乾隆石经。这些石经的刊刻，极大便利了学子们学习儒家经典。

这些石经中，汉代所刻者为"五经"，到了唐代则发展为"九经"，而到了清代，则扩展为"十三经"。清代刊刻的石经，是由儒生蒋衡书写的。据记载："雍正中，有生员蒋衡字湘帆者善书法，立志书'十三经'，十余年乃成，于乾隆初上之。特赐国子监学正，藏其书于大内。乾隆庚戌，上

念衡尊经之功，未忍磨灭，乃命刊其书于太学中，乙卯春告成。笔力苍劲，灿然两庑间，士大夫过者，无不摩挲赏鉴焉。"（清·昭梿《啸亭续录》卷一《石经》）文中"乙卯"即乾隆六十年（1795 年），即蒋衡所书"十三经"被刻成石经之时。

京城的国子监，是元明清时期儒学最发达之地。早在元代创建的国子监，即把宋儒理学中的程朱一派学说作为官方的统治学说，并与科举考试相结合，将程朱理学作为考题的标准答案。元人称："皇元熙兴，江汉赵氏复能倍诵程朱书，北渡江，私笔以授学者。许文正公衡，神明其书，进以所得相世祖，兴礼乐，文太平。"（《元文类》卷三十一）此后历明清两代，对宋儒理学不断承袭，不断发展，绵延不绝。

在中华人民共和国成立后，国子监曾被改作首都图书馆，收藏有大量的文献，以供广大读者借阅。其中，特别有一部分，被辟为"北京地方文献部"，专门收藏有关北京历史文化的重要文献，包括正式出版物和非正式出版物，以便于人们对北京历史文化进行更深入的研究。改革开放以后，北京市委、市政府在东三环边上建成新的首都图书馆。最近，又在城市副中心建成更加现代化的北京城市图书馆（首都图书馆新馆）。原来的首都博物馆和首都图书馆一起被改作孔庙国子监博物馆。

125

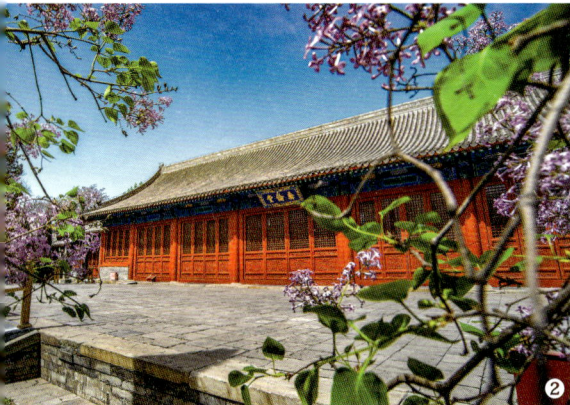

❶ 辟雍内部金砖墁地，上方采用彩绘岔角云片坐龙井口天花，正中能看到设有龙椅、御书案和"五峰屏"，均为乾隆皇帝当年使用的皇家陈设（刘海摄影）
❷ 辟雍北面为彝伦堂，辟雍未建之前，皇帝临雍讲学均在此设座，门上匾额为清朝康熙皇帝御书（李玉谦摄影）
❸ 正义堂位于彝伦堂的西侧，与率性堂、诚心堂、崇志堂、修道堂、广业堂合称为"六堂"，是当年国子监学生上课的教室（视觉中国供图）

北京孔庙位于雍和宫西侧的成贤街上，国子监的东侧，是祭祀儒家学派创始人孔子的场所，又称宣圣庙。在中国古代，早在汉代就有了重要的中央教育机构称为太学，隋代改称国子监。而在国子监学中，又大多建造有祭祀孔子的孔庙，庙学并称。在孔庙之中，主要建筑有大成殿、崇圣祠等。

北京孔庙始建于元代大德年间，专门用于祭祀孔子。孔庙当中，最著名者有二：其一是元明清三代留下来的进士题名碑；其二则是相传先秦时期流传下来的石鼓，今日得见者，则是乾隆时期仿制品。

孔庙中的进士题名碑，最初只有元代的，到了明代加以续刻，以记载考中进士的姓名、籍贯等，到了清代仍延续这一制度。但是，石碑已经不够用了，于是清朝就把原来元代题名碑上的姓名除去，再刻上清代进士的题名。故而元代的题名碑大多数被毁去，所剩无几。

孔庙中的石鼓，被人们认定是秦朝之前的古文物，最早是在

唐代的长安城被发现的，当时已经开始受到人们的重视。到了宋代，石鼓被迁往东京开封府加以保存。及至金朝攻灭北宋，又将石鼓迁往燕京，后来石鼓散落在荒野之中。到了元代，石鼓才被安置到了孔庙之中。这时的石鼓已经残缺不全了。到了清代乾隆年间，又仿照石鼓原来的样子，另刻了十只仿制品，也就是现在我们见到的孔庙中摆放的石鼓。

早在先秦的战国时期，中国的文化思想界就出现了"百家争鸣"的局面，其中尤以儒、墨两家发展最快，被称为"显学"。到了汉代，统治者采取"罢黜百家，独尊儒术"的文化政策，并且把

❶ 20 世纪 30 年代，北京孔庙祭礼仪式旧影（视觉中国供图）
❷ 在国子监与孔庙之间夹道里藏着一片"乾隆石经"碑林，是我国目前仅有的最完整的一部十三经刻石，共计一百八十九通，实属罕见（刘伟良摄影）
❸ 大成殿前月台宽敞，由汉白玉雕云头石栏三面环绕，东西两端各有十六级台阶（宏描摄影）
❹ 大成殿前台阶中间的御路石上，刻有海水龙纹图样浮雕，五龙戏珠，云水波涛，蔚为壮观（江峻摄影）

儒家学派创始人孔子加以抬高，遂使儒家学说成为统治思想。明人称："唐玄宗始封孔子王号。宋太祖始诏孔子庙立戟，仁宗始诏用祭歌，徽宗始从蒋靖请，时官司业，用冕十二旒、服九章。"（明·张岱《夜航船》卷九《礼乐部》）此后孔子的社会地位越来越高。

在中国古代，祭祀孔子的典礼也是越来越隆重。明人又称："唐高祖始诏国学立周孔庙。高宗始敕天下皆立庙，特祀孔子，初并祀周公。舜始制释奠、释菜。魏正始七年，始祀孔子于太学，前此皆祀于阙里释奠。晋武帝始皇太子释奠。隋四仲月上丁释奠。魏曹芳始以颜子配飨。唐太宗加左丘明等配享。宋神宗加孟子配享。"（《夜航船》卷六《选举部》）孔庙不仅要祭祀孔子，而且要以历代儒学家作为陪祀。

在中华人民共和国成立后，孔庙曾被改为首都博物馆，其中最主要的陈列就是北京通史展览。通过这个展览，人们可以更全

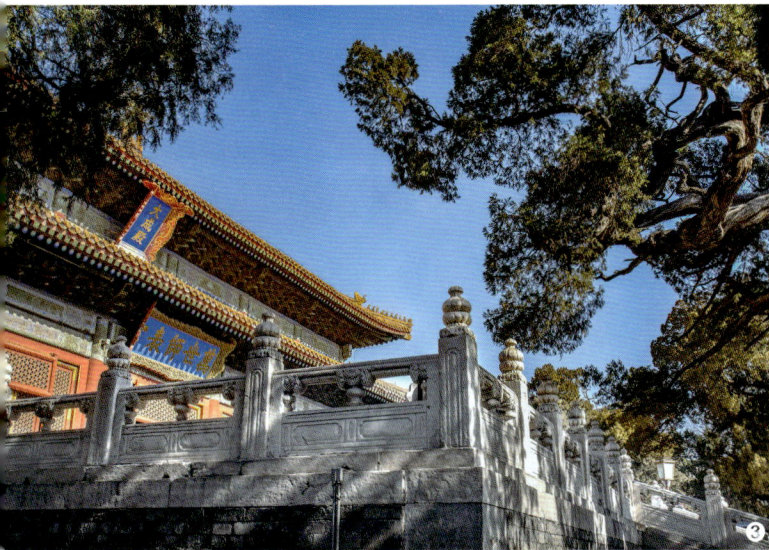

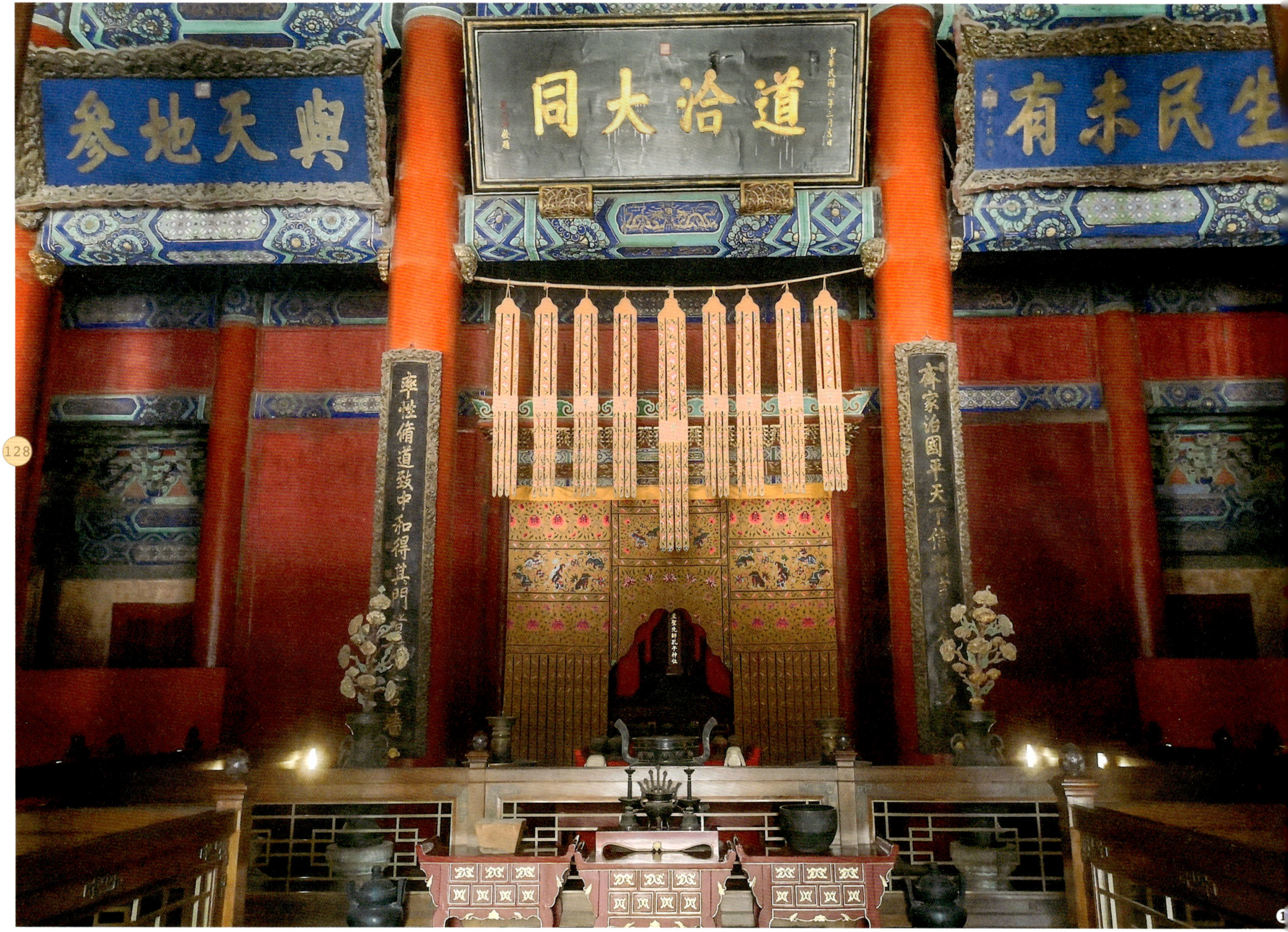
與天地參
道洽大同
生民未有

面、更系统、更深入地了解北京历史发展的整个过程。此外，首都博物馆还经常举办各种特别展览和临时展览，以便为广大市民提供更加丰富的精神生活。改革开放以后，北京市委、市政府在西长安街建成新的首都博物馆。最近，又在城市副中心新建了大运河博物馆（首都博物馆的东馆），使北京的博物馆事业有了更大发展。

❶ 跨进大成殿堂，迎面绣有吉祥图案的金色幔帐簇拥着供奉的孔子神位木龛，显示出孔子的崇高地位和儒家文化的源远流长（视觉中国供图）

❷ 孔子石像静静地矗立在大成殿之前，用一颗悲悯的心来怜惜世间万物（视觉中国供图）

❸ 祭孔大典由迎神、读祝、行初献礼、行亚献礼、行终献礼、送神、望燎等环节组成（视觉中国供图）

雍和宫位于安定门内路东侧，是由清代的王府改建的藏传佛教寺庙。康熙年间，清圣祖为皇四子胤禛在这里建造了雍王府。清世宗即位后，在雍正年间将这里改为宫，遂称雍和宫。乾隆年间，清高宗又将这里改建为寺。寺中有清高宗御撰的《喇嘛说》石碑，说明利用藏传佛教（喇嘛教）安抚蒙藏地区百姓的重要作用。

在清代，虽然也实行分封制，但是，被分封的宗王已经不再到各地去，而是在京城为他们建造王府，以供其居住。然而这些王府被分为三类：第一类，也是最多的，宗王受封后即在王府中居住，死后子孙降等，迁出王府，由其他新的受封的宗王居住；第二类，比较少，宗王死后子孙不降等，仍然承袭王爵在这里居住，俗称铁帽子王；第三类，极少，宗王继承皇位，其王府不再安排其他宗王居住，而是改为寺庙或是祠堂。

雍正帝即位前居住的雍王府，在他即位之后就称雍和宫，不再安排其他宗王居住。而在他死后，这里就被乾隆帝改为藏传佛教寺庙。在此之前，清代初年的摄政王多尔衮在北京居住的王府，当他死后，也是被改为寺庙。后来，又有醇亲王府，因光绪帝曾居住，则被改建为祠堂。

在雍和宫改建为寺庙之后，里面的主要建筑有：天王殿、雍和宫大殿（原为王府银安殿）、永佑殿（原为王府寝殿）、法轮殿、万福阁等。雍和宫大殿里供奉的是三尊铜铸佛像，称竖三世佛。永佑殿里供奉的则是三尊白檀木雕刻的佛像，亦称三世佛。法轮殿里供奉的是藏传佛教中黄教一派祖师宗喀巴的铜坐像。而万福阁里则是一尊用整棵 26 米高檀木雕造的大佛像，为该寺镇寺之宝。

据记载："雍和宫，在国子监

❶ 20 世纪 30 年代，北京雍和宫庙会上的"跳布札"活动（李哲供图）
❷ 沿辇道到达昭泰门，该门为雍和宫的山门，上书满、汉、蒙古、藏四种文字（视觉中国供图）
❸ 雍和宫在佛像塑造方面，无论木雕、泥塑还是法轮殿里的这尊铜宗喀巴大师造像，都做到了神形兼备（视觉中国供图）
❹ 傍晚的北京北二环路车水马龙，夕阳下的雍和宫古雅庄重（刘宇摄影）

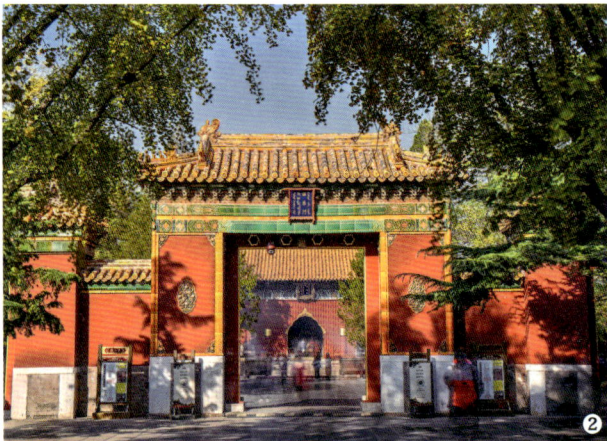

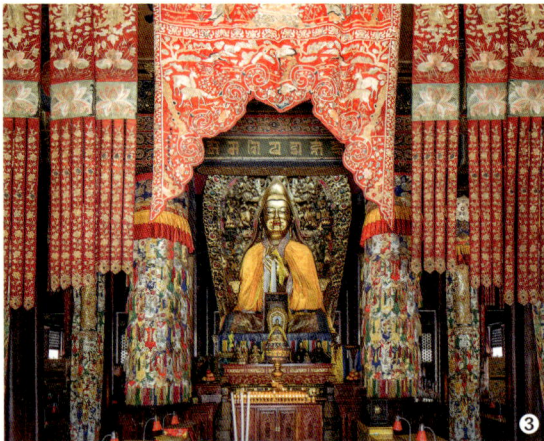

之东。地本世宗潜邸，改为寺，剌麻僧居之。殿宇崇宏，相设奇丽。六时清梵，天雨曼陀之花；七丈金容，人礼旃檀之像。飞阁复道，无非净筵；画壁璇题，都传妙手。固黄图之甲观，绀苑之香林也。"（《天咫偶闻》卷四《北城》）文中"世宗"即指雍正帝，"潜邸"即指王府。这座王府在改建为寺庙之后，规模极为宏大，在北京城里都是不多见的。

藏传佛教中的黄教一派在清代发展极盛，势力遍及西藏及内外蒙古各地。清朝政府在西藏设置有两大活佛，即达赖活佛与班禅活佛，以此借藏传佛教以保证藏地的稳定。这两大活佛的"转世"，就是在雍和宫掣签产生的。时人作《宫词》称："黄教由来国俗崇，雍和潜邸辟离宫。须知我佛名欢喜，丈六金身色即空。"诗中的欢喜佛，即是藏传佛教的文化特色之一。

在雍和宫里，乾隆帝安放有一座石碑，碑文为《喇嘛说》。据记载："乾隆年间，雍和宫建有崇碑，碑高丈余，厚薄宽广皆三尺余，四面分勒满、汉、蒙古、番四体书御制序文，极言番佛功绩，以明非汉明帝崇信释教之意。"（《听雨丛谈》卷七）碑文充分肯定了藏传佛教在安定政局、融合民族关系方面的巨大作用。

❶ 雍和宫航拍图，整座寺庙建筑分东、中、西三路，中路由七进院落和五层殿堂组成中轴线，左右还有多座配殿和配楼（张肇基摄影）

❷ ❸ 佛光隐隐，众生芸芸，虔诚的香客手持香火，或默默诉求，心意深沉，或轻轻喃语，言辞间满载对神明的敬畏与期盼，看似无尽的香火味儿，也是人间的烟火气（视觉中国供图）

❹ 穿过法轮殿，便到了最后一进院落的万福阁，阁中有一尊白檀香木雕刻而成的巨佛，与五百罗汉山、金丝楠木佛龛并称雍和宫"木雕三绝"（刘姝平摄影）

地坛位于安定门外路东侧，是明清时期帝王郊祀地祇神的地方，又被称为"方泽坛"。明成祖永乐年间定都北京时，承袭的是南京合祀制度，因此在北京城的东南郊设置有天地坛，合祀天地日月诸神。到了此后的嘉靖年间，明世宗改合祀制度为分祀制度，于是分设四坛，以祀天、地、日、月诸神。天坛圜丘坛建在原天地坛南天门外"后土"的位置，方泽坛设在安定门外，朝日坛设在朝阳门外，夕月坛设在阜成门外。此后清代圜丘坛被沿用。

天坛为圆形以象天圆之说，故称圜丘；地坛为方形以象地方之说，故称方泽。明代地坛的规制载于《大明会典》卷八十三，清代地坛载于《乾隆大清会典》卷七十一，与明代大致相同。后者述："方泽在安定门外，制方。泽周四十九丈四尺四寸，深八尺六寸，阔六尺。祭日储水，水深以过龙口为度。泽中方坛，北向二成，上成方六丈，高六尺。二成方十丈六尺，高六尺……二成坛面，均用黄色琉璃大砖……于乾隆十五年换成艾叶青石铺墁。"

天为阳，而九为阳数之极，故而圜丘的建筑皆为九的倍数；地为阴，而六为阴数之中，故而方泽的建筑皆为六的倍数。合祀与分祀虽然不同，但古人尊重天地神祇的信仰则是始终如一的。今天人们虽然已经知道天地是自然环境，而没有神祇，但是敬畏自然、保护自然的精神还是必要的。

在地坛周围，又设有陪祀神。在方泽的南面，设有五岳（东岳泰山、西岳华山、南岳衡山、北岳恒山、中岳嵩山）、五镇（东镇沂山、西镇吴山、南镇会稽山、北镇医巫闾山、中镇霍山）的神位；而在方泽的北面，则设有四海（山东东海、广东南海、山西西海、辽东北海）、四渎（长江、黄河、淮河、济水）的神位。每当祭祀地祇之神灵时，这些

135

❶ 20 世纪 80 年代，北京地坛庙会上的数来宝民俗演出（视觉中国供图）

❷ 如今张灯结彩的地坛庙会，承载着红红火火的开年福运（视觉中国供图）

❸ 从地坛公园南门进去便是皇祇室，"祇"为地神的名字，地坛主要祭祀的就是地祇神（刘姝平摄影）

❹❺ 皇祇室的对面就是地坛最主要的建筑——方泽坛，是皇家盛大的祭祀礼仪之地，坛顶置四足青铜方鼎一尊，与皇祇室同处中轴线上（视觉中国供图）

岳渎的神灵也都陪祀。

早在先秦时期，人们就有了"冬至祭天，夏至祭地"的仪制，又曾对祭祀器物加以限定，《周礼·大宗伯》所谓"苍璧礼天，黄琮礼地"为准。苍色象天，黄色象地。璧与琮都是考古工作中常见的出土器物，由此可见，古人在诸多陪葬的物品中，是以这两种器物作为显示身份的重要依据的。

古人又称："祭天圜丘象北极，祭地方泽象后妃。"文中的"北极"，是天上的星象之一，北极星位于天体正中，群星环绕而行，唯北极星不动，故而又被称为"帝星"，象征天上的上帝。而文中的"后妃"亦是星辰，共有四颗，象征着天帝共有四位夫人，一位是皇后，三位是嫔妃。后妃星与北极星相和谐，才能够保证阴阳平衡。故而冬至祭天、夏至祭地，也是为了祈祷人间的阴阳平衡，风调雨顺。

民国年间，这里被开辟为京兆公园，不久又改为市民公园，后来这里日渐荒芜，许多设施遭到破坏。中华人民共和国成立后，这里再次被设置为地坛公园，政府曾多次对其加以修缮，使得许多设施得以恢复旧貌。与此同时，又有许多群众性活动在此举办，如每年的庙会、书市等。今天，这里已经被定为北京市文物保护单位。

❶ "绰约新妆玉有辉，素娥千队雪成围"，地坛公园红墙映衬下的玉兰，宛如精致的瓷器，细腻优雅，温婉如画（视觉中国供图）
❷ ❸ 一片片金黄的叶子簌簌地飘落，走进地坛，走进史铁生的《我与地坛》（视觉中国供图）

东四—南新仓—日坛探访路线示意图

注： 探访路线

N

府学胡同

中剪子巷

张自忠路

东四十条

工人体育场北路

清陆军部和
海军部旧址

南新仓

东四北大街

美术馆后街

东门仓胡同

朝阳门北小街

南门仓胡同

隆福寺

崔府夹道

隆福寺街

隆福寺街

138

五四大街

中国美术馆

东四

朝阳门内大街

朝阳门

朝阳门外大街

东岳庙

王府井大街

东四南大街

礼士胡同

朝阳门南小街

南水关胡同

智化寺

银河
SOHO

禄米仓

朝外市场街

神路街

朝阳门南小街

禄米仓胡同

日坛路

灯市口

光华路

日坛

清陆军部和海军部旧址

隆福寺

南新仓与禄米仓

智化寺

东岳庙

日坛

第四章 ＼

东四—南新仓—日坛探访路线

Chapter 4:
Dongsi-Nanxincang-The Temple of
Sun Visit Route

在北京城的东面，有一座民国年间的重要衙署，即段祺瑞执政府。这座衙署最初是一座王府，即雍正帝为其子弘昼建造的和亲王府。在清朝末年曾作为清政府的陆军部和海军部的办公场所。民国初年，曾在这里设置有总统府和总理府。而在段祺瑞执政时期，在这里发生了枪杀民众和学生的"三一八惨案"。

朝阳门里，则有两座著名的仓库：一座是禄米仓，在南面；另一座是南新仓，在北面。南新仓是元代建造的太仓，主要存放供应皇宫的各种粮食等物资；明代改为南新仓，主要存储粮食。禄米仓是明永乐年间所建，主要是供政府官员支取禄米。

禄米仓附近，有一座古老的寺庙，称智化寺，建于明代正统年间，原为太监王振的家庙。王振死后，改为智化寺。寺中建筑尤以藻井著称，又有流传至今的佛教京音乐，十分珍贵。而在东四一带，则以隆福寺最为知名。该寺建于明景泰年间，当时号称"天下第一禅林"。寺庙没落后以庙会著称。在朝阳门外的东岳庙是祭祀道教东岳大帝的道观，是正一教的活动场所，建于元代，保存至今。

朝阳门外，又有日坛，建于明嘉靖年间，是明清帝王祭祀太阳神（又称大明神）的场所。在中国古代，许多民族都有崇拜太阳神的习俗。

我们这块游览区域，有朋友们非去不可的"王府井大街"。说起来这条长街原来本是南段为"王府井大街"，中段叫"八面槽"，北段为"王府大街"，现在许多历史印迹被抹掉了。

著名杂文家、散文家邵燕祥在他《胡同里的江湖》一书中曾记录八面槽里的一个历史镜头：

日本占领的后期，一个黑色的炸弹，一丈多高，傻大黑粗地矗立在八面槽十字路口的街心转盘当中，尾翼翘然，见棱角，而炸弹头朝下，仿佛一触到地面，立刻就会轰然巨响，弹片与泥土瓦片纷飞，大火熊熊，浓烟滚滚，使繁华闹市陷入惊叫、哭喊，最终转为灭绝一切的寂静。当然只是模型，这就是日本军国主义对沦陷区中国人的恐吓和威慑。

清陆军部和民国海军部旧址位于东城区张自忠路东口路北，原本是清代的和亲王府，是雍正帝为和亲王弘昼建造的王府。清朝末年，将这里改建为陆军部和海军部，中间建造了三组砖木结构的西式楼房，从而成为北京地区典型的西式建筑。因为清代曾在王府前铸有一对铁狮子，故而俗称为铁狮子胡同。今天铁狮子早已不知去向，而铁狮子胡同的旧称仍留存在人们的记忆中。

清末陆军部的旧址最初是顺治帝第五子恭亲王常颖的恭亲王府，此后一直由其后人居住，到清末为其后裔镇国公承熙居此，称承公府。光绪年间实行新政，把兵部、太仆寺等合并为陆军部，光绪帝谕旨称："兵部著改为陆军部，以练兵处、太仆寺并入。应行设立之海军部及军咨府，未设以前，均暂归陆军部办理。"（《清德宗实录》卷五百六十四）陆军部成立后，即在此办公。

清朝原拟设立海军部，一直到清朝灭亡，也未能设置，而是在这里设置了贵胄学堂，"专为王公大臣子弟肄武之区"，并以冯国璋出任贵胄学堂总办，归为陆军部管辖。及至民国建立后，

乃正式在此设立海军部。这里一开始是康熙帝第九子允禟的王府，因为允禟帮助允禩争夺皇权失败，被废为庶人，在其死后，雍正帝遂把这座王府分配给他的第五子弘昼，称和亲王府，位于恭亲王府的东侧。

民国初年，这里曾设置有总统府和国务院。此后不久改为总理府，及至北洋军阀段祺瑞任中华民国临时执政时，这里又被改为临时执政府的办公衙署。1926年3月18日，北京数千民众在段祺瑞执政府门前举行请愿活动，有四十多名学生和市民在此遇害，被称为"三一八惨案"。为此，鲁迅先生专门写了《纪念刘和珍君》一文，称："苟活者在淡红的血色中，会依稀看见微茫的希望；真的猛士，将更奋然而前行。"

清末民初的陆军部和海军部旧址，其建筑皆是在清朝末年建造的。当时把这两座王府拆除，而建造了两处西洋式建筑。两处建筑代表了当时的北京已经开始引入西洋的建筑文化，并且有了较为完美的典型代表。

❶ 1926年3月18日，请愿群众与段祺瑞执政府卫队对峙（刘鹏供图）
❷ 临近立夏时节，清陆军部和海军部旧址院内树木葳蕤，鸟语花香，百年古建彰显着古都风韵（视觉中国供图）
❸ 清陆军部和海军部旧址大门（视觉中国供图）
❹ 清陆军部主楼为西洋古典形式，坐北朝南，二层灰砖清水墙砌筑，正中突起一座四层钟楼（刘姝平摄影）
❺ 清海军部主楼位于清陆军部主楼东侧，楼体遍布精美的砖雕花饰，主楼与配楼、后楼连为合院式布局（视觉中国供图）

143

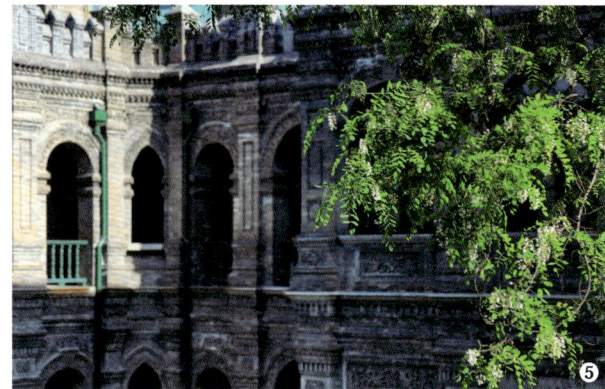

隆福寺位于东城区东四北大街西侧隆福寺街路北，是北京明清时期的著名寺庙。隆福寺建于明代景泰年间，为皇家寺庙，壮丽甲京师，寺前建有大牌坊，上书"天下第一禅林"。《明英宗实录》称：景泰帝"命造大隆福寺，以太监尚义、陈祥、陈谨，工部左侍郎赵荣董之，凡役军夫数万人"。由此可见其建造规模之庞大。明人称："京城内有大隆福寺，景帝所建，至撤英宗南内木石助之。"（《万历野获编》卷二十七《南内》）文中"南内"即指明代皇城内的南宫，明英宗曾被囚禁于此。

此后，因为据传该寺的"风水"不好，使得隆福寺香火寂寥，游观者稀少。明人又称："景帝建大隆福寺，壮丽甲京师，有言其地不吉者，帝命拆去前门牌坊，所谓天下第一禅林者，并禁钟鼓不鸣。及天顺废毁兴隆、永昌诸寺，此寺虽幸存，而香火寂寞，廊院萧条，至今不振。"（《万历野获编》卷二十《居第吉凶》）而兴隆寺、永昌寺也是当时建造的，竟致寺庙废毁，香火断绝。

到了清代，这里的香火仍然没有旺盛起来，而作为商业经营的庙会，则兴旺起来。清人称："隆福寺，在四牌楼北隆福寺胡同。月逢九、十日，庙市。门殿五重。正殿石栏，犹南内翔凤殿中物。

144

今则日供市人之摸抚，游女之依凭。"（《天咫偶闻》卷三《东城》）逛庙者大多数是为前来庙会购物。

隆福寺因地处东四繁华的闹市区，故而庙会特别兴隆，并与西城的护国寺庙会并称为京城东、西"两大庙会"。凡有庙会之时，百货聚集，人潮涌动，热闹非凡。其中尤以书肆最为著称。清人又称："内城书肆均在隆福寺，旧有三槐堂、同立堂、宝书堂、天绘阁四家。同治中，同立堂歇业；光绪中，天绘阁改聚珍堂。今止此三家。"（《天咫偶闻》卷三《东城》）后人赋诗曰："隆福开东庙，珍奇百货呈。谁知阛阓石，曾撤小南城。"即指建造隆福寺时，曾将紫禁城东侧小南城的石栏杆移至此处。

中华人民共和国成立以后，东四仍然是北京城里最著名的商业区之一，隆福寺所在也以商业繁盛享誉京城。后寺庙被拆除，而新建有人民市场，作为大型商场，集购物、娱乐于一体，商业活动十分繁忙。人民市场的繁盛，使整条胡同也随之兴旺起来，到处都布满商店、影院、饭馆、书店等设施。20世纪90年代隆福寺曾遭火焚，近些年又得重建，我们期望它重返繁荣。

❶ 20世纪30年代，隆福寺街景旧影
❷ 隆福寺山门至万善殿之间场院上的庙市
❸ 一大片水光潋滟的明镜台，映照着庄严肃穆的"古刹"，把虔诚祈福的氛围感拉满（视觉中国供图）
❹ "多少贵人闲至此，衣香犹带御炉烟"，从东西红墙的观景平台俯瞰北京城，满眼望去皆是繁华（闫淼摄影）
❺ 2024年，新隆福人民市场开展"龙咚锵"新年活动，巨型木偶等巡游表演轮番亮相（视觉中国供图）
❻ 位于隆福大厦一层的"耕读公社"，是书店也是公共图书馆（视觉中国供图）

③

⑤

⑥

南新仓位于东城区东四十条，在元代即为太仓，明永乐年间改建为南新仓。禄米仓位于东城区禄米仓胡同内，明代永乐年间建成。仓储是都城的命脉，元明清三代都把漕运作为都城的粮食安全底线。故而这些仓储就成为都城的重要设施。除此之外，京城还有海运仓、北新仓、富新仓等，今天只留下地名，仓库已不见踪影。

现存的南新仓始建于元世祖至元初年，其职责为："掌内府支持米豆，及酒材米曲药物。"（《元史》卷八十七《百官志》）文中"内府"是指皇帝的储物库。此后，一度将"太仓"改称"御廪"。又"置醴源仓，分太仓之曲米药物隶焉"（《元史》卷十五《世祖纪》）。因为元朝帝王及蒙古贵族非常喜好饮酒，故而将"曲米药物"专门置放在另外的仓库中。

南新仓的规模最大，据明代天启年间的统计数字可知，当时南新仓储藏的粮食多达六十四万八千石，而禄米仓的规模略小，可储藏的粮食为二十四万四千多石。到了清代，顺治年间，京城有八座粮仓，其中禄米仓为二十五廒，而南新仓为三十廒。到了康熙年间，禄米仓又新建仓廒三十座，而南新仓增建为三十六座。而至今南新仓尚保存有九座廒仓，禄米仓则仅存五座廒仓。

这些京城的粮仓，在元代和明代，主要供应的是皇家和政府高官的粮食，而普通官员、军士、工匠等则需要到通州的粮仓去自己搬运粮食，百姓则需要在城里的粮店购买由粮商从运河运送过来的粮食。一旦粮食在运输过程中遇到阻滞，京城的粮食价格就会暴涨。

到了清代，京城的仓储主要是为官吏及八旗子弟服务。据相关文献记载，同治年间，京、通各仓，每年收入粮米一百多万石。其中，发放给官吏的俸米有十余万石，而发放给八旗子弟的则多达六十万石。由此可见，当时京、通各仓收储的粮食，每年是略有剩余的。

而清代发派的粮食，"京、通十有七仓。京仓日积月累，米色红朽，名曰'老米'，六品以下官俸及兵粮，皆取给焉。其米色好者，则储于通州仓，以备宫中所用及五品以上官俸。京仓米既朽坏，京官领米不能挑剔，只付与米铺打折扣而已。而兵米则不然，每次发兵米时，八旗都统必派员先看仓，此仓米色不对，则换彼仓"（《春明梦录》卷下）。显然，各粮仓存米之优势，关系极大。

今天的南新仓，已经成为全国重点文物保护单位，也是东城区一处重要的文化休闲街，集中了艺术画廊、音乐传播中心、影视文化俱乐部、风味餐厅、酒吧、茶苑等设施。在文物保护的同时，开展各种文化活动，使这里成为文物保护与活化利用的典范。

南新仓与禄米仓

Nanxincang and Lumicang

❶ 1912 年初，禄米仓旧影（视觉中国供图）
❷ 如今的南新仓早已从曾经古老的"物质粮仓"变化成为公众文化艺术生活的"精神粮仓"（视觉中国供图）
❸ 南新仓，明清两朝京都储藏皇粮、俸米的皇家官仓（刘姝平摄影）
❹❺ 禄米仓胡同里的一家"米店"，更像是以米作为载体的美学空间，有粮食，有器皿，有咖啡，新中式的浪漫，让人忍不住进去转转（视觉中国供图）

❸

❹

❺

智化寺位于东城区禄米仓胡同内，是北京著名佛教寺庙之一。始建于明代正统年间，是当时大宦官王振的家庙，智化寺之名是明英宗赐予的。王振因为深得明英宗宠信，专横跋扈，作恶多端，最后在"土木之变"事件后英宗被俘，而王振则被新即位的明代宗抄家灭族、籍没家产，但智化寺因系敕建，故不在籍没之列，故此被却保留下来。今天这里是北京文博交流馆所在地。

后人称："智化寺，在禄米仓胡同，为明王振舍宅所建。极宏丽，今已半颓矣。殿宇极多，像塑尚出明代。西殿为转轮藏，别无佛像，亦它寺所无。万佛阁规模巨丽，碑述振事极详。盖振自宣德时入宫用事，宜宣宗之末，三杨不能制之矣。旧有振祠，今毁。"（《天咫偶闻》卷三《东城》）王振当年深得明英宗宠信。及至明英宗复辟后，思念王振，遂为该寺中祠堂赐额"旌忠"，又

用木刻成王振像，并派高僧任寺中住持。

一直到清代乾隆年间，才有御史沈廷芳上奏，将智化寺中的王振像毁去。史称："御史沈廷芳奏：崇文门内智化寺，明英宗为逆阉王振立祀，李贤撰碑，称其丰功大节。谀阉乱道，观者发指。乞敕有司，毁像仆碑，并将英宗'谕祭碑'移瘗他所。得旨，如所请行。"（《清高宗实录》卷一百五十九）闻之者拍手称快，而不知为何到此时才将王振木像毁去。

在智化寺里最值得称道的，有两样东西：一样是它的寺庙建筑。如寺中有转轮藏殿，殿中并无佛像，仅有一座转轮经藏。而尤为奇特的是寺中建筑的藻井，主要有三个，一个在藏殿，一个在智化殿（大雄宝殿），还有一个在万佛阁。这三个藻井样式各不相同，皆精美绝伦。其中的两个藻井，已经被西方列强掠往国外，

❶ 20 世纪 30 年代，智化殿旧影
❷ 智化殿，相当于一般寺院的大雄宝殿，面阔三间，单檐歇山顶，覆黑色琉璃瓦（张祎婷摄影）
❸ 每到春日，殿前梨花盛开，馥郁花阵，如瀑似雪（荀潇摄影）
❹ 智化殿后有抱厦，内存明代壁画《地藏菩萨与冥府十王》，堪称明代壁画中的璀璨明珠（荀潇摄影）

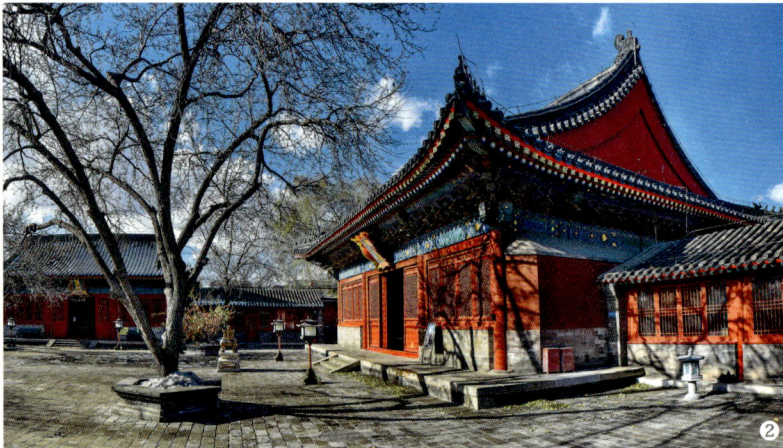

149

令人惋惜。仅存的一个今在先农坛里的北京古代建筑博物馆收藏。

　　另外一样则是寺中的京音乐。京音乐自明代传入寺中，世代相传，至今已经有五百六十多年的历史。按照古代的工尺谱本，寺里的僧人仍然可以演奏出美妙的乐曲，这在今天是非常宝贵的。智化寺的京音乐，曾经是用于佛教的法事活动，今天的佛教法事已经很少了，音乐幸而得以流传，已被列入第一批国家级非物质文化遗产名录。

❶ 如来殿、万佛阁，一底一楼，是智化寺最大的建筑，楼下供奉释迦如来本尊，佛像衣纹华丽繁复，融合了皇家与民间多种吉祥图案（荀潇摄影）

❷❸❹ 藏殿内存一具北京仅有的明代转轮藏，上面雕刻有动物形象，经橱为金丝楠木，八个面共有三百六十个抽屉，每个抽屉表面都刻有佛龛，龛内浮雕为释迦牟尼像（荀潇摄影）

❺❻❼❽ 大明华彩，京乐雅韵，来智化寺听一场六百年前的最美乐章（王越摄影）

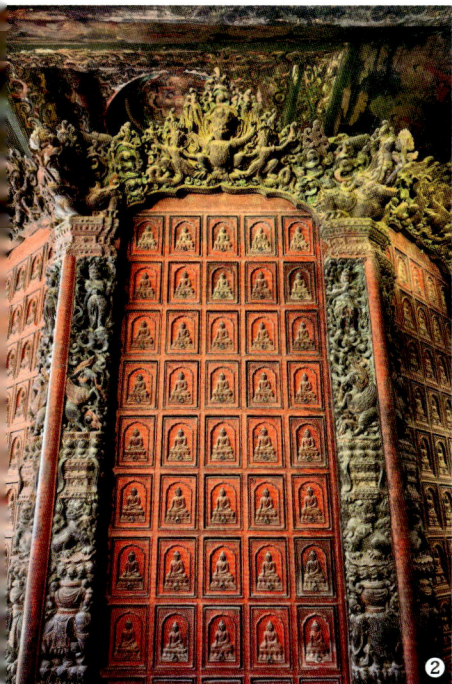

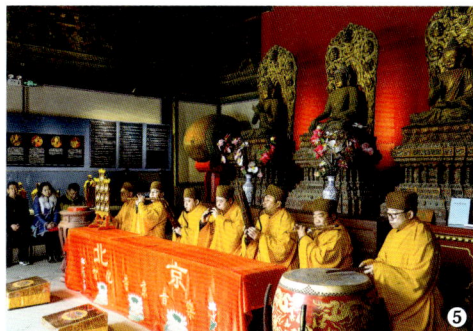

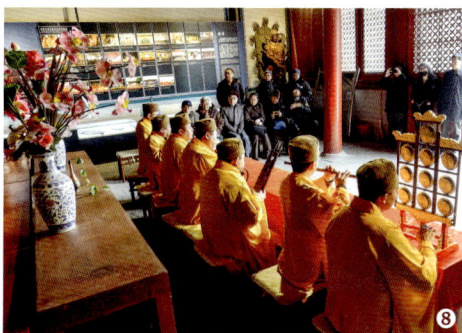

东岳庙位于朝阳门外大街，是北京著名道教宫观之一。始建于元代中期，是道教正一教（又称天师教、玄教）的张留孙、吴全节修建的，当时称东岳仁圣宫。正一教是南方最大的道教派别之一，与北方的全真教并立。此后的明清时期，这座道观屡加修缮，香火十分兴盛。现为北京民俗博物馆所在地。

在元代，最初盛行的是道教全真派，以丘处机为其鼻祖，曾被元太祖（成吉思汗）尊称为"丘神仙"，其弘传全真教的场所为白云观。元世祖即位后，将江西龙虎山的道教正一派引入大都，以弘传道教正一派的道法，元大都及元上都均有兴建的崇真万寿宫。而最初在大都弘传正一教的是张留孙，其继任者为吴全节。经过吴全节的努力，这座东岳庙得以建成。

东岳庙最值得称道的，是七十二司塑像（后增为七十六司）。这些塑像反映的是道教传说中地狱的景象，包括速报司、督察司、还魂司、放生司、词状司等，实际上是把人间的种种事物浓缩到"地狱"中来。庙中原有的塑像栩栩如生，十分精彩，后被废毁，重

152

塑的雕像已经逊色很多。

在东岳庙中，从元代以来就有众多人物在庙中刻立石碑，到清代为止，所立石碑已经一百多块。其中尤以由元代著名书法家赵孟頫书写的《玄教大宗师张公碑》（又称《道教碑》或《张留孙碑》）最为知名，被誉为"镇庙之宝"。其他明清时期的碑刻，也不乏名人手笔。今人已经将大多数碑刻拓片加以出版，以供专家学者研究。而许多碑刻拓片，也成为人们临习书法的范本。

早在元代，东岳庙建造之初，在其东南面有杏园一处，每当春季杏花开时，又当东岳大帝生日（三月二十八是东岳大帝的生日，也是东岳庙的"掸尘会"，吸引了众多香客前来参拜祭祀），游人如织，花飞似雪。时人云："是日，风日清美，春事方殷。几席花间，飞英时至乎巾袖杯盘之上。"当时著名文士虞集作诗曰："明日城东看杏花，丁宁儿子早将车。路从丹凤楼前过，酒向金鱼馆里赊。绿衣满沟生杜若，暖云将雨少尘沙。绝胜羊傅襄阳道，归骑西风拥鼓箫。"堪称一时胜境。今日杏园已不得见矣。

东岳庙 Dongyue Temple

① 北京东岳庙旧影（李哲供图）
② 东岳庙山门，上挂康熙御笔牌匾（视觉中国供图）
③ 穿过山门，进入瞻岱门，长长的甬路直通主殿岱宗殿（视觉中国供图）
④ 俯瞰东岳庙香火鼎盛，气势恢宏（傅忠庆摄影）

日坛位于朝阳门外东南的日坛北路，又称朝日坛，是北京著名的祭坛之一。始建于明代嘉靖九年。当时明世宗改北京的合祭制度为分祭制度，于是把原来的天地坛改为天坛，又分别在安定门外设置地坛，在朝阳门外设置朝日坛，在阜成门外设置夕月坛，形成分坛大祀的格局，日坛就是在这时建造的。这种天、地、日、月分祀制度，一直沿用到清朝末年。

在中国古代，人们很早就有了对太阳神灵的崇拜，太阳神又被称为"大明之神"。汉族称天上的日、月、星（诸多星辰）为"三光"，认为世间人们的活动都直接与"三光"有关，故而把日食视为凶兆。而许多少数民族更是有崇拜太阳的习俗，如辽朝的契丹族，就是崇拜太阳的民族，许多重要的建筑，如寺庙等，皆是面向东方建造的。

据《辽史·礼志》称："拜日仪：皇帝升露台，设褥，向日再拜，上香。门使通，阁使或副，应拜臣僚殿左右阶陪位，再拜。"又据《金史·礼志》称：金世宗大定年间，"上拜日于仁政殿，始行东向（向东拜）之礼。皇帝出殿，东向设位，宣徽赞'拜'，皇帝再拜，上香，讫，

又再拜"。由此可见，早在辽金时期，这种拜日习俗的仪式就很隆重。

到了明嘉靖年间，始行"分祀"之礼，建天、地、日、月四坛，日坛建于朝阳门外，"嘉靖九年复建，坛各一成。朝日坛红琉璃，夕月坛用白。朝日坛陛九级，夕月坛六级，俱白石。各建天门二"（《明史·礼志》）。文中"复建"，实为始建。到了清代，承袭明代之制，史称："日坛在朝阳门外。制方，西向（神位面向西），一成，方五丈，高五尺九寸。坛面用红色琉璃（今改金砖）。四出陛，皆白石，各九级。"（《大清会典事例》卷八百六十五《工部》）这个模式，一直保留到今天。

在中华人民共和国成立后，日坛被开辟为公园。而在园内西北处有一个值得关注的地方，即马骏烈士墓。马骏是黑龙江宁安人，1915年到天津南开学校读书。五四运动后，他出任天津学生联合会副会长，从事革命活动，是最早加入中国共产党的党员之一。1927年蒋介石大举"反共"，北京地区的党组织遭到严重破坏。马骏受命重组北京市委，但遭到叛徒出卖，被捕牺牲，其遗体即葬于此地。中华人民共和国成立后，他的墓葬得以重建。

日 坛

❶ 20世纪初，北京日坛具服殿内旧影（小川一真摄影）

❷ 日落时分的棂星门（视觉中国供图）

❸ 连接棂星门的绿琉璃瓦当及滴水，皆饰有龙形图案，优美的弧

线更清晰展现了坛墙的圆形外貌（视觉中国供图）

❹ 春分祭日时，皇帝由西棂星门向东步入拜台，既承接紫气东来，也彰显了对太阳的尊崇（视觉中国供图）

西四—白塔寺探访路线示意图

注： 探访路线

N

平安里西大街

地安门西大街

赵登禹路

西四北大街

西什库大街

西二环

北京鲁迅博物馆

妙应寺白塔

历代帝王庙

广济寺

西什库教堂

阜成门内北街

阜成门内大街

西四

西安门大街

文津街

阜成门

金融大街

太平桥大街

砖塔胡同

万松老人塔

西安门

西四南大街

西什库教堂

万松老人塔

广济寺

历代帝王庙

妙应寺白塔

北京鲁迅博物馆

西四—白塔寺探访路线

Chapter 5:
Xisi-White Pagoda Temple
Visit Route

　　这条探访路线与阜成门内大街基本重合：西起阜成门，东至西四十字路口，然后沿西四南大街向东进入西安门。短短两三千米，却分布着元、明、清三朝以及民国以来七百多年间的多处历史遗迹。自元大都时代起，这条路线便是西城地方最重要的城市节点，也是北京内城最古老、最重要的街区之一。当年，北京西山的木植、石材、煤炭、山货沿着古老的京西古道，通过路线西端的阜成门源源不断输入京师；西四十字路口元代称"羊市角头"，明清两代称"大市街"，又称"西四牌楼"，是京师一处繁华热闹之地；路线东端，则是明清皇城四门之一的西安门，将皇家禁苑与百姓市井分隔为两个世界。这条路线历史悠长，文化深厚，早在21世纪初就被纳入了北京市三十三片历史文化保护区之内。

著名作家老舍先生曾在小说《骆驼祥子》中描述过"北京最美的一条街"："这儿什么都有，有御河，有故宫的角楼，有景山，有北海，有白塔，有金鳌玉蛛桥，有团城，有红墙，有图书馆，有大号的石狮子，多美，多漂亮。"不过老舍先生笔下的景色是西安门大街以东皇家禁苑里的景象，而我们这条路线主要在西安门大街以西，这里没有那么多皇家建筑的气派，却更多了一派帝都市井生活的浓浓韵味。

我们在这一章就从西安门内向西移步，观赏沿线的西什库教堂、万松老人塔、广济寺、历代帝王庙、妙应寺白塔和鲁迅博物馆等文化景点。徜徉其间，感受古城的沧桑历史，体验浓郁的人间烟火。

著名小说家、散文家张恨水留下了这样的记录：

……到了西四牌楼，这是西城的繁盛区。在以前，这里始终保持着北方街市的古朴风味。宽宽的街道，对峙着东方式的店铺门面。在那平坦的屋顶上，拦着红漆的栏杆，或者雕槛的小楼，真有点画意。那是绝少外国人到此来经营商业的。有时几个穿黑色长衣的修道士，由街上经过，还是古趣盎然……

从西四十字路口南行二百米是一个丁字路口，由此向东三百多米的十字路口处，便是当年的西安门故地，而路口向南北两个方向延伸的街道，就是老北京人嘴里说的"皇城根儿"了。西安门是明清两代皇城的西门，当年是区分皇家与平民的一道不可逾越的障碍。继续东行一千米，便是皇家的御苑太液池。不要说是平民，即便是朝廷重臣乃至皇亲贵族，若无皇家特许，亦不可越雷池一步。

然而早在三百多年前的大清盛世，紧邻着西苑三海边的皇家禁地，却曾建起过一座西洋天主教堂，尽管说不上是北京城最早的教堂，却是皇城圈儿里的头一座教堂，也是古城北京最早的洋风建筑之一。按照空间方位，这座教堂被人称作北京四大天主教堂中的"北堂"，几度重修、迁址，与晚清史和北京近代史都发生过密切的关联。

清康熙三十二年（1693年），康熙皇帝罹患疟疾，宫中太医束手无策。当时在宫廷供职的法国籍耶稣会士张诚和白晋二人进献金鸡纳霜（奎宁），这种来自外洋的药物治愈了康熙的疟疾。为了酬谢

西什库教堂

两位传教士，康熙帝在西安门内中海西岸的蚕池口赐地一区，修建天主教堂一所，称为"救世主堂"。教堂于1703年落成后，康熙皇帝还亲笔为其撰写了"万有真原"匾额。

康熙帝本人积极学习西方科技知识，对西方传教士也很尊重。然而康熙帝允许教会在中国传教是有条件的，即教会不能干涉中国内政。康熙末年，因罗马教廷禁止中国教徒敬天、祭孔、祭祖，任意干涉中国教会内部事务（史称"礼仪之争"），遂使得康熙帝对其采取了相应的政策措施，下令禁止传教。此后，蚕池口教堂渐次废置，并于道光年间被没收并拆除。

鸦片战争以后，西洋基督教会凭借殖民势力再次涌入中国，凭借不平等条约强制取得合法传教的权利，进而要求清政府发还此前被封闭的教堂旧址。同治五年（1866年），法国天主教会在蚕池口原址上第二次重建北堂。新建的北堂采用哥特式，华丽壮观，比原来的北堂大得多，并成为天主教华北教区的主教座堂。

❶ 1871年约翰·汤姆逊在游览北京期间拍摄的1866年落成的蚕池口教堂正立面（旧京图说供图）

❷ 西什库教堂堪称北京最大、最美的哥特式天主教教堂（张珱摄影）

❸ 光影透过彩色玻璃花窗投射到教堂内，与正堂的庄严与神秘交相辉映（视觉中国供图）

❹ 教堂左右各有一座碑亭，中西合璧的设计风格，体现出清代宗教思想的开放和包容（视觉中国供图）

光绪年间，清廷为慈禧太后修葺西苑三海。因蚕池口教堂近在肘腋，又有一对九丈高的塔楼，为此决定将蚕池口教堂也圈进三海范围之内。遂与法国公使签订《迁堂条款》，情愿赐给西安门内西什库为另建新堂之地，并赐帑金作为另建新堂所需费用。两年之后，终将北堂由旧址迁移到西什库新堂。

1888 年，新北堂落成，成为当时北京天主教堂中规模最大的一座，除教堂主体建筑外，还有主教府、修道院、医院和学校等附属设施。新堂建筑仍为哥特式，用材非常奢华。只是新教堂的高度被清政府限制在 15 米之内，所以显得比老堂低了不少。教堂正门前部，建造了中国传统样式的月台，设有汉白玉石栏杆，并有两座重檐歇山黄琉璃瓦顶的碑亭分立左右，亭内立教堂迁建谕旨碑和满汉文天主堂碑。中国官式碑亭同大堂正面镌刻的耶稣善牧圣像形成强烈对比，成为北京教堂建筑中独有的风景。

在 1900 年的庚子战争中，义和团反洋教斗争的锋芒集中到了北京天主教活动的中心北堂。除东交民巷使馆区外，这里就成了京师最激烈的战场。义和团团民与传教士和教民在此激战六十多天，战况惨烈，北堂也遭到严重损坏。

战后，八国联军强迫清政府签订不平等的《辛丑条约》并付出巨额赔款。1902 年，教会用清廷赔款再次重建北堂，教堂的主体建筑仍采用哥特式建筑，平面呈十字形，顶端共由十一座尖塔构成。堂内由三百根巨柱撑起金色拱顶，周围环绕着八十扇镶彩色玻璃的花窗。但两侧的钟楼已突破了清廷的高度限制，由原来的两层增高到三层。

中华人民共和国成立后，我国宗教界人士开展了中国基督教"三自爱国运动"。神职人员和教友都热心地为国家的建设事业贡献力量，其宗教信仰也得到国家和政府的保护。自 20 世纪 50 年代至今，西什库教堂已进行过多次修缮。2006 年，西什库教堂被列为全国重点文物保护单位。

西四南大街与西安门大街相交,路口呈"丁"字形,几十年以前,这个地方确实就叫丁字街。丁字街路口西南角的路边,巍巍然矗立着一座小小砖塔。说它"巍巍然",是因为它与其他建筑物迥然相异的宝塔造型;说它是"小小"砖塔,指的是它小巧玲珑的尺度。古建专家调查过,它是北京城区中最矮的一座塔。它就是万松老人塔。

万松老人是谁?他是金元之际的一位高僧,曾被元代著名政治家、三朝宰辅耶律楚材礼尊为师的万松行秀禅师。史料上说他"游燕,历潭柘、庆寿各刹,亦曾挂褡西刘村寺"。这个西刘村寺就是距此不远处的广济寺。万松老人辞世(1246年)时,元大都尚未兴建,他的弟子们就近为他建了一座埋骨的砖塔,待到元大都建成,寺庙和砖塔都被包括其中,正处在寸土寸金的大都西市羊市角头,紧靠砖塔北侧的那条胡同也就有了天然的名字——砖塔胡同。

这条砖塔胡同是北京现存胡同中唯一能被认定在元代便已存在,且名称始终未曾更改的,所以被人视为"北京胡同之根"。最明确的证据就在元代李好古所撰杂剧《张生煮海》的第一折中。张生与龙女定情后,家童问侍女梅香:"我到哪里寻你?"侍女回曰:"你去那羊市角头砖塔儿胡同总铺门前来寻我。"而且早在明清时代,各种地志著作就已经把砖塔胡同当作京城史迹来收录了。

然而岁月荏苒,砖塔渐渐无人问津了,"不知何年,有人倚塔造屋,外望如塔穿屋而出",再以后有人居然在这"塔屋"里开起了酒食店。"豕肩挂塔檐,酒瓮环塔砌,刀砧钝,就塔砖砺,醉人倚而拍拍,歌呼漫骂,二百年不见香灯。"明万历年间,有个叫乐庵的游僧游至京城,当他看到这酒食店中的砖塔时,"礼拜号恸",于是募捐将此塔买下,自此结束了游僧生活,在塔院住了下来,终身守护。"虽塔穿屋如故,然豗肩、酒瓮、刀砧远矣。"(《帝京景物略》)

清乾隆十八年(1753年),由康亲王永恩出面,奉敕按照原来的规模重修砖塔。重修后塔不仅被保存下来,而且由原来的七级增至九级,原来的平顶上也加装了塔刹。

1927年,国民政府"奠都南京",原京兆地方变卖官产旗产,其中就包括万松老人塔。为保护砖塔,时任北洋政府交通总长的社会活动家叶恭绰发起组织了民间团体"万松精舍",经多次交涉,获得了砖塔的管理权,并负责相关所需费用。那时砖塔的塔院由"桥洪羊肉店"占用,万松精舍出资让羊肉店搬出,并加筑了围墙和门楼。然后锁上大门,把钥匙交给了附近的广济寺代管。

1950年,以叶恭绰为首的万松精舍同人再次发力,致函文化部文物局,请求政府"接收管理"。历经七百年风雨的砖塔,正式开始了由政府管理的时代。1995年,万松老人塔成为北京市文物保护单位。

从2014年4月23日的"世界读书日"这天起,民营正阳书局入驻了万松老人塔院。这里集民营书店、博物馆、图书馆、文化沙龙于一身,书架上摆放着关于新老北京的图书、资料、图片、地图,默默延续着古都的传奇。

❶ 万松老人塔旧影（视觉中国供图）

❷ 正阳书局守住胡同里的书香味（视觉中国供图）

❸ ❹ 与八百余年的万松老人塔为邻的正阳书局，是北京目前唯一一家只经营北京书籍文献的特色书店（视觉中国供图）

広济寺，全名"弘慈广济寺"，坐落于阜成门内大街25号。现为中国佛教协会所在地，是全国重点文物保护单位。

广济寺始建于金代，因地处金中都东北郊外的西刘村，故得名西刘村寺。然而有关西刘村寺的确切史料非常稀缺。有人认为，金、元两代西刘村寺一直由民间香火供奉，元代曾更名"报恩洪济寺"，因元末战乱毁于战火。但这种说法缺乏足够的史料证明，还需进一步深入探究。然而有一点可以确认，元代初年新建大都城，西刘村寺所处的地域空间被纳入了大都城中。直至明代景泰年间（1450—1456年），"西大市"（西四十字路口）街北的居民在当地掘出佛像、供器等物，方知此地乃古刹遗址。明天顺元年（1457年）于旧址重建寺庙，明成化二年（1466年）宪宗皇帝诏命为"弘慈广济寺"。

至清代，广济寺声名鹊起。京师坊间曾有"内八刹"之说，列入了城内香火繁盛的古刹八处，而广济寺居于首位。又有"都城说戒之地，北则广济，南则悯忠（今法源寺）"之论。该寺与皇室过往甚密，顺治十三年（1656年），世祖曾亲临广济寺，其后康熙、乾隆、慈禧太后亦曾先后驾临。广济寺极盛时，在京城拥有下院（类似分支寺院）多处，包括德胜门内莲花寺、后海北沿广化寺、西直门内弥勒院、宣南龙泉寺，均列于名下。民国二十年（1931年），广济寺不慎失火，主体殿堂焚烧殆尽。1935年重建，仍保持明代格局。

广济寺是典型的汉传佛教格局。寺院坐北朝南，布局严谨，错落有序，庄严寂静。中轴线上依次分布着山门殿、弥勒殿（天王殿）、大雄殿、圆通殿（观音殿）和多宝殿。东西两侧除钟楼和鼓楼外，还有整齐的配殿。

广济寺内珍藏的文物不可胜计，如明代铜铸三世佛、铜铸十八罗汉造像，乾隆时所铸青铜宝鼎等。寺院的西北隅，有一座建于清康熙十七年（1678年）、用汉白玉砌成的戒坛，被列为广济寺"七绝"之一，现称"三学堂"，至今保存完好。

164

❶ 20世纪30年代，广济寺大雄殿旧影
❷ 寺中有三个"门洞"，每个都刻有文字，东侧上书"毗卢性海"，是如来藏心的妙庄严海（视觉中国供图）
❸ 天王殿内中间为明代铜弥勒像，与各地寺院看到的弥勒佛化身形象不同，这里所供奉的是本尊天冠弥勒（张埛摄影）
❹ 寺中的地涌金莲，是素有"百日开花花不败"美称的神圣高洁"佛花"（视觉中国供图）
❺ 广济寺山门殿秋色（左普摄影）

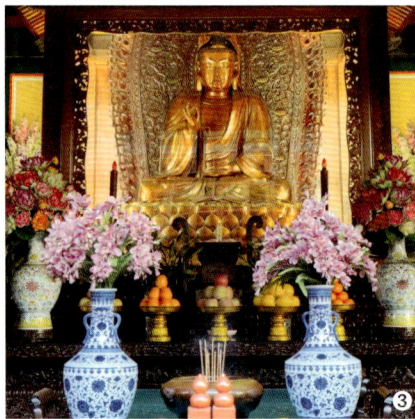

❶

❷

❸

⑤

广济寺珍藏的佛教经典十分浩繁，仅佛教经典著作就有二十三种文字、十多万册，以及十二种版本的《大藏经》。

自元明清三代至今的七百年间，西四路口从来都是京都最繁华的商业闹市之一。广济寺坐落于阜成门内大街路北，东去西四路口不过百米，

却似闹市中的一方净土，自得一番安然天地。在旅游业兴旺发达的今天，很多寺庙都成了出众的旅游资源，甚至还有为了盈利而新建寺庙的。广济寺地处寸土寸金的都市核心区，却是全市范围内为数不多的免门票并赠香的古刹之一。

历代帝王庙位于西城区阜成门内大街131号，是中国现存唯一一座历代帝王庙。它虽然叫作"庙"，却并非百姓日常祈福的佛道寺观，而是明清两朝专门用来祭祀中国历代杰出帝王和功臣良将的皇家庙宇。历代帝王庙于明清时期被列为京师"九坛八庙"之一，与太庙、孔庙并称京城三大皇家祭祀庙宇，其祭祀制度是国家的常规祭礼之一，表达的是国家的意志和态度。

中华文明拥有五千年未曾中断的历史，虽然朝代更迭变化不断，但以历代帝王为象征的国家主权与治权始终延续。早自春秋战国以来，中华大一统局面日益明朗，原先各部族的宗神也逐步融合、上升为天下所共祀的"三皇五帝"。唐天宝年间，"乃以君臣议置三皇五帝庙各一于京师"，成为中国历史上修建"历代帝王庙"的先声。

真正将历代帝王合祀于一庙的实践首创于明代。明太祖朱元璋建都南京后，首次建立了专门的历代帝王庙，崇祀三皇五帝以及两汉隋唐宋元各朝的开国帝王共十七位，并以三十七位历朝的文武名臣从祀。不仅突出了汉民族历代帝王的正统地位，其中也包括了蒙元帝国的开国帝王忽必烈，开创了中国历史上全新的跨时代、跨宗族、跨民族的帝王祭祀体系。

永乐皇帝迁都北京后，祭祀历代帝王的礼仪虽未中断，一时却没有修建专门的庙宇，多半是在郊坛大祭时予以附祭。为此，以藩王身份入继大统的明世宗朱厚熜于嘉靖九年（1530年）下诏，在北京择地修建历代帝王庙。嘉靖十一年（1532年）夏，北京历代帝王庙在阜成门内保安寺的基础上改建完成。嘉靖二十四年（1545年），嘉靖帝却从入祀名单中去掉了汉族皇帝以外的元世祖忽必烈。

清朝定鼎北京后，继承了历代帝王庙的祭祀制度，皇帝多次颁布谕旨，撰写碑文，改建庙宇，亲临致祭，进一步完善和发展了大一统多民族国家的历代帝王祭祀体系。

清朝入主中原之初，将明太祖朱元璋的牌位移入历代帝王庙供奉，以此宣告明朝国祚终结，大清继统开始，昭示了大清王朝合法

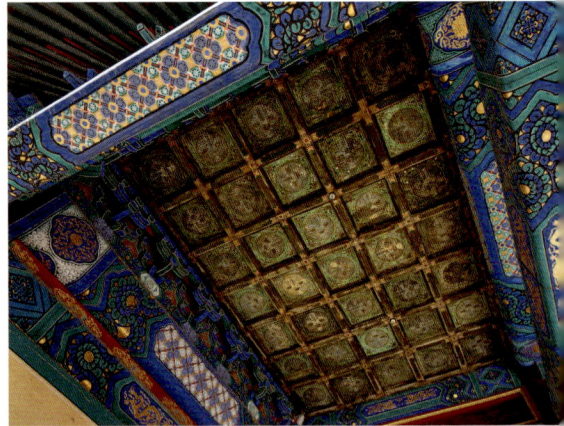

167

❶ "景德街"牌楼原立于帝王庙门前景德街两侧。明清时期，两个牌楼和大门对面的影壁之间是禁区

❷ 从庙门进入，先到前院，正前方就是景德门，门内顶部绘"金莲水草"天花彩画（视觉中国供图）

❸ 冬日银装素裹的历代帝王庙（视觉中国供图）

的正统地位。此外，恢复了对元世祖忽必烈的祭祀，并新增了元太祖成吉思汗、辽太祖耶律阿保机、金太祖完颜阿骨打、金世宗完颜雍等北方民族的开国帝王入祀。

康熙皇帝也对历代帝王的入祀标准发布上谕："朕意以为凡曾在位，除无道被弑亡国之主，此外尽应入庙。"康熙六十一年（1722年）夏，礼部上报的入祀方案中除包括历朝创业之君外，也包括历代守成之君。雍正帝不仅遵从康熙帝所定原则，还特别强调对守业帝王与名臣的祭祀。至此，入祀帝王已增至164位，从祀名臣也增至79位。

乾隆帝对历代帝王庙的祭祀尤为重视。他在更高层次上提出了自己的统绪观，即"中华统绪，不绝如线"。意为中华治统就像一条由华夏汉民族帝王和北方民族帝王及其他民族血统的帝王共同结成的完整线条，从未中断，绵延不绝。并特别指出北魏的鲜卑帝王亦为英主，因此新增了晋、南北朝、唐、五代、金、明等朝的25位帝王入祀，罢祀汉桓、灵二帝，乾隆二年（1737年）增祀明建文帝，使入祀帝王从164位增至188位，使之成为群体祭祀人物数量最多的中国庙宇。

雍正和乾隆年间，都曾对历代帝王庙进行重修和大修。大修后的帝王庙，其规格仅次于供奉皇家祖先的太庙。主殿景德崇圣殿面阔九间，进深五间，标志着帝王礼制中的"九五之尊"；屋顶采用了最高等级的重檐庑殿顶，原来的绿琉璃瓦全部换成皇家专用的黄琉璃瓦；殿内地面铺设皇家专用的"金砖"，而殿内的六十根楠木大柱则是明嘉靖年间始建时的旧构，五百年来未尝更换。

由于帝王庙不同于百姓日常祈福的佛道寺观，于是北京的百姓就将他们眼中看到的那些不同之处表现在民谣之中。其中一首北京民谣唱道："有桥没有水，有碑没有驮，有钟没有鼓，有庙没有佛。"按照帝王庙的规制，门前并列建有三座礼

仪性的汉白玉石拱桥，而桥下并无流水；庙门两侧各竖立一座用满、汉、蒙古、藏、回、托忒六种文字刻写的"官员人等至此下马"石碑，驮载石碑的不是大型皇家石碑下常见的石雕赑屃，而只是一块抱鼓石；庭院内东有钟楼，西边相应位置却并无鼓楼；至于"有庙没有佛"，说的正是庙中只供奉着历代帝王及贤臣的牌位而无佛像。

帝王庙大门南临阜成门内大街，大街路南，正对着庙门是一座高大庄严的朱红影壁墙。穿过庙门与影壁之间的这一段大街，两端各建起了一座高大华丽的木牌楼，与庙门和影壁共同形成了一个封闭空间，当年称为"景德街"，是不允许民众穿行的。民众若要东西向行走，只能从大影壁后面绕个葫芦形的弯继续前行。所以老北京民谣中有"帝王庙，绕葫芦，过去就是四牌楼"一说。

1954 年，因妨碍交通，两座木牌楼和庙门前的石拱桥被拆除。幸而在建筑学家梁思成等有识之士呼吁下，牌楼的构件基本保留完整。2003 年底，因部分构件损坏，两座木牌楼被整合重组为一座，最终安放于新建的首都博物馆大厅内，成为首博展出文物中体量最大的一件。

❶ 帝王庙西南角单独兴建一处院落，祭祀关羽，形成了帝王庙中的"庙中庙"格局（视觉中国供图）
❷ 正殿景德崇圣殿，脚下金砖铺就，六十根金丝楠木竖立其间（视觉中国供图）

169

❷

古刹妙应寺坐落于西城区阜成门内大街171号，因为寺内建有一座宏大的藏式白塔，民间俗呼为白塔寺。这座白塔历史悠久，形象独特，不仅是阜成门大街的地标、西城区的地标，也是古都北京当之无愧的地标。

1271年，元世祖忽必烈择址营建大都城，自此开启了北京作为全国都城的历史。为了能够"冀神龙之扶持，资社稷之久长"，忽必烈亲自勘察选址，由尼泊尔工艺家阿尼哥设计建造了白塔，以它作为神权与政权的象征。白塔与大都城合称"金城玉塔"，名动一时。

当年的白塔曾是大都城中最高的建筑，塔身雪白，形如覆钵，挺拔宏伟，塔基富于变化。塔身上部，十三节相轮直指苍穹，号称"十三天"。塔刹华盖上，悬挂着三十六个铜质小风铃。若逢天风习习，鸽阵盘旋，巨大的白塔映衬着墨蓝色的天空，一时梵音嘹亮，

铃声悦耳，引人遐思。白塔竣工后，忽必烈又以白塔作为几何中心点，建造了占地十六万平方米的大圣寿万安寺，以之作为皇家宗教中心、百官习仪之所和译经中心。

至正二十八年（1368年），大圣寿万安寺几乎全部毁于一场雷火，只余白塔及神御殿独存。待到寺院重建，要迟至近百年以后的明朝天顺元年（1457年）了。新建的寺院更名"妙应寺"，且面积大大缩水。主要原因在于大圣寿万安寺旧址的很大一部分，此前已被明宣宗敕建的道教朝天宫占据了。于是妙应寺的规模便从十六万平方米缩小到了近二万平方米，仅为元朝时的八分之一。寺庙的格局也发生了很大变化，元代大圣寿万安寺是塔在正中，寺院围着塔建；而明代妙应寺则是按照汉传佛教的规制，从南向北起造了山门、钟鼓楼、四重殿宇、塔院等建筑，形成了中轴对称、塔在最后的格局，并一直延续至今。

170

❶ 20世纪初，阜成门内店铺，远处是妙应寺白塔
❷ 红墙灰瓦与大隐于市的白塔相得益彰（吴鲁萍摄影）
❸ 初雪后的白塔寺宫门口西岔胡同（视觉中国供图）

③

此后历代，白塔寺多次修葺。乾隆十八年（1753 年）修葺时，曾将大量珍贵的佛教文物装入塔刹，其中包括镶有四十四颗红宝石的赤金舍利长寿佛、黄檀木观音像、龙藏版《大藏经》、乾隆皇帝手书的佛教经卷，以及缀有千余粒珍珠宝石的补花袈裟、五佛冠和五色哈达等。直到 1978 年白塔维修时，这批文物才被发现，经研究整理后面向公众展出。

几百年间，妙应寺白塔也在老北京人的心中播撒下不可磨灭的文化基因。有一首著名的地理类民谣《平则门 拉大弓》唱道："……朝天宫，写大字，过去就是白塔寺；白塔寺，挂红袍，过去就是马市桥……"；北京民间传说《锔大家伙》，活灵活现地讲述了鲁班爷下凡修葺白塔的故事；而另一首表现北京岁时风俗的民谣《正月儿正》，则记述了北京人至今不改的绕塔祈福风俗。

民国初年，妙应寺的喇嘛将庙中空地及配殿出租给民间商贩，由此形成的白塔寺庙会，与东城隆福寺、西城护国寺、南城土地庙同称京城"四大庙市"一直持续到 20 世纪中叶。每逢会期，农副产品、日用百货、儿童玩具、民间小吃，摊档密布，叫卖声声；说书的、唱戏的、拉洋片的、说相声的粉墨登场，医卜星相之流夹杂其间；鸟市里售卖鸽子、鹌鹑和鹰，也售卖兔、狗和诸般花鸟虫鱼。庙里庙外，人声鼎沸，摩肩接踵，展现出一幅老北京的民俗画卷。

古老的白塔与元大都同庚，比高龄六百多岁的明清故宫还要大上一百四十多岁，比北海公园里的清代白塔则要大上三百七十多岁。它是元大都唯一完整遗存下来的重要地标建筑，也是中国现存年代最早、规模最大的藏式喇嘛塔，是国家统一、民族团结的象征，因而早在 1961 年便被列为第一批全国重点保护文物。

❶ 夕阳余晖下的妙应白塔（视觉中国供图）
❷ 无影白塔塔无影，静谧中透着禅意（视觉中国供图）

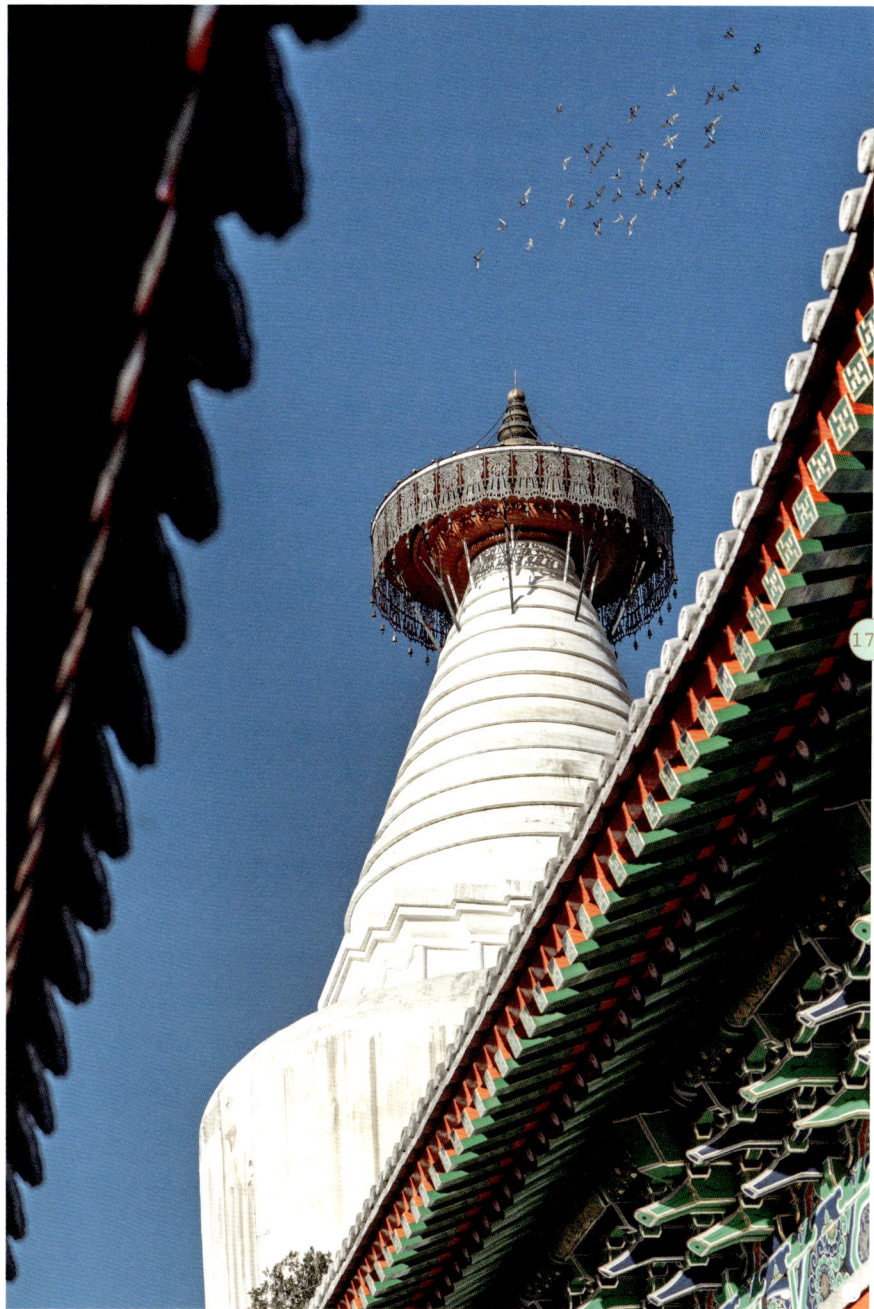

鲁迅（1881—1936年），原名周树人，是中国近现代史上首屈一指的文化巨匠之一。除了先生的故乡浙江绍兴以外，在他曾经工作和生活过的城市如北京、上海、广州、南京等地都建有鲁迅先生的博物馆或纪念馆。

北京鲁迅博物馆位于西城区阜成门内大街宫门口二条19号，主要由鲁迅故居与鲁迅生平陈列馆两部分组成，现为全国重点文物保护单位。

"宫门口"这个地名来源于明代道观朝天宫，是明朝宣德年间仿照南京朝天宫的式样建成的，是当年京城最大的道教宫观。明天启年间一夜大火，十三重殿宇全部焚毁。如今近四百年逝去，地图上依然可以看到宫门口、东廊下、西廊下等众多与朝天宫有关的古地名。宫门口靠近阜成门城根，半个多世纪以前，城圈里没有那么多高楼，人站在胡同里，抬眼向东便可以望见高耸云端的妙应寺白塔，向西则可以看到横空出世的巨大城墙，以及巍峨的阜成门城楼。

1912年5月，周树人（他1918年发表小说始用笔名"鲁迅"）

来到北京，在民国教育部任职，至1926年离京南下，一共在北京生活了十四年。鲁迅一家与北京的缘分不同寻常，他在北京曾有四处居所，均在西城，而阜成门内便有两处。位于鲁迅博物馆院内的这处故居，是先生于1923年12月购买、1924年春亲自设计改建而成的一座小四合院。1924年5月至1926年8月，鲁迅曾在此居住，这也是鲁迅在北京生活的最后一处居所。

民国初年，正是北京思想文化领域最动荡的年代。在1918年5月15日出版的《新青年》杂志四卷五号上，周树人首次以"鲁迅"作笔名，发表了第一篇白话小说《狂人日记》，自此"鲁迅"之名如雷贯耳。随之更是新作迭出，小说、散文、杂文等，体裁多样，在新文化运动中，发挥过重要的引领作用。在卜居北京的岁月里，鲁迅曾发表中国第一篇白话小说；完成第一部《中国小说史》；参与创建中国第一个国立历史博物馆、第一个国立图书馆，以及京师图书分馆、京师通俗图书馆和中央公园图书阅览室（今首都图书馆前身）。鲁迅对中国的博物馆事业、图书馆事业、教育事业和美

❶ 鲁迅与许广平、周海婴合影

❷ 鲁迅博物馆里的生平陈列厅，汇聚了518件文物展品和600余幅历史图片（张埭摄影）

❸ 位于鲁迅博物馆院内的主题书店，弥漫着淡淡的书香气息；《呐喊》《彷徨》等书籍以及《新青年》文创产品相继映入眼帘（张埭摄影）

❹ 院中还有一尊鲁迅半身雕像，眼神深邃，威严肃穆（刘姝平摄影）

术事业，做出了杰出贡献。作为新文化运动的主将，鲁迅逐渐成长为伟大的思想家、作家和翻译家，并在国学、文学、美术、书法等诸多领域，取得了卓越成就。

1929 年 5 月、1932 年 11 月，他先后两次自沪返京探望母亲，也曾住在这里。鲁迅在这里完成了《华盖集》《华盖集续编》《野草》三本文集，以及《彷徨》《朝花夕拾》《坟》中的部分篇章。

1947 年鲁迅原配夫人朱安病逝后，中共地下组织通过北平高等法院查封了旧居，将其暗中保护起来。1949 年 10 月 19 日，时值鲁迅逝世 13 周年之际，旧居正式对外开放。次年 3 月，鲁迅夫人许广平先生将旧居和鲁迅生前的藏书、文物全部无偿捐献给国家。1954 年初，在旧居旁建立陈列厅，于 1956 年 10 月 19 日鲁迅逝世 20 周年之际正式建馆并对外开放。鲁迅喜爱收藏，其收藏主体是书籍，计万余册；其次是碑帖拓片，有六千余张；还有汉画像拓片六百余张。另收藏有古钱、字画、铜镜、古砖、陶俑等。

环故宫探访路线示意图

注：████ 探访路线

N

皇史宬

普度寺

《新青年》编辑部旧址

老舍纪念馆

东堂

北京大学红楼

京师大学堂旧址

中法大学旧址

嵩祝寺与智珠寺

大高玄殿

北海及团城

北平图书馆旧址

地安门西大街　　地安门东大街

地安门内大街

北海

嵩祝寺与智珠寺

中法大学旧址

北河沿大街

京师大学堂旧址

三眼井胡同

亮果厂胡同

大高玄殿

景山西街

景　山

北京大学红楼

北海及团城

景山东街

沙滩后街

五四大街

北平图书馆旧址

景山前街

文津街

中海

南海

北长街

北池子大街

故　宫

北河沿大街

老舍纪念馆

王府井大街

骑河楼南巷

智德北巷

灯市口西街

灯市口大街

东堂

《新青年》编辑部旧址

东华门大街　　东安门大街

南河沿大街

普度寺西巷

普度寺

南池子大街

南长街

社稷坛

太庙

皇史宬

天安门

长安街

长安街

176

第六章

环故宫探访路线

Chapter 6:
Visit Route Around The Forbidden City

逛北京,参观天安门广场,游览故宫,那是必须的:我们在这一中心区域转悠的时候,天安门、故宫周边的许多地方会自然地迎面相遇,它们的"大名鼎鼎",当然会引我们倍加青睐,聪明的游者一定不会错过。

大家都关注"北京中轴线",它绝对不是从南至北单单的一条"线",除了天安门广场、故宫建筑群这些具象的实体建筑物以外,它的东与西,或称左与右,还"挎"着古代的、近现代的不少重要的衙署、园林、寺庙、学校等相关地标点,游客朋友们关心,我们理所当然地也应作些介绍。

在中轴线的东侧,皇史宬是国家最高级的皇室"档案馆",曾经荒置、关闭了多少年了,近几年国家下大力气把它腾退、修缮了出来,对高档文物感兴趣的朋友不可错过。普度寺大殿恢宏,那是历史上演出了王朝更替、血雨腥风"大戏"的地方。与这大殿堪参差比肩者,太和殿、太庙大殿、寿皇殿、长陵大殿,您可忖度出它该一去的分量吧。中轴线东侧北大红楼、京师大学堂、中法大学这条"名校线"与陈独秀旧居、老舍旧居这条"名人线"也吸引着爱好者的关注。

在中轴线的西侧，您走出故宫的神武门，往西一侧头，大高玄殿壮丽的红墙三座门在焉。在故宫游览的西路高阶上北望，紫禁城的西北角楼、大高玄殿的牌楼、远处错落参差的景山五亭……那是一幅绝美的图画。从大高玄殿的"三座门"西行不远，路南是北海公园的南大门——逛北海自然是令人神往的美丽之旅；而再往西行，宛若玉带的北海大桥下坡处，可见国家图书馆文津街馆的大门，爱好读书的朋友，"文津馆"是非"打卡"一趟不可的去处。

循着北京中轴线的东西两侧盘桓，应该把梁思成先生1951年所写的一段话奉献给大家：

在中轴线的东西两侧为北京主要街道的骨干：东、西单牌楼和东、西四牌楼是四个热闹商市的中心。在城的四周，在宫城的四角上，在内外城的四角和各城门上，立着十几个环卫着的突出点。这些城门上的门楼、箭楼及角楼，又增强了全城三度空间的抑扬顿挫和起伏高下。因北海和中海、什刹海的湖沼岛屿所产生的不规则布局，和因琼华岛塔和妙应寺白塔所产生的突出点，以及许多坛庙园林的错落，也都增强了规则的布局和不规则的变化的对比。在有了飞机的时代，由空中俯瞰，或仅由各个城楼上或景山顶上遥望，都可以看到北京杰出成就的优异。这是一份伟大的遗产，它是我们人民最宝贵的财产，难道还有人感觉不到吗？

皇史宬位于今北京市南池子大街南口路东。初名神御阁，又名表章库，始建于明嘉靖十三年（1534 年），两年后建成，占地 8460 平方米，后改现名。全部建筑采用砖石结构，两进院落，殿顶呈拱券形，墙厚 5 米，正面开五门，分内外两层，外层石门，内层木门，仅东西山墙有两对开窗，屋檐下设石雕金钱气孔 21 个。明代曾在此收藏《实录》《圣训》及《永乐大典》的重抄本。清嘉庆十二年（1807 年）重修时，于殿中新筑一通长大石台，上置雕龙镏金铜皮大木柜，现存 152 具，内贮《实录》。旁置有大橱，收藏《玉牒》《大清会典》等重要官书。殿内北侧与西侧，放置着两座乾隆御笔碑。皇史宬设专职官员管理，建立定期晾晒制度。此殿为"金匮""石室"之典型，是我国现存最为完好的古代国家档案库，集中体现了我国古代藏书保护的优良传统和技术成就。中华人民共和国成立后，皇史宬得以修缮，现为中国第一历史档案馆明清档案陈列室。1961 年北京市文物工作队撰《北京名胜古迹》，曾说："历代以来我国档案库不为不多，然而完整地保存下来的目前就只有北京皇史宬一处了。"1982 年公布为第二批全国重点文物保护单位。

❶ 皇史宬殿内的石台上，整整齐齐放置着三十多座方正的金色箱体，表面雕刻着龙形纹饰，虽经岁月打磨显得有些暗淡，却仍可以感受到皇家气势（视觉中国供图）

❷ 古老的皇史宬门，走入便可一探明清皇家典藏（视觉中国供图）

❸ 穿过皇史宬门，即是皇史宬正殿，东西各有配殿，正殿东侧还建有御碑亭（视觉中国供图）

❹ 皇史宬大殿上有九只脊兽，比太和殿略少，和乾清宫的数量相当，它们守护着千年的秘密，见证着王朝的兴衰更替（视觉中国供图）

❺ 如今皇史宬内的金匮，除保留小部分用于展陈外，大部分已与其他明清档案一道，被转移至祈年大街 9 号的中国第一历史档案馆新馆，继续守护着那些不为人知的秘密与辉煌（视觉中国供图）

大清仁宗睿皇帝聖訓實錄

普度寺位于南池子大街南口东侧，普度寺前巷35号。寺始建于明永乐年间，与紫禁城同龄，原址为明代东苑中的重华宫，名为皇城东苑，又名"小南城"，"土木之变"后明英宗曾幽居于此，在英宗发动"夺门之变"夺回政权后，景泰帝也曾囚禁于此，明末毁于战火。清顺治初年，这里改建为摄政王多尔衮的睿亲王府，实际上则成为清初京城的统治中心。吴梅村诗句"松林路转御河行，寂寂空垣宿鸟惊。七载金縢归掌握，百僚车马会南城"，描绘的就是摄政王直接在王府处理政务、向百官发号施令的景象。故其建筑亦"殿基高敞，去地丈余"，具有高矗雄视、不同寻常的气势。

但盛景不长，顺治七年（1650年），正届盛年的多尔衮猝死于塞外喀喇城（今河北承德滦河镇）。建成不过数年的摄政王府，随即被清廷收回空置。四十多年以后的康熙三十三年（1694年），又在原王府的北部，建造供奉大黑天护法神的玛哈噶喇庙。明、清政治舞台上显赫一时的皇家园囿与摄政王邸，最终化身为青灯古佛的佛教寺院。

乾隆四十年（1775年），清高宗拨帑重修扩建，竣工后赐名"普度寺"。其大殿"慈济殿"在中国传统建筑法式中较为少见，内有高宗"觉海慈航"的御题匾额。两侧则保留或兴建有行宫院、方丈院、小佛殿及僧寮等建筑。不久清高宗又为多尔衮平反，"还其睿亲王封号，追谥曰忠"，并盛赞其"奉迎世祖车驾入都，定国开基，以成一统之业""一切创制规模，皆所经画"的开国功绩。作为摄政王故址的普度寺，也获得朝廷的重视与民众的关注，"内藏铠甲弓矢，皆睿亲王旧物"。清后期至民国期间，这里为军队和一些机构占用，除山门、正殿等犹保存外，大部分被拆改而原状不存。

普度寺建筑非常独特：建在石须弥座之上，而且设砖雕拱窗。这样典型的满族风格文物建筑在北京仅此一处。1984年，普度寺被列为北京市第三批文物保护单位。2003年，迁出了其内的学校和一百多户居民，全面修复了台基、正殿、山门和方丈院北房，其余房屋基址在取得考古资料后回填保护，进行绿化，成为居住小区内的公共活动场所。2011年，寺内又建立"北京三品美术馆"，承担中国书法美术作品的展览、收藏、研究、推广等公共服务。2013年，普度寺被公布为第七批全国重点文物保护单位。

普度寺

182

❶ 沿南池子大街向北前行，路东侧胡同中隐藏着历史悠久的普度寺。图为南池子旧影（李哲供图）
❷ 普度寺的山门别具一格，顶瓦翻修后一半呈新绿色，一半保留旧黄色，彰显了新旧瓦片的历史变迁（视觉中国供图）
❸ 山门旁，一尊多尔衮雕像巍然屹立（视觉中国供图）
❹ 绕过山门，正殿"慈济殿"映入眼帘，殿内原有乾隆题额"觉海慈航"，大殿高大雄伟，建筑形式古拙特异（视觉中国供图）

睿親王多尔衮

③

④

顺着北池子大街，拐进北池子二条，在"骑河楼南巷"胡同路牌下，"《新青年》编辑部旧址"的指示牌十分醒目。转至箭杆胡同不一会儿便可行至位于20号的《新青年》编辑部旧址，此处也是陈独秀先生的旧居。

1917年，陈独秀受聘于北京大学，任文科学长，租住在此，《新青年》编辑部也从上海随迁此地。陈独秀、李大钊、胡适、钱玄同、刘半农、高一涵、沈尹默等人皆曾任《新青年》编辑。这里不仅是新文化运动的主阵地，更是马克思主义在中国早期传播的重要场所。1920年2月，陈独秀为躲避北洋军阀政府迫害，离京赴沪，《新青年》编辑部也随之迁沪。

院落坐南朝北，东西方向与南北方向长度相同。走进旧址，一进门，便能看到照壁前立着《新青年》杂志第二卷第一号的封面。1915年陈独秀创立该杂志时，原名为《青年杂志》，而这里展示的

便是《青年杂志》更名为《新青年》后出版的第一期杂志。该期杂志的样式，是人们最为熟悉的——红色的"新青年"三字，浑厚有力，下有一黑一红两行小字——黑字为法文"LAJEUNESSE"，乃为"青年"之意，红字"陈独秀先生主撰"为署名。封面中央为当期目录。走近细观目录内容，可见当期打头的两篇文章，一为陈独秀之《新青年》，二为李大钊之《青春》。"南陈北李"，并驾齐驱。

绕过照壁，会看到右边挂着的"新青年社编辑部"竖牌。再往前走几步，便是一个小庭院。院子不大，却别有一番古雅韵味。正中有一口鱼戏莲花图案的水缸，其后有一个小凉棚，位于院墙所刻浮雕前，浮雕的主人公正是陈独秀、李大钊等革命先驱。庭院南北两边，便是红绿勾勒、修缮一新的厢房。当年，陈独秀租下这个院落后，住在院子的南房，而北房就是新青年社编辑部的办公地点。

走进北房，可以看到内设的"历史上的《新青年》"专题展，

❶ 陈独秀肖像
❷ 走进旧址，便能看到照壁前立着《新青年》杂志第二卷第一号的封面（视觉中国供图）
❸ "新青年社编辑部"牌匾如同一位沉默的讲述者，将当年在此办刊的火热场景一一呈现（视觉中国供图）
❹ 树影婆娑的北池子大街也曾是陈独秀、李大钊、胡适、钱玄同、刘半农、高一涵、沈尹默等赶赴《新青年》编辑部的必经之路（视觉中国供图）

墙上挂满了《新青年》杂志内页的照片。这是 1920 年 9 月至 1926 年 7 月间《新青年》刊登的国内 200 余篇宣传马克思列宁主义的文章。俄国十月革命后，《新青年》成为宣传马克思主义的最重要的刊物，直到 1926 年 7 月停刊。

《新青年》杂志见证了五四运动前后新文化运动的蓬勃开展，以及马克思主义在中国开始广泛传播的历史过程。杂志初创时，陈独秀一人承担起主编重任，而后则改为李大钊、陈独秀、胡适、钱玄同、陶孟和等人按月轮流担任主编，丰富了杂志的内容，提升了杂志的理论高度。1923 年 6 月，《新青年》杂志成为中共中央的理论刊物。

百年前，杂志的印刷主要采用油印的形式。北房内展示了一台复原的油印机，可以让观众亲自体验印刷《新青年》封面的过程，并盖上当天日期以作留念。另有耳机可聆听《国际歌》的旋律。当年，瞿秋白正是在《新青年》杂志上发表了自己翻译的《国际歌》歌词，这首歌极大地振奋了中国人民的心灵。

南房内设有"陈独秀在北京"专题展。这里除了陈独秀的生平介绍，还有许多日常物件，从生活的角度展示出陈独秀当年在此居住时的情景。

❶ 院墙所刻浮雕壁画与葡萄架下空置的竹桌椅，虚实相映，使人不禁怀想当年编辑部讨论编刊的场景（视觉中国供图）

❷ 院子正中有一口鱼戏莲花图案的水缸，当年陈独秀租下这个院落后，住在院子的南房，而北房就是新青年社编辑部的办公地点（视觉中国供图）

❸ 走进北房，可以看到内设的"历史上的《新青年》"专题展，墙上挂满了《新青年》的杂志内页（视觉中国供图）

❹ 从北房出来，穿过小庭院，径直至南房，内设"陈独秀在北京"专题展，这里复原的胡同门脸门牌号为"箭杆胡同 9 号"，民国时期，这里的门牌号原本是 9 号，因而在此复原（视觉中国供图）

❺ 这里展示了一台复原的油印机，可以让观众亲自体验印刷《新青年》封面的过程，并盖上当天日期以作留念（视觉中国供图）

老舍纪念馆位于东城区灯市口西街丰富胡同 19 号。纪念馆院内的两棵柿子树，是 1953 年春由老舍夫妇亲手栽种，此后每到深秋时节，树上果实累累，红彤彤的十分好看，因此老舍的夫人胡絜青特为小院取名"丹柿小院"。

小院是 1950 年初老舍由美国归国后用版税换成 100 匹布购置。老舍先生在此居所生活了十六年，并写下《龙须沟》《茶馆》《正红旗下》等中华人民共和国成立后的全部作品。老舍纪念馆是典型的北京三合院建筑格局，内容丰富多彩的"老舍的生活与创作"展览，形成老舍纪念馆自有的显著特色。老舍纪念馆的大门坐西朝东，一进大门有一座灰色砖影壁和两间南房；进二门，迎面是

一座北京现在已少见的五彩小木影壁。转过影壁，便来到纪念馆的主要展览区域。院中正房三间，明间和西次间为客厅，东次间是老舍夫人胡絜青的卧室兼画室。西耳房是老舍先生的卧室兼书房。院中的西房和东房现为第一、二展厅，主要通过大量珍贵的手稿、图书、照片及遗物，展示老舍一生的生活与创作历程。老舍纪念馆以保护故居和藏品为基本工作任务，紧紧围绕老舍先生"生在北京，长在北京，死在北京，写了一辈子北京"这一主题。

1984 年 5 月"老舍故居"被北京市人民政府列为市级文物保护单位。1999 年 2 月 1 日正值老舍先生诞辰 100 周年，老舍纪念馆建成并正式对外开放。

❶ 老舍从美国回到阔别多年的故乡北京后，在"丹柿小院"里整理摆设成为他每天早晨的习惯

❷ 老舍在小院生活了十六年，写下了中华人民共和国成立后的全部作品，故居现已作为纪念馆对公众开放（视觉中国供图）

❸ 馆内不仅展示了老舍的生活原貌，包括他的写作间、客厅以及夫人的画室等，还展陈了大量珍贵的图书、照片、手稿以及生前遗物（视觉中国供图）

❹ 每年秋天，满树红彤彤、沉甸甸的柿子，像挂满枝头的红灯笼，映红了整个"丹柿小院"。老北京有"送树熟儿"的老礼儿，老舍便挨家挨户把柿子送给街坊四邻（张埙摄影）

❺ 斯人已去，老舍夫妇手植的柿树，仍旧守护着小院的悠悠岁月（视觉中国供图）

东堂位于王府井大街 74 号。全称天主教圣若瑟堂，又称王府井天主堂、八面槽教堂，原属葡萄牙耶稣教会，始建于清顺治十二年（1655 年），清康熙、嘉庆、光绪年间三次被毁，于清光绪三十年（1904 年）重建，是耶稣会士在北京城区继南堂（宣武门教堂）之后兴建的第二所教堂，是北京四大天主教教堂之一。

东堂为纪念耶稣养父圣若瑟而命名，初由意大利传教士利类思、葡萄牙传教士安文思创建。利类思、安文思本在四川境内传教，明末曾跟随张献忠领导的农民军活动。清初被入川的清军虏获，并于顺治五年（1648 年）随同班师回朝的肃亲王豪格来到北京。顺治十二年（1655 年），清世祖将东城的一所宅院和空地赐给他们，作为活动场地。两人遂在空地上建起一座坐东朝西的教堂，并奉耶稣之养父圣若瑟为主保，以便于东城附近的天主教徒举行洗礼祈祷。

东堂在基督宗教文化传承中占有重要地位。1666 年 8 月，顺治年间御赐"通玄教师"封号的汤若望，就是在东堂挨过了其七十四岁的最后时光。此后南怀仁、罗培元等著名神父，也曾在此堂中担任教职。清代中期的东堂内，还保存有由著名宫廷画师郎世宁绘制的耶稣圣像，十分珍贵。西人载称，郎世宁绘制有耶稣圣心像多幅，其中以供于北京东堂圣心祭台上的圣心像最为精美，"某年该堂失火，祭台与圣心像独未波及"，教会将其绘印若干，分赠给欧洲各国，成为众口传颂的神圣之物。葡萄牙王后玛利亚·安娜（Maria Anne）与宫内的贵妇，甚至还亲自织造覆

❶ 清末，东堂旧影（李哲供图）
❷ 教堂为典型的罗马建筑风格，灰色的欧式尖顶建筑，在细节上融入了中国传统建筑元素，圣洁又浪漫，是中西风格共融的典范（视觉中国供图）

❸ 每当夜幕降临，教堂整栋建筑发出温暖的光亮，在堂前树木和月光的映衬下，如欧洲古堡般神秘，为古都北京增添了些许异域风情（视觉中国供图）

盖祭台的布匹与饰品，"以装修此劫余仅存之圣心祭台"。

　　清末重修、保留至今的东堂为砖木结构，保留了罗马式建筑风格，细部处理则在西洋古典风格中融入了中国传统的建筑文化元素。教堂平面布局为拉丁十字架形，三座高大的穹顶式钟楼上也各竖立十字架。圣堂坐落于青石台基上，仍以西面为正面，开门三座，正门石柱上大书中式楹联"庇民大德包中外，尚父宏勋冠古今"，横额"惠我东方"，体现出基督宗教文化与中国本土文化的融合。堂内西部大门上设唱经楼，东部为祭台，整体平面呈十字布局。堂内两侧，悬挂有耶稣受难等油画多幅。东堂虽地处闹市，却丝毫未减少其浓郁的宗教文化氛围，已成为王府井大街上最有特色的人文景观之一。2013年，东堂被公布为全国重点文物保护单位。

❶ 走进教堂，内部装饰华丽，每一处细节都透露着匠心独运，壁画和雕塑等艺术品，不仅令人赞叹其工艺之精湛，更展现了丰富的宗教文化内涵（视觉中国供图）
❷ 教堂门前广场北侧，圣若瑟纪念亭静静矗立，圣若瑟在世时为一名木匠，象征着劳动者的朴实与坚韧，他手抱圣童，面露慈祥的笑容，仿佛在诉说着无尽的温柔与关爱（张埱摄影）

193

清朝末年，传统的科举考试被废除，西方的教育体系被引入国内，清政府遂在北京创办京师大学堂。1912 年，中华民国政府将京师大学堂更名为北京大学。北京大学红楼位于东城区五四大街，建成于1918 年，当时是北京大学一院（包括校部、图书馆及文科教室）的院址，因用红砖建造，故称北大红楼。1952 年，全国高校院系调整，北京大学迁至西郊燕园。

"红楼"坐北朝南，地下一层，地上四层，建筑面积约一万平方米。砖木结构，为简约的西洋古典风格。底层青砖墙，以宽壮的水平线突出其厚重感。二层至四层镶以红砖，沉稳又兼鲜艳，楼窗饰青砖窗套，丰富了色彩及造型。门厅北部为主楼梯，两侧各有一梯道通往楼后院中。中华民国政府为北京大学聘请严复、蔡元培等社会贤

达为校长，并聘请一批著名学者，如黄侃、辜鸿铭、钱玄同、马叙伦、陈独秀、胡适、李大钊、鲁迅等作为教授，使北京大学成为中国现代新思想、新文化的发源地。1919 年北京爆发五四运动，"红楼"及其楼后的"民主广场"，就是大游行的出发地，以北京大学的师生作为主体的著名爱国运动，此后迅速遍及全国。1937 年北平沦陷之后，红楼被日寇宪兵队占用，其地下一层曾被用作囚禁爱国人士的监狱。

在中国近代，随着帝国主义洋枪洋炮的侵入，西方的文化也传播到中国，并且产生了越来越大的影响。最初影响较大者，有赫胥黎的《天演论》，主张"物竞天择，适者生存"。此后，则有马克思主义传入中国，给中国革命带来了理论思想。而北京大学，也就成

194

❶ 1918 年 6 月，北京大学文科哲学门第二次毕业合影，前排左五蔡元培、左六陈独秀（李哲供图）
❷ 北大红楼是新文化运动的重要营垒，在这里，以陈独秀、李大钊、鲁迅等为代表的一批知识分子，高举民主和科学大旗，掀起轰轰烈烈的新文化运动（视觉中国供图）
❸ 1916 年 12 月，大总统黎元洪签发任命状，由蔡元培出任北京大学校长（视觉中国供图）
❹ 1918 年北大红楼落成，时代为北大红楼这座历史建筑赋予了新的含义（视觉中国供图）

❶

新文化运动时期主要思想学说
Major schools of thought during the New Culture Movement
❷

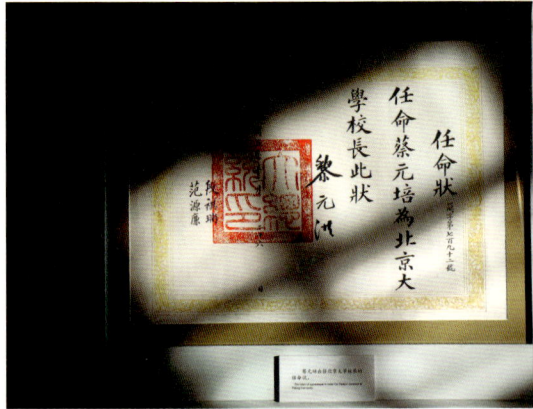
任命状
学校长为北京大
任命蔡元培为此状
黎元洪

为中国传播马克思主义的前沿阵地，并且出现了一批如李大钊、陈独秀、毛泽东这样的领袖人物。1961 年，北京大学红楼被列为第一批全国重点文物保护单位。2000 年以后，红楼被设为新文化运动纪念馆，一楼设有曾在这里工作过的李大钊和毛泽东的纪念室。

❶ 北大红楼旧址东侧，有一片绿草茵茵的小广场，船帆形状的新文化运动纪念碑就矗立于广场中间（视觉中国供图）

❷ 旧址一层西头靠南的第二阅览室，是毛泽东 1918 年至 1919 年在北大图书馆担任助理员时工作的地方，当时他管理 15 种中外报纸，每天负责登记新到的报刊和前来阅览者的名字。如今仍可从中认出傅斯年、罗家伦等新文化运动的头面人物的名字（视觉中国供图）

❸ 旧址一层东北角复原的"五四游行筹备室"，旗帜宛然，条桌整齐，五四运动前夕，北大学生在这里准备游行时需要的旗帜、标语，北大学生领袖罗家伦在此起草《北京全体学界通告》（视觉中国供图）

原北京大学红楼的西角上，即旧称沙滩的路口，从这里往北走，路西不远处有"沙滩后街"，胡同中部路北，现在 45 号、47 号的位置，是今天的"人民教育出版社"，这里即是"京师大学堂"的旧址。

清乾隆帝四女儿和嘉公主——民间都知道这女儿手指间有蹼相连，所以俗称她为"佛手公主"，通惠河大通桥外的"二闸"有她的墓地——沙滩北边的这块地界就曾是"佛手公主"的赐第。这公主府荒闲了多少年以后，光绪二十四年（1898 年）被重新启用，光绪帝在康、梁等维新派的推动下，决意变法，施行新政，将此处改为京师的第一所大学。按照清政府制定的《京师大学堂章程》"中学为体，西学为用"的办学方针，既要继承中国传统的文明，又要引进西方资本主义文明和近代科技文化，成为这座"京师大学堂"的基本特色。"帝师"孙家鼐被聘为首任"管学大臣"，他修复公主府中旧房 340 余间，又新建校舍 130 余间，又将原"官书局""译书局"划归进来，对课程设置、入学资格、学生考核、管理体制等各做出规定，树筚路蓝缕的开创之功。

198

庚子事变致使京师大学堂的改革中断，光绪二十八年（1902 年）礼部侍郎张百熙受"管学大臣"，组织制定了《钦定大学堂章程》，促中国近代高等教育续有推进。光绪三十一年（1905 年），大学堂选址德胜门外的旧武举会试操场，确定建立侧重博物学的分科大学（拖延数年建成，今东城区安德里北街 21 号尚存部分遗迹，已被列入第六批全国文物保护单位）。

沙滩北的京师大学堂基本上保留着原"四公主府"中、东、西的格局。主轴线上有一座五开间的大殿（后寝殿）。东路，南端是文科教学楼，呈正方形，二层砖木结构，四面中央各设一进楼门，十字交叉的走廊将平面划分为每层四间的方形教室。东路中间为教学楼。中路北端是"工字楼"。西路上保留有五进的四合院。再西有平房 15 排，是 1904 年建的学生宿舍。大院的东部和北部还可找到残存的府墙段落。

1911 年，京师大学堂改成北京大学。如果有机会在今日的人民教育出版社内转一下，对中国近代教育的历史可作一充分的领略。

❶ 1900年，北平京师大学堂藏书楼前的教职员工合影（李哲供图）
❷ 这里曾是中国近代第一所国立综合性高等学府京师大学堂的重要组成部分（视觉中国供图）
❸ 一方古典雅致的京师大学堂木质牌匾，静静地挂在古老的学堂门口（视觉中国供图）
❹ 如今的京师大学堂旧址，岁月流转，依旧古朴沧桑（视觉中国供图）

中法大学位于北京城市中心区东黄城根，往南再西侧便是北大红楼。这所只开办了三十年的大学，创办于 20 世纪初的留法勤工俭学运动时期，其前身是民国初期蔡元培等发起组织的留法勤工俭学会创办的法文预备学校。1920 年改称中法大学西山学院，首任校长蔡元培，原校址在西山碧云寺。1925 年文科迁至东黄城根，成为中法大学校本部所在地。

中法大学是中国高等教育史上一所非常有影响力的大学，曾培养出陈毅、聂荣臻、潘玉良、吴祖光、杨沫等优秀毕业生。大学创始人是李煜瀛（石曾），1912 年李先生等人发起、建立了留法俭学会，通过法国议员穆岱，在法议会提议退还中国庚子赔款，用来支持中国的教育和文化事业。提议获得通过后，庚款中的一大部分投入到中法大学的建设中。1920 年中法大学成立，李煜瀛任校董会董事长，聘蔡元培为校长，大学设立四所学院，以法国四位大文豪、

科学家命名，分别为伏尔泰学院、孔德学院、居里学院、陆谟克学院，以后改称文学院、社会科学院、理学院和医学院。

蔡元培是我国著名的民主革命家、教育家。1917 年就任北京大学校长。对北大进行了一系列改革，实行"思想自由，兼容并包"的办学方针，提倡学术民主；支持新文化运动；改革学校体制，实行教授治校；对学生倡导德、智、体、美全面发展。他的这些改革措施，对中国近代教育产生了深远的影响。蔡元培还广为网罗人才，新旧并蓄，聘请国内第一流学者到北大任教，有陈独秀、李大钊、胡适、沈尹默、钱玄同、马幼渔、马叔平、沈士远、朱希祖等一大批教授，其中大部分都到中法大学授过课。

中法大学也完全是按照蔡元培的教育思想兴办起来的，除四所学院外，还有镭学研究所、药物研究所、理工调查所、商业专科学校。当时办学还认为，改革教育应从中小学教育入手，这是教育

200

❶ 20 世纪 20 年代，中法大学旧影
❷ 中法大学校领导合影，前排左起第五位是蔡元培
❸ 中法大学学生在做实验

❹ 进入主楼，最抢眼的莫过于笔直走廊上两列对开的墨绿色木门，一间间的教室和办公室分列南北，仿佛也被岁月烙下了深深的印记（张埭摄影）

❶

❷

的基础，所以还建立了中法大学附设中小学数所，其下有孔德学校、温泉中学、温泉女子中学、西山中学、西山小学、温泉小学和一所幼儿园，从而形成了从幼儿园到小学、初中、高中、大学、研究部、海外部等一套完整的教育体系。所有学校均实施"读书与实践相结合"，"教"与"育"并重，"德、智、体、美全面发展"的方针。此外，中法大学还建有化工厂、铁工厂和碧云寺、温泉、西山三处农场，供学生实习之用，甚至还建立了西山疗养院和温泉疗养院。由此可见，中法大学从校舍、图书、仪器、设备到后勤均极完备。大学部的教职员有一百五六十人，多为自欧美学成的"海归"，还时常聘请社会上的名教授来校授课，并与法国里昂中法大学互派教师和留学生。

从 1920 年建校至 1950 年结束，建校三十年间，中法大学始终贯彻执行首任校长蔡元培的办学方针"学术思想自由，兼容并包"，坚持"民

主、科学"的精神。中法大学这种民主自由的教育方针，培养了学生的爱国主义和进步思想，校内政治活动较为自由，师生爱国民主运动活跃。1949 年中华人民共和国成立后，中央人民政府教育部接管了中法大学，更名为"国立北京中法大学"。

❶ 中法大学旧址，西式结构与中式瓦顶巧妙融合，历经沧桑岁月，院内建筑及设施保留完整、风貌依旧（张埭摄影）
❷ 棕色长条桌上，白色台灯发出柔和的亮光，双开门的书柜里，各类著作满满当当，马克思撰写《资本论》的场景在这里被精心还原（张埭摄影）
❸ 旧址内如今开辟出了部分空间，作为"闲廊"咖啡馆，供访客休憩，法式的装潢设计，宁静且私密（张埭摄影）

嵩祝寺位于东城区嵩祝院北巷 23 号，在故宫的东北角，是北京大型的藏传佛教寺院之一。这里原为明代的汉经厂和番经厂遗址，厂内曾是内官遇藏传佛事在番经厂念诵梵经、或释教在汉经厂念诵佛经的地方。清雍正十一年(1733 年) 建寺，为蒙古活佛章嘉呼图克图的宗教活动场所。雍正十二年（1734 年），在原番经厂的基础上改建了一座属寺"法渊寺"。乾隆二十一年（1756 年），嵩祝寺西侧添建了一座属寺，乾隆敕赐"智珠寺"。

清代，包括智珠寺在内的嵩祝寺、法渊寺建筑群自建成起即为章嘉活佛在北京的驻地。因为清廷对藏传佛教的重视，这里也逐渐成为清朝宫廷的一个组成部分。民国时期，章嘉活佛仍居住于此。

嵩祝寺与智珠寺东西并列。嵩祝寺坐北朝南，分中、东、西三路：中路有五层殿宇，由南向北依次为山门三间，山门内左右的钟鼓楼，天王殿三间，正殿五间，宝座殿五间，藏经楼七间。现山门至天王

殿有部分被拆除。东路为配房、佛堂、经房等。西路主要为喇嘛住房。

智珠寺坐北朝南，共有六重殿宇。第一进为山门和钟鼓楼，第二进为天王殿，第三进为重檐四方殿，第四进为净身殿，第五进为后殿，殿后有二层楼，两侧建有配殿和廊庑，规模浩大，结构严整。20 世纪 50 年代，智珠寺建筑群停止宗教活动。2008 年，智珠寺建筑群得到了保护与修缮。如今的智珠寺重新焕发了光彩，成为集文物保护单位、餐饮、艺术展览于一体的创意文化场所。

以嵩祝寺北门为起点，向北出发便是钟鼓胡同，因与明代二十四衙门之一的钟鼓司关系密切而得名。钟鼓司每天与宫廷内的音乐、歌舞、戏剧"打交道"，掌管皇帝上朝时鸣钟击鼓以及演出内乐、传奇、过锦、打稻等杂戏。

嵩祝寺的西北角是纳福胡同和腊库胡同。纳福胡同，明内府供应库设此，专门为二十四衙门的宦官们提供粮食；民国初年京兆尹

❶ 昔日的皇家御用印经地与活佛居住地，今朝焕新颜，步入其间，一群蹲坐的禅师雕塑，生动有趣，引人深思（视觉中国供图）
❷ 池塘水面之上，莲叶铜塑悠然，为炎热夏日带来一抹清凉（视觉中国供图）

❸ ❹ 在中式美学的寺庙里，静静地待上半日，坐禅垫、品香茶、习瑜伽、看夕阳，质朴中蕴含优雅，行者至此，物我两忘，心旷神怡（视觉中国供图）

❺ 如今的智珠寺，虽钟楼鼓楼已不复存在，但山门殿和正殿依然屹立，轻声诉说着过往的历史与回忆（视觉中国供图）

薛笃弼将"内府"谐音为"纳福",取吉祥之意。在明内府供应库的周边,还设立了蜡库、织染局、火药局,也都唤作了胡同名称,从纳福胡同一路向北走就可以依次经过这些胡同。

吉安所右巷、吉安所左巷、吉安所北巷,这三条胡同的得名,全都是因古代一个叫"吉安所"的机构而来。吉安所,在明朝便是司礼监太监办公的地方,司礼监作为明代宦官十二个衙门中最有权势的一个,有着"第一署"之称。到了清朝,吉安所改称"吉祥所",同时,其用途也被完全改变。《京师坊巷志稿》里提到"吉祥所,凡宫眷薨逝,殡于此"。这里成为宫眷死后停灵的处所。民国时将吉祥所改回吉安所,吉安所左右即是东西巷,也有北巷,唯独没有吉安所南巷。这是因为原来大院的南墙背靠民宅,没有过道,这些民宅的街门都是向南开的,形成另外一条小巷:三眼井胡同。毛泽东1918年第一次到北京时即居于三眼井胡同,他在这里组织了湖南留法勤工俭学并开始研读马克思主义经典著作。

大高玄殿在今西城区三座门大街23号，明嘉靖二十一年（1542年）建，是明清两代皇家的道观，后世多有修缮。殿坐北朝南，呈南北向长方形。殿前东、南、西原各有精美牌楼一座，其上各嵌匾额，其南面牌楼临于紫禁城筒子河北岸。牌楼围合的空间原东南角、西南角各有一座习礼亭——可以视为紫禁城角楼的"缩小版"。在紫禁城西北角望大高玄殿，眼前是凌翘的角楼和清澈的筒子河水，中间是大高玄殿三座牌楼和两座玲珑的习礼亭，背景为错落的景山五峰——这是老北京一幅极致优美的景观。可惜20世纪50年代牌楼（后来复建了南面一座）与习礼亭相继拆除了。大高玄殿正面有两重绿琉璃仿木结构券洞式三座门，门后为过厅式的大高玄门，大高玄门前原有旗杆（现仅存石座），后有钟鼓楼。正殿名大高玄殿，面阔七间，重檐黄琉璃筒瓦庑殿顶，前有月台，左右配殿各五间；后殿

大高玄殿

Dagaoxuan Temple

名九天应元雷坛，面阔五间，两旁配殿各九间。现存主要建筑自垣墙所开辟的三座门，护以石栏，内有大高玄门、钟鼓楼、东西配殿、大高玄殿、九天应元雷坛、庑殿，最后是一座象征天圆地方的两层楼阁"乾元阁"，圆攒尖屋顶，覆以蓝琉璃瓦，象征天；下为"坤贞宇"，方形，覆以黄琉璃瓦，象征地。明代文士蒋一葵著《长安客话》中载入杨四知咏《高玄殿诗》："高玄宫殿五云横，先帝祈灵礼太清。凤辇不来钟鼓静，月明童子自吹笙。"

❶ 1900年，大高玄殿西侧牌楼旧影（视觉中国供图）
❷ 大高玄殿习礼亭旧影（视觉中国供图）
❸❹ 大高玄殿曾经是明清皇家御用道场，殿内彩绘、藻井尽显尊贵与辉煌（荀潇摄影）
❺ 大高玄殿的乾元阁，素有"小天坛"之称，阁内的金龙藻井，富丽堂皇，象征皇权至高无上（张埭摄影）
❻ 红墙掩映下的大高玄殿，静默而神秘（刘明月摄影）

◎ 北海

北海公园位于西城区文津街 1 号，与故宫博物院、景山公园为邻。北海园林始建于金大定六年（1166 年），距今已有近 860 年的历史，是中国现存历史最悠久、保存最完整的皇城御苑。它集皇家园林、文人园林、寺庙园林、风景名胜之大成，全面地反映了中国古代造园艺术成就，代表了中国古典皇家园林最高的造园技艺水平。1961 年，北海公园被公布为第一批全国重点文物保护单位。

北海地区原为古代永定河的故道，河流迁移之后，残余的一段河床积水成湖，并有发源于今紫竹院湖泊的高梁河支流灌注其中。有研究认为，从很早的时候起，附近居住的劳动人民就已经利用这一带湖泊，经营水田、种稻植荷，开辟出一片江南水乡般的秀美景色。宋人潘自牧在《纪纂渊海》中形容"海子……汪洋如海，中有芰荷凫鸥可玩"，足见这里风景优美，为北海园林后来的开发创造了很好的自然条件。

金大定六年（1166 年），金世宗开始在中都城东北郊（今北海公园一带）营建太宁宫，金大定十九年（1179 年）建成。北海园林为太宁宫重要部分，太宁宫充分利用当地优越的自然地理条件，依照"一池三山"的传统皇家园林的格局来规划设计，用挖太液池的泥土堆筑土山，象征蓬莱、瀛洲、方丈等仙山。太宁宫围绕着太液池而建，池中坐落着三座仙山，沿岸有大量的宫殿。琼华岛是太宁宫内的主要景区，岛上遍植松柏，玲珑剔透、千姿百态的太湖石点缀其上。金末道士丘处机在《琼华岛七言诗》中形容它"苍山突兀倚天孤，翠柏阴森绕殿扶……乔松挺拔来深涧，异石嵌空出太湖"。元人陶宗仪形容道："其山皆叠玲珑石为之，峰峦隐映，松桧隆郁，秀若天成。""太液秋风"和"琼岛春阴"在金明昌年间就各被列为"燕京八景"之一。根据《金史》记载可知，金章宗在位期间每年都到太宁宫游幸避暑，每次居住时间长达四个月，并在这里处理政务、接见朝臣、举行御试等。

元代至元年间，忽必烈建设一座新的都城——元大都。琼华岛及其所在的湖泊被划入大都皇城之中，成为皇城御苑。1260 年忽必烈初到中都，就驻跸在太宁宫琼华岛，并在中统三年至至元三年（1262—1266 年）间，对琼华岛进行了大规模的扩建与修葺，将

❶ 20 世纪 30 年代，身着旗袍的时髦女郎在北海公园留下倩影
❷ 走进北海公园南门，永安桥映入眼帘，石桥横跨太液池，将南岸团城与琼华岛紧紧相连，共绘一幅秋色画卷（刘海摄影）
❸ 晴空下的北海白塔，外形雄浑，通体洁白，备显庄严和圣洁（刘海摄影）

③

琼华岛易名"万寿山",又称"万岁山"。在万岁山上重建广寒殿、添加太湖石,又添建了大量的楼台亭阁。正如词人所作:"玉虹金露峙西东,广寒高殿四面风""月宫小殿赏中秋,玉宇银蟾素色浮"(明·朱有燉《元宫词》)。至元二年(1265年),渎山大玉海成,"敕置广寒殿"。至元三年(1266年),为忽必烈专用的"五山珍御榻"制成,也放在琼华岛广寒殿中。万寿山上不仅栽植大量的奇花美树,且有技艺高超、匠心独运的人工水景,词人曰"万岁山临太液池,一湾流水注蟠螭。"(《元宫词》)修缮后的万岁山按照元帝长期驻跸的要求营建,苑内的广寒殿为元帝接见朝臣外使的地方,有时又在此做佛事。此后又陆续修建了供元帝居住的寝殿及附属的庖室、浴室及后妃们使用的胭粉亭,各种设施一应俱全。元世祖忽必烈在大都皇城建成以前,长期在苑中居住并处理政务,举行皇家典礼,发布政令。

明代,明成祖朱棣于永乐年间下诏迁都北京。北海园林成为明皇室游幸、读书的重要场所,明代一些大臣和文人学士也曾得到明帝赏赐,游览园林并留下过很多游记。清代曾对北海园林进行大规模修缮与扩建。特别是乾隆时期,进行了长达38年的营建,规模巨大、工期漫长、耗资无数,使北海园林的发展达到鼎盛时期,奠定了此后北海园林的规模和格局。

太液池东岸建有两座园中之园——画舫斋、濠濮间,并且在园中东北角设先蚕坛。画舫斋建于清乾隆二十二年(1757年),根据欧阳修的《画舫斋记》而造其形,得其名。其内景致典雅,一步一景。清代的画舫斋不仅作为皇家游赏之处,更兼具阅兵赛箭、君王求学、戏曲宴饮等诸多功能。1925年北海公园开放以后,北海公园董事会选定此处作为董事会会址。中华人民共和国成立后，画舫斋逐渐成为举办书画展览的一处胜地。画舫斋南侧是濠濮间，"濠濮"典出《庄子·秋水》，濠指濠水，濮指濮水，寓意闲适无为、自得山水之乐的隐士风雅。濠濮间景区建于清乾隆二十二年（1757 年），包括宫门、云岫厂、濠濮间、曲桥及石坊等。北海园区的东北角濠濮间与画舫斋的北边，有乾隆年间建造的先蚕坛建筑群，是皇后行亲蚕礼仪的地方，坛台已经无存，现仅存坛门和围墙等建筑。

北海公园北岸同样遍布着人文古迹。走到园区北岸，可以先后游览静心斋、西天梵境、九龙壁、快雪堂、铁影壁、阐福寺、小西天、五龙亭等地点。

"静心斋"原名"镜清斋"，始建于乾隆二十二年（1757 年），为太子读书之处，后来因乾隆帝也常在这里修身养性，故又称"乾隆小花园"。

斋内亭台楼阁围绕着荷池构建，四周堆叠太湖石，景色颇为壮观。光绪十一年（1885 年），慈禧挪用海军军费增修了斋内建筑，将铁路引入北海，在斋门口设立小火车站。1900 年，车站被八国联军毁坏。1913 年，静心斋维修后成为北洋政府宴请外国使节的场所。

"西天梵境"原名"大西天"，建于明代，清乾隆二十四年（1759 年）重修后改为今名。山门前有一座精美的琉璃牌坊，门内为天王殿和大慈真如宝殿，其中大慈真如宝殿独具特色，大殿为棕褐色，整体的木结构全部采用金丝楠木建造，是中国现存明代建筑的精品。殿内供奉三世佛和十八罗汉像。

❶ 盛夏时节，北海白塔掩映于琼华岛的绿荫之中，古木参天，白云缭绕（吴超英摄影）
❷ 中国三大九龙壁中唯一一处双面九龙壁，气势恢宏，栩栩如生（视觉中国供图）

九龙壁位于西天梵境的西面，是北海最著名的琉璃建筑。这座九龙壁是明万历皇帝生母李太后所造。她笃信藏传佛教，在北海建大西天经厂，专门从事译经、印经。为了"镇住火神"，预防经厂失火，就在经厂门前筑起了这座有蟠龙和海水的影壁。影壁高5.96米，厚1.60米，长25.52米。通体采用彩色琉璃砖砌成，两面各有九条彩色蟠龙。除此之外，壁的正脊、垂脊、筒瓦、滴水等处，以及多彩斗拱下面也有许多条龙，大大小小总共有635条龙。

除了上面说的九龙壁，北海公园内还有一面"铁影壁"和龙有关。它位于九龙壁南边的澄观堂西侧，长3.56米，高1.89米，壁身由一块中性火山块砾岩雕成，双面雕刻有麒麟和云纹，因色彩和质地像铁，故称铁影壁。铁影壁为元代所造，原为元大都健德门外一古庙前的影壁。明初由于北京城的北城墙向南移动，因此，被移动到德胜门内护国德胜庵前（今铁影壁胡同内）。1947年铁影壁被移至北海公园现在的位置，

1986年从铁影壁胡同找回原来的基座得以复原。

快雪堂位于北海公园的北岸，在阐福寺的东侧，现为快雪堂书法博物馆。快雪堂是一座皇家三进院落，从前到后分别为澄观堂、浴兰轩、快雪堂。最初为两进院落，乾隆四十四年（1779年），乾隆皇帝得到元代书法家赵孟𫖯临摹晋代王羲之《快雪时晴帖》石刻，为了更好地收藏，他特命人增建了金丝楠木殿，取名为"快雪堂"。其东西两廊内壁上镶嵌的石刻，就是著名的"快雪堂石刻"，共48方。

阐福寺原是明代太素殿北面的行宫，是帝后们避暑和游乐的地方。乾隆七年（1742年），曾作为先蚕坛的蚕馆。乾隆十年（1745年），仿河北正定隆兴寺将此处改建为藏传佛教寺庙，赐名为"阐福寺"，是北海规模最大的一处庙宇。阐福寺不仅是清代皇家进行佛事活动的重要场所，而且是皇帝祈福的地方。自乾隆皇帝开始，历代清帝在每年农历十二月初一，都要在阐福寺内举行"书福"盛典，包括祈福、书福、送福、迎福四项仪式，以此祈求"苍天赐福"。1919年，阐福寺发生大火，仅存天王殿、钟鼓楼和两块石碑。20世纪80年代，这里被辟为北海植物园，每年举办菊花、月季和盆景、根雕等展览。

太液池西北岸边有建在水中的五座凉亭，称"五龙亭"。五龙亭始建于明嘉靖年间，到清乾隆年间时已经多次进行补建修整。正中间亭最大，左右两侧四亭相互对称，依次略小，从东起五亭名曰：滋香亭、澄祥亭、龙泽亭、涌瑞亭、浮翠亭；由七座石桥连接，把五座亭子以及各自同湖岸系在一起。

小西天始建于清乾隆三十三年（1768年），是乾隆为其母孝圣皇太后祝寿祈福而建的。主体建筑为极乐世界，总面积达1200平方米，是中国最大的方亭式宫殿建筑。大殿为方形攒尖顶，四面各有琉璃牌坊一座，四角各有一座小方亭，正南面有一道月牙河，上架一座雕石桥，整体建筑气势磅礴，雄伟壮观。

❶ 从小西天悠然东行，便抵达了掩映于桃花之中的阐福寺，相传慈禧太后常于年节到此拈香拜佛（视觉中国供图）

❷ 夜晚的五龙亭，流光溢彩，灯火点缀着古老的皇家园林，映漾在太液池之中，缥缈如仙境一般（视觉中国供图）

❸ 1965 年，北海公园五龙亭与泛舟民众旧影（视觉中国供图）

❹ ❺ 北海北岸最西端，有一处被称为"小西天"的皇家建筑群，与其主体建筑"极乐世界"殿相连的有四座石桥，每座石桥的尽头各有一座琉璃牌坊，象征着四大部洲（视觉中国供图）

◎ 团城

在北海公园的南门外，往西看，巍巍然环立着城墙呈圆弧形、上端设城堞垛口的一座砖砌小城，这就是游了北海、千万不该落下的团城。

北海、中海、南海，这是一般称为皇城里边的"内三海"，其中的南海是明朝初年挖成的。元朝时期，北海与中海总括叫"太液池"，团城那时又称"圆坻"，它在太液池中还是一个独立的小岛，"圆坻"与"万岁山"二百余尺距离由汉白玉石桥相连。明代进行改造，圆坻之东的水面被填实，遂造成半岛形态。原本的土垒高台，用城砖加以包裹，就形成了后来的"团城"。说团城小，这还真不是虚言，它的高度还不到5米，面积总共不到5000平方米，大约为十个篮球场大小。

进团城门沿坡道登上城台，最引人注目的是据元代"仪天殿"改造的"承光殿"，它呈正方形，四面各出抱厦一间，台基、月台、屋面砌黄绿二色琉璃瓦，内部供奉由整块白玉石雕琢的释迦牟尼佛坐像，庄重安详。额上悬慈禧御笔"大圆宝镜"，殿前为咸丰御笔楹联："九陌红尘飞不到，十洲清气晓来多。"立承光殿处，"北望山峰，嶙峋崒嵂。俯瞰池波，荡漾澄澈。而山水之间，千姿万态，莫不呈奇献秀于几窗之前"。这是清代文人高士奇在《金鳌退食笔记》中对在承光殿远眺所见的记录。

承光殿前有著名的玉瓮亭，元代曾置于琼华岛广寒殿的"渎山大玉海"，清时流落到西安门外的真武庙内腌咸菜，乾隆皇帝高价讨回安放于玉瓮亭之中。乾隆还曾在楼台上封姿态奇美的白皮松为"白袍将军"，遮阳如盖的古松为"遮阴侯"，这些都为团城增添了丰饶的历史感。

团城西南望，有长长的汉白玉石桥横亘于北海与中海之间，历史上桥东立"玉蛛"牌坊，桥西立"金鳌"牌坊，这金鳌玉蛛桥也与团城一起构成一幅绝美的画卷。

1961年，团城与北海公园一道被公布为第一批全国重点文物保护单位。

❶ 北海团城和白塔旧影
❷ 如今团城已成为北海南邻的"宝藏公园"（视觉中国供图）
❸ 北海团城之上，矗立着两棵御封古松，一棵威武雄壮，被誉为"白袍将军"，另一棵枝叶繁茂，曾为乾隆皇帝遮阴纳凉，因而得名"遮阴侯"（杨艳摄影）

从北海公园、团城向西，历史上曾有的玉蝀、金鳌两座牌坊下的汉白玉大石桥走下来，路北一座体量高大、气势宏阔的三开间琉璃瓦门让你不由地停下脚步，现而今的地址是"西城区文津街7号"，这就是"北平图书馆"旧址，今日被称为"国家图书馆古籍馆"。

"京师图书馆"创建于1909年，大藏书家、翰林院编修缪荃孙任监督（馆长），民国成立后蔡元培任教育部长，在教育部任职的周树人（鲁迅）分管位于什刹海后海北岸广化寺的图书馆充建与开放的事务。1915年，图书馆迁至安定门内方家胡同。1927年与"京师通俗图书馆"合并迁至宣武门内头发胡同原翰林院讲习馆。1928年迁至中南海，改称"国立北平图书馆"。1929年由丹麦建筑家莫律兰设计文津街新馆，很好地结合了中国传统建筑形式与西方许多新的建筑元素，又突出了图书馆的实用功能，1931年建成并对外开放。

文津馆坐北朝南，建筑面积约1.3万平方米，钢筋混凝土仿古建筑。主楼二层带前廊，配楼一层，楼间连以平顶连廊，书库在主楼后部，各楼均有半地下层。外观模拟清宫殿庑殿顶，绿琉璃瓦屋面，汉白玉须弥座式栏杆，斗拱梁枋施彩画。原立

于图书馆大门西侧有蔡元培撰文、钱玄同隶书的《国立北平图书馆记》的碑碣，后已移至馆内东楼之前。

游人到文津街图书馆，往往会对它的石雕装饰物感到好奇。大门口的一对大石狮，狮子工艺细致，扬颈低头，挺胸收腹，颇具气势。它们来自圆明园内长春园的东大门，经过1860年和1900年两次洗劫，它们侧歪在长春园门前的荒草中，后来在文津馆建造过程中就被运到了城里。

文津馆内一对挺立8米高的汉白玉华表格外引人注目。它们秀丽的柱身上盘绕飞龙，柱顶上横卧云板，再上边的圆形承露盘上踞坐着一只有象征意义的犼，样子与在天安门前后的华表极为相似。如果我们到北京大学游览，在其主楼前也会见到与文津馆内一样的华表。原来这四根华表都来自圆明园内的安佑宫，1925年建燕京大学时，其中两根被移至主楼前；1931年建文津馆时，又有两根被移至文津楼前。然而细观察，华表柱根部有八角形与圆弧形两种，原本应是严格分型"配对"的，但当年操作时疏忽，造成两处楼前的华表恰恰是错型组合了。面对这一现状，我们只好发出历史的感叹！

文津馆主楼前那对大石狮子，原本在位于朝阳门内烧酒胡

同康熙帝第五子的恒亲王府门前，1931年建北平图书馆，这对石狮经朝阳门大街—猪市大街—弓弦胡同—汉花园—马神庙—景山东大街—地安门—厂桥—养蜂夹道，辗转着来到了图书馆大楼。门口的石狮与楼前的石狮两相对照观看，是一个难得的机会。

今日的国图古籍馆，以藏中国古典版本为主，大量的地方志类图书集中于此，堪为这类书的一大宝库。馆内设阅览室，读者可现场借阅，十分难得。

❶ 1931年6月25日，国立北平图书馆文津街新馆举行落成典礼

❷ 国家图书馆古籍馆（北平图书馆旧址），继承了宋、元、明、清时代皇家部分藏书，以清内阁大库、翰林院和国子监藏书为基础，陆续收入了《四库全书》《敦煌石室》等珍贵刻本及一些著名私家藏书（张祎婷摄影）

❸ 步入红色古典大门，庭院开阔，环境疏朗，两侧华表矗立，正对着的绿色琉璃瓦建筑便是图书馆的主楼（李玉谦摄影）

❹ 主楼造型仿清式大殿楼阁，端庄凝重，古朴典雅（视觉中国供图）

环天安门广场—前门大栅栏探访路线示意图

注：▬▬▬ 探访路线

N

西长安街
南长街
南河沿大街
东长安街
王府井
东单北大街
东单
建国门内大街
建国门

天安门

人民大会堂
国家博物馆
天安门广场

西新华街

西交民巷

古观象台

正义路
台基厂大街
崇文门内大街

东交民巷

明城墙遗址

和平门
前门西大街
前门(正阳门)
前门东大街
崇文门西大街
崇文门
崇文门东大街
东便门桥

煤市街
北京坊
前门大街
前门东路
西打磨厂街
草场三条

延寿街
杨梅竹斜街
铁树斜街
大栅栏西街
大栅栏
鲜鱼口街

前门
三里河地区

珠市口
珠市口东大街

218

东交民巷

西交民巷

大栅栏

前门三里河地区

明城墙遗址

古观象台

第七章 \

环天安门广场—前门大栅栏探访路线

Chapter 7:

Around Tian'anmen Square-Qianmen
Dashilan Visit Route

　　此探访路线之所经,均位于北京市核心区域,历史文化含量极为丰富,当今现状仍很是繁华。

　　东交民巷,现存诸多使馆及银行建筑,是北京硕果仅存的20世纪初西洋风格建筑群,既是欧美折中主义风格之"活化石",也是中外交流、相互借鉴之代表性成果,更是中国近现代历史进程之重要史迹。见证着古老中国打开国门,走向世界,安危荣辱,步履维艰之历历征程。西交民巷,作为近代北京金融街,见证了中国近代银行业与国民经济的百年沧桑。如今,西交民巷中的大陆银行旧址、保商银行旧址、中国农工银行旧址、中央银行旧址等,构成了完整的"西交民巷近代银行建筑群",吸引着来自世界各地的游客来此观光游览。大栅栏,是北京前门外的一条著名商业街,历经明、清、民国、新中国四个时期,屡蹶屡起,繁华依旧,其丰厚的历史积淀与馥郁的商业气息,是市民文化浓缩升华之宝地。前门三里河地区,旅馆、票号、商铺、会馆、饭庄、邮局、药铺、医院等,鳞次栉比,五花八门,徜徉其中,辄生时空穿越之感,尽发怀古思今之情。明城墙遗址公园,依托北京劫后余生之城墙遗存,巍峨雄姿得以重现,已成广大市民重要休闲场所,亦是外地访客驻足、网红争相"打卡"之地。北京古观象台,在国内外享有极高声誉,诸多外国元首、政府首脑、高级官员与科学界同行,曾慕名前来考察参观者不可胜计,向观众展示着中国古代光辉灿烂的科技成就及前辈天文学家孜孜不倦的求索历程。

现在,我们是处于正阳门地区,东边东交民巷,西边西交民巷,约七十年前,这地点稍向北,是有座"中华门"的。1903年,近四十岁的齐白石第一次到北京,曾来过这座门(那时叫"大清门")前,他的日记里曾记载这一天的遭遇。白石老人家当年的记录,我们特意翻检出来提供给读者,能想象出大家今天读,心里一定会不平静:

游至大清门,车马如蚁,拥不可进,车尘万丈,目不能稍开。余立片刻,纷纷无可名状。但见洋人来去,各持以鞭坐车上。清国人车马及买卖小商让他车路稍慢,洋人以鞭乱施之。官员车马见洋人来,早则快让,庶不受打……

东交民巷，位于北京市东城区。其西起天安门广场东路，东至崇文门内大街；南与前门东大街相邻，北与大华路、兴华路相通。全长1552米，宽16米，是北京胡同长度之冠。

明初，称江米巷。据《明宣宗实录》载："宣德十年（1435年）夏四月辛酉，造江米巷石桥。"据传，此地曾是出售江南糯米之处，而北方人将糯米称作江米，胡同因此得名。明嘉靖三十九年（1560年）张爵撰《京师五城坊巷胡同集》，东江米巷与西江米巷（位于今西城区，隔北京中轴线，对称相望）已名列其中；清因之。至宣统时，改称东交民巷，沿用至今。1965年，北京市公安局开展地名整顿，将汇丰夹

①

道、大华街、三官庙、公安部后街并入，统称东交民巷。

遥想当年，明廷曾设四夷馆于此，属重要翻译机构，且负责接待来自安南、蒙古、朝鲜、缅甸等四个藩属国之使节。清承明祚，改四夷馆为四译馆，设译字生、通事若干人，专司翻译、接待外国使节及除汉语外之各语种教学。1856年，第二次鸦片战争爆发，清廷战败，于1860年与英、法、美、俄等四国分别签订《天津条约》，允各国在北京设立公使馆。条约签订后，英国公使于翌年率先入驻东江米巷淳亲王府（当时俗称梁公府），法国公使正式入驻安郡王府（当时名曰纯公府），美国公使进驻一美国公民位于东江米巷之私宅，俄国公使则入驻清初建于此地之东正教教堂——俄罗斯馆。随后，各国公使馆均选择东交民巷一带营造馆舍。

淳亲王府，原为康熙帝七子允祐府第。据清昭梿撰《啸亭杂录》载："淳亲王府在玉河桥西岸。"《顺天府志》载："王讳允祐，圣祖

❶ 清末，东交民巷使馆区旧影（李哲供图）
❷ 花旗银行旧址，现为北京警察博物馆（视觉中国供图）
❸ 日本公使馆旧址，原为肃亲王府（刘伟良摄影）
❹ 法国邮政局旧址（张堞摄影）

❺ 法国使馆旧址，原为纯公府（视觉中国供图）
❻ 雨后的东交民巷，老屋与层云相映，游人走走停停，感受历史与现实的交融（视觉中国供图）

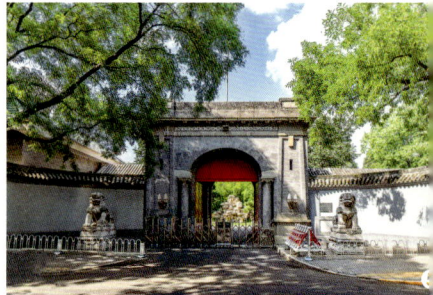

②

③

④

七子,谥曰度。故俗称'梁公府'。今废为英国使馆。"依清例,恩封王公袭爵,世降一等。至其裔孙奕梁袭爵时,已降至镇国公,故有"梁公府"之名。淳亲王府建筑布局为三路。中路是宫殿式绿琉璃瓦顶建筑群,有大门一座,五间前后廊歇山顶建筑,中启三门,檐下五彩重檐斗拱。分前殿后寝二进院落,前院为王府大殿五间,周围围廊,歇山顶覆绿色琉璃瓦。大殿内为井口天花,中绘团龙图案,精致非常。东西各有翼楼一座,属五开间硬山顶建筑,带前廊。东路原有建筑,今已不存,现存原英国使馆时期所建官邸一座,为二层砖木结构楼房。西路原为花园,现存改建四合院一所及增建英式楼房。

梁公府位于清朝翰林院衙署以南。在乾隆《京城全图》中,此处尚为一片空地,然而允祐在康熙年间已封王,最初府第应在他处;乾隆中后期,方在此建府。其格局与东单北极阁宁郡王府极为相似,属清代王府典型格局。梁公府现由国家部委使用,为北京市重点文物保护单位,游客只能于正义路隔墙而望。

时至 1900 年《辛丑条约》签订后,东交民巷已有英国、法国、美国、俄国、德国、西班牙、意大利、奥匈帝国、比利时、荷兰、日本等十一国相继设立使馆,中国与世界各国之官方交流,在这里正式拉开序幕,并一步步迈上高阶。

六国饭店,位于东交民巷核心区,其前身,是比利时商人麦克尔于 1901 年在清太仆寺旧址上出资建造的一座国际酒店。据陈宗蕃 1930 年所著《燕都丛考》载:"昔日之太仆寺,今为六国饭店、比国使馆地。"1905 年,因经营不善而自愿转让。旋由英国人牵头,重新募资,吸纳英、法、美、德、日、俄等六国资金,将原饭店推倒重建,从此得名"六国饭店",是北京城当时的顶级饭店。各国使节及随员、各界上流人士,多在此住宿、餐饮、交际、娱乐。传说中,交谊舞就是从六国饭店舞厅开始流行,并逐步风靡于北京上流社会的。民国初年,政坛动荡,此处还是下野军政要人避难之所。历

❶ 意大利使馆旧址,现为中国人民对外友好协会(视觉中国供图)
❷ 比利时使馆旧址,现为紫金宾馆(张祎婷摄影)
❸ 荷兰使馆旧址(张祎婷摄影)

①

经百余年岁月沧桑，记载着一段段沉甸甸的悲壮历史，发生过一幕幕惊心动魄的重大事件。

1949年，北平和平解放，中国人民解放军举行入城式，受阅部队曾于六国饭店门前通过；六国饭店也曾是第一届全国政协会议代表驻地。中华人民共和国成立后，改为外交部招待所，不幸受重创于1988年一场火灾。后经原地改扩建，现为华风宾馆，为三星级涉外酒店，其距天安门仅3000米，地位不言而喻。

东交民巷与多次爱国运动之爆发，有着密切关联。1915年，袁世凯为寻得日本人支持，派代表在东交民巷日本使馆内，签订"二十一条"，结果遭到举国反对，成为蔡锷、李烈钧等人发起"护国运动"的一条导火索。第一次世界大战结束后，于1919年召开巴黎和会，竟否决中国作为"战胜国"身份提交的有关"收回德国在山东之利益""废除'二十一条'""修改中外不平等条约，撤销外国军队及巡警、外国邮局及有线、无线电报机关、领事裁判权、租借地、外国租界、关税自由权"的提案。消息传回中国，引起国人激愤。北京三千余名学生于5月4日在天安门集会抗议，引发了伟大的五四运动。当天，游行队伍曾专程行至东交民巷，向各国使馆提交抗议书。民国时期，卷入复辟逆流的张勋与溥仪，都曾在东交民巷躲避。1926年3月，"三一八惨案"爆发，因遭北洋政府通缉，中国共产党重要领导人李大钊同志率中共北方区委秘密进入东交民巷苏联大使馆西侧的俄国兵营旧址，继续领导反帝反军阀的革命斗争。1927年4月6日晨，奉系军阀张作霖获知后，派鹰犬吴郁文带人逮捕李大钊同志及家人、学生等计数十人。1949年，北平和平解放，毛泽东主席曾明确指示，中国人民解放军入城式必须经过东交民巷。中国人民军队与各界民众第一次在这里扬眉吐气，昂首挺胸，出入自由。

中华人民共和国成立后，东交民巷也迎来新生。1950年1月6日，北京市军管会颁发布告，宣布收回在京外国兵营地产，征用兵营及其他建筑。与中华人民共和国建立正常外交关系的国家，陆续于东交民巷建立使馆。1959年，按中国政府安排，各国使馆先后迁往朝阳门外三里屯第一使馆区。东交民巷作为使馆区的历史，从此宣告结束。当今，坐落于东交民巷的原法国使馆、奥匈使馆、比利时使馆、日本公使馆、意大利使馆、英国使馆、正金银行、花旗银行、东方汇理银行、俄华银行、国际俱乐部及法国兵营、圣米厄尔天主堂等诸多历史建筑，均有幸存留，被统称为"东交民巷使馆建筑群"，属北京市仅存的20世纪初西洋风格建筑群，既是欧美折中主义风格之"活化石"，也是中外交流、相互借鉴之代表性成果，更是中国近现代历史进程之重要见证。

此时此刻，徜徉其间，睹物思人，抒发感慨，可谓"别有一番滋味在心头"。

❶ 正金银行旧址，现为中国法院博物馆（视觉中国供图）
❷ 圣米厄尔天主堂，是西方传教士在北京修建的最后一座天主教堂（视觉中国供图）

227

❷

西交民巷，东起天安门广场西南侧，西至北新华街，与长安街平行，中与羊毛胡同、前细瓦厂胡同、辇儿胡同、平安胡同、人民大会堂西路、兵部洼胡同相交，全长一千余米。西交民巷本与天安门广场东侧之东交民巷相连，明代统称"江米巷"，为北京城崇文门以西至宣武门以东的主干道，也是繁华商业街区、铺户聚集之地；诸多中央机构之衙署曾坐落于兹，例如中军都督府、左军都督府、右军都督府、前军都督府、后军都督府、太常寺、通政使司、锦衣卫等。

清末，银行业兴起，西交民巷及附近地区，属于当年"金融街"所在。辛亥鼎革，民国建立，银行业提速发展。诸多金融机构在西交民巷设立总行或分行，使该地区成为北京近现代中资银行聚集地，称"银行街"，可谓名副其实。时至今日，西交民巷街边仍保留着诸多旧时银行老楼，见证着这条古老街巷作为北京金融中心区之辉煌历史。

228

大陆银行北京分行旧址，位于西交民巷东口，1919年建立，创办者为谈荔孙。谈氏曾先后任中国银行南京分行经理、北京分行经理。大陆银行总行设在天津，北京分行开业时，行址选在前门外西河沿路南，后于西交民巷东口建造大楼。坐北朝南，在金城银行对面，1922年建成，1924年开始营业。由中国建筑设计师贝寿同设计，仿英国银行建筑，地上五层，地下一层，钢混结构，用三式划分，基座用大块花岗岩砌筑，上层檐口挑出，入口大门作重点装饰，三层拱门内嵌券柱，两侧镶贴科林斯式壁柱。楼顶方形钟楼上，覆穹窿顶四面钟，母钟连接子钟。楼内设施富丽堂皇，大楼营业厅有大理石柜台，楼顶镶嵌彩色玻璃，室内设备及家具，均为特制。大陆银行遗址建筑，是中国建筑师设计西方古典建筑水平较高的一座，也是中华人民共和国成立之前北京华资银行中，建筑最为豪华者。

北洋保商银行，创办于1910年。原为清理天津商人积欠洋商款项，维持天津华洋商务而设立，故名"保商"。1919年实现预期

目标，1920 年改组为普通商业银行，董事长为周自齐。此后，设立北京分行，行址最初设在前门打磨厂，后于西交民巷建造大楼，成为银行总办事处。属三层西洋式建筑，钢混结构，立面选用花岗石作希腊柱廊，檐口突出，坚固感十足，是现代银行建筑之典型。1949 年，中国人民银行从石家庄迁到北平，进驻西交民巷，各专业部门就在此地办公。1979 年，中国银行从中国人民银行分立，总部亦设于该楼。现为中国钱币博物馆。

❶ 1930 年，西交民巷东口，前面为"振武"牌楼和河北银行，后面的钟楼建筑为大陆银行
❷ 盛夏时节的西交民巷（张塽摄影）
❸ 户部银行旧址建筑坐北朝南，临街房屋面阔五间，墙面及屋顶为中式结构（视觉中国供图）
❹ 户部银行大门入口处的铁艺门窗，既蕴含着欧式铁艺的浪漫华贵，又沉淀着东方文化的厚重神韵，细节精致考究（视觉中国供图）
❺ 落日余晖下，光影婆娑的户部银行旧址（视觉中国供图）

1928年，国民政府设中央银行于南京，中央银行北平分行旧址，位于西交民巷东段，北平沦陷期间，由伪中国联合准备银行总行占用。抗战胜利后，升格为中央银行一等分行，并恢复营业。1949年，由中国人民解放军北平市军会金融处接收，转为中国人民银行总行办公用房。

清末，户部银行、大清银行总行设于原西交民巷27号，是一幢坐北朝南的二层楼，属中西合璧风格，是在中国传统建筑基础上，融汇西洋建筑风格而形成的早期折中主义建筑，其造型独具特色，门帘栏杆铁件，尤其抢眼，为此类建筑标志性造型。自清末户部银行起，其后之大清银行，民国时期中国银行总行、中国银行北平分行，中华人民共和国成立后中国人民银行总行、农业银行总行，都曾在此办公。这座大楼历经清代、民国与中华人民共和国三个时代，先后七十余年，堪称历史悠久。只可惜这座大楼今已不存，仅遗留部分残构，供后人观瞻回味。

作为近代北京银行街，西交民巷见证了中国近代银行业与国民经济的百年沧桑。如今，西交民巷中的大陆银行旧址、保商银行旧址、中国农工银行旧址、中央银行旧址等，构成完整的"西

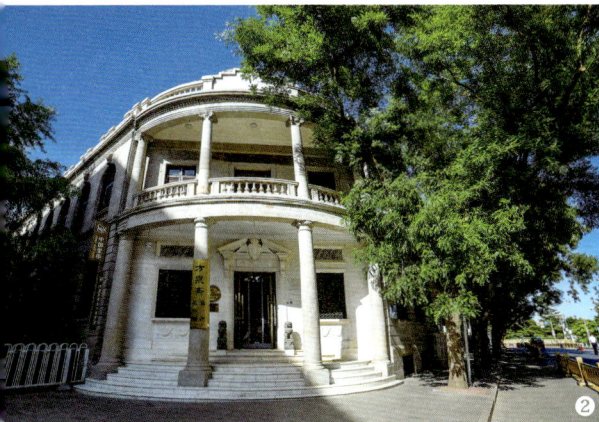

交民巷近代银行建筑群",吸引着来自世界各地的游客来此观光游览。

❶ 位于西交民巷东口的大陆银行北京分行旧址(视觉中国供图)

❷ 位于临街转角处的中央银行旧址,以三间弧形外廊为主入口,大理石高台阶,汉白玉门窗套,门头装饰高浮雕西洋徽标(刘明月摄影)

❸ 中央银行旧址的东侧就是北洋保商银行总行旧址,主体建筑采用西洋古典形式,外立面为古希腊风格的柱廊,中国钱币博物馆的入口就在这里(张埙摄影)

❹ 来历史上曾是保商银行的中国钱币博物馆,看"钱"世"金"生(视觉中国供图)

大栅栏，是前门外的一条著名商业街，现亦泛指大栅栏街及廊房头条、粮食店街、煤市街在内之街区。其兴起于元代，正式建立于明代。明孝宗弘治元年（1488年），当时京城例行"宵禁"，为防止盗贼隐藏于大街小巷之内，经朝廷批准，京城街巷道口，均设立木栅栏。据清《钦定会典事例》载，雍正七年（1729年）批准，外城栅栏计440座；乾隆十八年（1753年）批准，内城栅栏计1919座，皇城内栅栏计196座。大栅栏原名廊房四条，因该胡同栅栏制作出色，保留长久，既高且大，冠于京城，所以"大栅栏"即成胡同新名。1900年，义和团曾将整条街付之一炬，大火一天一夜方熄，商号铺店被烧毁一千八百余家。

光绪二十八年（1902年），大栅栏及附近店铺经恢复与修建，相继重新开业。重建后的大栅栏，繁华依旧。这里有以自制丸散

膏丹闻名全国的"同仁堂药店"；有专为王公贵族制作顶戴、朝帽、礼帽以及民族帽见长的"马聚源帽店"；有居绸布业"八大祥"之首的"瑞蚨祥绸布店"——中华人民共和国成立时，天安门广场升起的第一面国旗之面料，就出自该店。此外，还有独具风格的"聚庆斋饽饽铺"，有近百年历史的专供市民针头线脑的"长和厚绒线铺"等。著名的老字号"六必居"祖店，也设在这里。老北京人常说"开门七件事，柴、米、油、盐、酱、醋、茶"，除茶之外，其余六样生活必需品都能在这里买到。著名建筑学家梁思成先生在逛完大栅栏后曾发感慨曰："这里的每一家店铺，都有数不清的传说故事。"还有张一元、内联升、祥义号等百年老字号，也都云集于此，传承着老北京的商业文化。

因大栅栏交通便利、客流量大，且地近内城，达官贵人前来

❶ 20世纪30年代，大栅栏旧影（赫达·莫里循摄影）
❷ 同仁堂影壁旧照
❸ 大栅栏——商贾云集的老北京"顶流商圈"（刘姝平摄影）

观戏，极为便捷。于是，众多戏园亦争相安家落户于兹，如位于大栅栏西口路北的广德楼戏园，兴建于嘉庆元年（1796 年），是北京现存最古老的戏园之一，更是当时京城人气最旺、艺术品位最佳的娱乐场所。程长庚、梅巧玲（梅兰芳祖父）、余三胜、汪桂芬等多位堪称梨园"祖师爷"级的名角，都曾在广德楼施展才艺；京剧名家荀慧生亦因在此演出而成名；民国时期著名京剧戏班"喜连成""双庆社""斌庆社"等，皆曾长期在广德楼献艺。中华人民共和国成立后，广德楼由戏园子改为专演曲艺的北京曲艺厅，许多著名曲艺家如侯宝林、郭启儒、高德明、王长友等，纷纷签约，登台亮相。如今的广德楼戏园，也是著名相声社团德云社定点小剧场之一。

1949 年以后，大栅栏不仅延续了往日繁华，且优势更加突出。先后开设多家国营商店，如大栅栏百货一场、二场，前门妇女服装店，新时代妇女儿童用品公司等，物美价廉，品种齐全，深得广大市民信赖。1958 年，政府对大栅栏地区商业结构进行调整，除保留一批原有经营特色的老字号外，还不断引入其他优质商号，大大丰富了商品种类，使顾客可享受"一站式"购物。

自 20 世纪 50 年代至今，大栅栏经历过公私合营，推出过便民"一招鲜"，后又建成京城第一条"旅游步行商业街"，一直引领风骚。2017 年，大栅栏又迎来一次更新——位于大栅栏历史文化保护区东北角的"北京坊建筑集群"落成。其依托谦祥益、盐业银行旧址、交通

❶ 老字号祥义号，以丝绸制衣起家，慈禧太后的寿服、宫内自用的宫服和戏服、大臣们的朝服皆经此而做（视觉中国供图）
❷ 老字号瑞蚨祥，以经营土捻布发家，原字号为万蚨祥，出自"青蚨还钱"典故，寓意瑞气吉祥、财源茂盛
❸ 位于珠宝市街北口路西的老字号谦祥益，以经营传统服饰和丝绸饰品为主，与瑞蚨祥同为老北京"八大祥"之一
❹ 老字号六必居，传说以卖粮、卖酒、做酱起家，始终遵循"六必"古训，后逐步发展为做酱菜及调味品的大户（视觉中国供图）
❺ 老字号广德楼，是北京现存最古老的戏园之一（视觉中国供图）

银行旧址等文物保护单位与历史建筑，中心建筑是拥有百年历史之北京劝业场。劝业场前身是1905年清政府于大栅栏设立之"京师劝工陈列所"，意为"劝人勉力、振兴实业、提倡国货"；为官办工艺局产品展销场，承担着民族工商业界之示范功能。鼎盛时期，曾同时经营20多个行业，配有电影院、剧场、舞厅、台球厅等，吃、穿、用、玩等，一应俱全，是近代北京第一座综合性商业建筑。1975年后，北京劝业场改建为"新新服装店"；2000年，又改建为"新新宾馆"。现存劝业场主体建筑，为1923年由中国近代第一批留学归国建筑师沈理源设计。2011年始，政府对劝业场进行保护性修缮。如今，劝业场已作为"劝业场1905文化艺术中心"向公众开放。"北京坊"以中西融汇、古今辉映之独特风貌，跃然成为正阳门下一崭新地标。

由大栅栏街往西前行，跨过煤市街，对接之胡同，就是大栅栏西街。其东起煤市街，西至铁树斜街，很多老北京人仍将那里称为"观音寺街"。这里以商家为主，少有民居，多为商店、餐馆与旅社。2009年，经修缮后的大栅栏西街，重新面世。多家老字号小吃，汇聚于街边青云阁内；多处历史建筑得到修缮，青色石板路铺街，百余幢中西合璧之古老建筑，壁立两厢；京腔京韵的吆喝叫卖声，不绝于耳；来自天南海北的游客，络绎不绝。

由大栅栏西街东口沿煤市街往北，路西第一条胡同就是杨梅竹斜街。其自元代大都建城伊始即已出现，东起煤市街，西到延寿街，清光绪年间得名。因走向自东北向西南倾斜，又相传清朝前期，这条斜街居住着一位善于说媒的杨媒婆，故谐音雅化为"杨梅竹斜街"。民国时期，此街曾是有名的"书局一条街"，世界书局、正中书局等七家著名出版机构，开设于此。这里也是一条文化书香之街，沿街曾会馆参差，文风

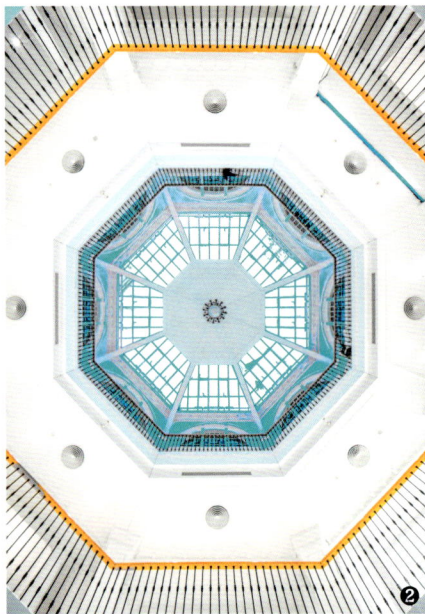

弥漫，高士云集，票号林立；梁诗正、鲁迅、沈从文等名宿贤达，曾流连于此，多处馆所均留有其身影足迹。目前的杨梅竹斜街，在保留传统的基础上，又融入新潮，诸多餐馆、咖啡店、杂货铺应运而生。随着一家家别具特色的小店如雨后春笋般出现，整条街区文艺气息日渐浓厚，引来多方游客。

❶ 沿谦祥益西行，便来到了位于前门廊房头条的北京劝业场旧址，这座外观为三层的建筑是昔日京城首幢大型综合性商业建筑，在当年的大栅栏街区可谓鹤立鸡群，蔚为壮观（视觉中国供图）
❷❸ 如今的劝业场，完美融汇了西方巴洛克建筑精髓，内部纵深设三个大厅，四周为三层回廊，顶层则以大型玻璃天窗采光（视觉中国供图）

❹ 北京坊中西合璧的民国风建筑与当代先锋设计理念建筑并存（视觉中国供图）
❺ 位于北京坊的联合共享办公空间，以人性化的设计重新赋予这幢百年建筑新的使命（视觉中国供图）
❻ 位于北京坊的饮品店，将传统四合院横向的"庭院深深深几许"，竖向折叠于这座独栋建筑中（视觉中国供图）

❶ 前门大街西侧观音寺街的青云阁（李玉谦摄影）

❷ 杨梅竹斜街的文创小店（视觉中国供图）

❸ 铁树斜街的"非遗"文化传播体验基地（视觉中国供图）

❹ 夕阳下的杨梅竹斜街，清幽静谧（刘海摄影）

❺❻ 夏日里的街景一隅，悠闲惬意（视觉中国供图）

❼ 漫步老街，青砖灰瓦、如意雕窗，无不彰显着岁月的痕迹（张墣摄影）

❽ 熙熙攘攘的大栅栏（视觉中国供图）

北京历史上，有两条三里河，都曾是京城泄水河道。一条在阜成门外，因地处京城西部，俗称"西三里河"；一条在正阳门外珠市口东大街，因距正阳门三里而得名，俗称"前门三里河"或"崇文三里河"。前门三里河是老北京城护城河的泄水河道，于明朝正统二年（1437年）形成，河道纵横。由于长期未曾疏浚，三里河渐渐变为一条臭水沟。中华人民共和国成立初期，将臭水沟改为地下暗沟，老舍笔下的"龙须沟"，即前门三里河道之一段。如今，经过一番发掘重修，建在河道上的房屋被拆除腾退，暗沟恢复成明渠，古老的三里河，得以重见天日，建成北京古老水系之实地见证的前门三里河公园。其河道蜿蜒，河水清澈，湖心岛正中，保留下原本居民院里之百年香椿树，水穿街巷、亭台、楼阁。游客可沿脚下石板路漫步，走进老建筑改建之茶馆或图书馆，品茶读书，体会"偷得浮生半日闲"的乐趣。

走出公园南口，呈现于眼前者，即是北京老城里唯一保存完整的弧形南北向胡同群——草厂胡同群。其南起茶食胡同，北到西兴隆街，历史悠久，饱经沧桑。据《京师坊巷志稿》载："元世祖于文明门（崇文门）外东五里立苇场，岁收苇百万，以蓑城。"由此可知，元时，三里河一带是城防物资（芦席、蓑草）积存之地。当时大都城墙以夯土堆砌。夏季，城墙需芦席、蓑草覆盖，以防雨蚀。于是在此设草厂（场），集中收储芦苇，以备汛期护城之用。由此衍生出芦草园、草厂等地名。

当游客走在青灰色调的街道上，会在不经意间，偶遇小巧的寺庙、古老的院落、砖雕的门楼，甚至有西洋式建筑。其中，有曾经的大户人家，有梨园名角的故居，还有不少同乡与商业会馆。而位于草厂头条西侧青云胡同里的颜料会馆，其历史更可追溯到明代。

颜料会馆旧名平遥会馆，原本是平遥颜料、桐油商人祭祀行业

❶ 北京龙须沟旧貌
❷ 宛如江南的前门三里河公园，水穿街巷，亭台楼阁，各色花卉竞相绽放（视觉中国供图）
❸ 沿水巷石板路向前，不经意间转过几个弯，偶遇可读书可观景

的小店，闲坐其间，悠然自得（视觉中国供图）
❹ 前门三里河公园涟漪绵绵，水草摇曳（视觉中国供图）
❺ 浮光跃金，成群的锦鲤在水中畅游（刘少军摄影）
❻ 袅袅烟波中优雅的天鹅舞姿翩翩（视觉中国供图）

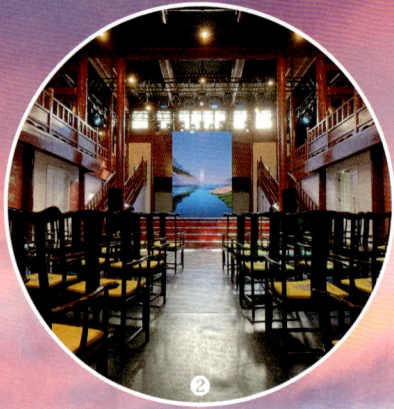

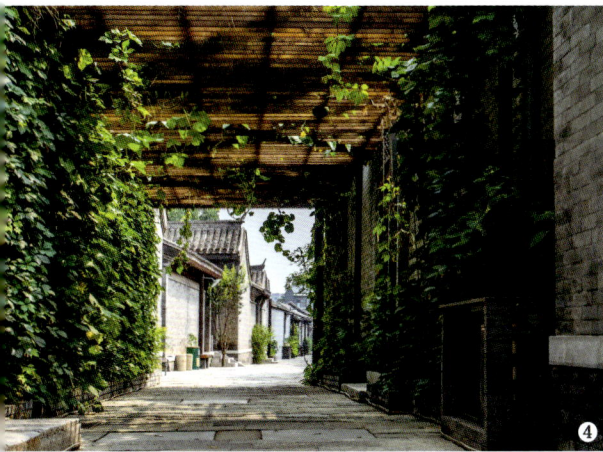

之神的场所。其最早的主体建筑，为仙翁庙，供有梅葛二仙。梅葛二仙是梅福与葛洪之合称，据民间传说，梅葛二仙曾化作跛汉而行乞。为感恩一对愿意施舍的夫妇，即授以蓝靛草染布之法。于是，染布业就此问世。如今的颜料会馆，经多次修缮，成为晋商会馆中得以完整保存之幸运者，并不断推出"会馆有戏"系列演出节目，为市民带来诸多经典之作。

沿南北方向走过草场胡同群，再前行，就是西打磨厂街。其形成于明代，因街上铜器、石器作坊众多而得名。繁盛时期，半条街都是石厂。因临近前门商业区与正阳门火车站，人气颇旺；从晚清到民初，这里与西河沿、鲜鱼口、大栅栏并称"前门外四大商业街"。街边旅馆、票号、商铺、会馆、饭庄、邮局、药铺、医院等，鳞次栉比，五花八门。八大祥之一的"瑞生祥"，京城四大饭庄之一的"福寿堂"，以及粤东、潮郡、临汾、宁浦、应山、钟祥诸会馆，均云集于此。经修缮改造，如今的西打磨厂街逐渐呈现出住宅、文化、商业、旅游兼容并存之多功能优势：原瑞华染料行旧址，被打造成融设计、咖啡、花艺、民宿等多种用途的空间；清末著名旅社"义诚店"旧址洋楼，已成为创业者共享办公空间；清末协和医院旧址，现辟为日本建筑师事务所；位于105号、始建于明代的临汾会馆，已辟为北京会馆文化陈列馆。此外，漫步此街，还能看到民国时期的乔家票号旧址、谦和泰银号旧址、"天福店"旅社旧址以及同仁堂乐家老宅，以前北平地下党地下金库，就曾设立于乐家老宅。

❶ 沿三里河河道一路向东，会经过一条青云胡同，颜料会馆便坐落于此（刘少军摄影）
❷ 修缮后的老戏楼，曲调悠悠，风采重焕（刘少军摄影）
❸ 后院被改造为精致的餐厅，古韵今风，独具匠心（刘少军摄影）
❹❺❻ "草厂"，古时因积草而得名，是北京保存最好的老胡同片区之一，穿梭其间，历史感扑面而来（视觉中国供图）
❼ 行走在西打磨厂街，可以看到许多老建筑，位于212号的"天福店"曾是民国时期的旅店（视觉中国供图）
❽ 位于西打磨厂街的临汾会馆（东馆），是北京首家会馆文化陈列馆，被奉为"司命禄、庇护商贾、招财进宝"的武财神关公也位列其中（刘少军摄影）

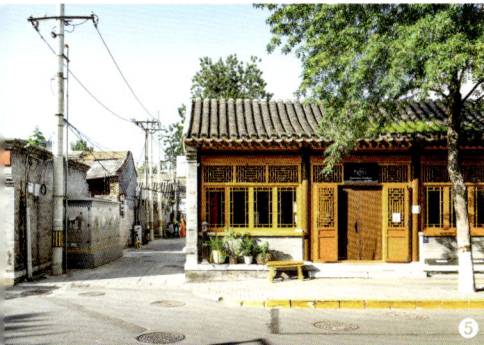

北京明城墙遗址公园，东起北京内城东南角楼，西至崇文门，全长1500米，为现存最长一段明城墙遗迹，角楼始建于明代正统元年（1436年），是北京明城墙目前硕果仅存之城垣转角角楼，且规制最高，体量最大。遗存城墙与角楼共同构成明清城墙遗址之集中地带；辟作公园后，人气居高不下，游客络绎不绝。

北京城城墙，承继于辽陪都、金中都之兴废，肇始于元，建成于明永乐十七年（1419年）。作为城防严密与国力雄强之标志，其发展并未因王朝更迭而中断。北京城墙亦历经明清两代五百余年不断增补修缮，最终形成内城加外城之"凸"字形格局。明嘉靖以前，京师尚无"内城"之说，而是被称为"城"或"大城"。复因明初数次改建，嘉靖年间增建外城，遂有内城、外城之别。内城城池，以元大都为基础，东西两段沿自元代，南北两端则分别为明洪武时大将军徐达与永乐时成祖朱棣所建。墙体以夯土筑成，后用陶砖包砌。内城城墙周长约为24里，城墙西北，一角残缺。

据遥感观测，城角外地层之下，有城墙根基残留。大概因地基不稳，城墙坍塌，不得已而废弃。然明朝时，已与女娲补天时"天缺西北，地陷东南"之传说相附会也。明代北京内城城防，固若金汤，虽被蒙古族攻打多次，但均能守御无虞。著名历史地理学家、北京大学教授侯仁之先生回忆自己初见北京城墙时曾云："当我在暮色苍茫中随着拥挤的人群走出车站时，巍峨的正阳门城楼与浑厚的城墙蓦然出现在我眼前。一瞬之间，我好像忽然感受到一种历史的真实。"回溯千载，中国北方几无任何一座城市不设城垣；而北京城之宏伟城墙加之独一无二的城市设计，是中国筑城史上无与伦比之杰作与高端代表。

20世纪50年代初，为改善交通状况及适应现代城市规划需要，北京开始拆除部分城墙。其间，内城东西北拆开多个豁口，随后一些城门的城楼、箭楼与瓮城陆续被拆除。在此过程中，发现明代城砖有大、小之分。小砖是按元代砖形尺寸烧制，其标准

❶ 民国时期，东便门火车站旧影（李哲供图）
❷ ❸ 春日的明城墙遗址公园（视觉中国供图）
❹ 晚霞中的明城墙遗址、角楼与中国尊国贸CBD同框，古今交汇，错落有致，繁华景象尽收眼底（视觉中国供图）

长平均为 29 厘米，宽平均为 14.5 厘米，厚平均为 4 厘米。大砖则是明永乐后之标准尺寸，长约 48 厘米，宽约 24 厘米，厚约 13 厘米。城垣表层用砖，在 2000 万块以上；如果再将垛口、马道、海墁砖及城楼、箭楼等用砖计算在内，总量达 3000 万至 4000 万块之多。

至 20 世纪 60 年代末，明清北京城墙几被拆除殆尽，仅剩些许遗存。分别位于北京市东城区、西城区，包括东南角楼段、老城西城墙南端段与左安门值房等几部分。东南角楼段城墙遗存全长 1500 米，包括自东南角楼至崇文门间一段内城南墙及马面十一座、东南角楼之北一小段内城东墙及马面三座。老城西城墙南端段城墙遗存，现存城墙长 199.6 米，中有马面一座。城墙南端靠西处，有 "L" 形城墙残迹。左安门值房位于东城区左安门桥头，坐东朝西，建筑面积 148.35 平方米。

从 20 世纪 90 年代开始，为恢复古都风貌，文物部门对明城墙进行全面修葺。其间，广大市民踊跃捐献城砖共计 40 余万块，用以修筑城墙。如今，明城墙遗址公园之设，使城墙巍峨雄姿得以重现，此处已成为广大市民工作之余一重要休闲场所，亦是外地访客驻足、网红争相 "打卡" 之地。

❶ 沿城墙南侧，自西向东漫步，到达北京城东南角楼，它从明朝初年矗立至今，见证了古都变幻的点点滴滴（视觉中国供图）
❷ 与城墙外熙熙攘攘的氛围不同，登上城墙，视野开阔，这便是林徽因眼中 "世界的项链"，城墙下，时不时还有高铁呼啸而过（张晨声摄影）
❸ 每年 3 月中旬至 4 月初，遗址公园内的梅花、杏花、美人梅、连翘竞相绽放，姹紫嫣红，生机盎然（视觉中国供图）

古观象台，位于东城区建国门立交桥西南角，始建于明正统七年（1442年），是世界上现存最古老的天文台之一，也是我国明清两代皇家天文台，向来以建筑完整、仪器配套齐全、历史悠久而闻名于世。早在元至元十六年（1279年），天文学家王恂、郭守敬等在今古观象台北侧，设立国家天文机构太史院，建司天台，且配置天文仪器多种，是为北京古观象台之源头。

明永乐十九年（1421年），成祖朱棣迁都北京，于元太史院址设立贡院。此后，天文学家们既没有仪器，亦无专门观测场所，只能立于城墙，以肉眼观测日月星辰。直至正统初年，钦天监仿造出郭守敬所制并安放于南京的天文仪器。为放置浑仪、简仪、浑象等设备，于明正统七年（1442年）在元大都城墙东南角楼旧址修建观星台，并在城墙下建紫微殿；后又增修晷影堂。至此，观星台及附属建筑

群，已颇具规模。1644年，清廷定鼎北京，接收明钦天监，改观星台为观象台，并接受德国传教士、天文学家汤若望建议，改用欧洲天文学公式计算并制定历书。1669—1674年，由康熙皇帝授命，比利时传教士、天文学家南怀仁设计并监造赤道经纬仪、黄道经纬仪、地平经仪、象限仪、纪限仪和天体仪等新款天文仪器六种。康熙五十四年（1715年），法国传教士、天文学家纪理安设计并制造地平经纬仪；至乾隆九年（1744年），乾隆皇帝颁旨，仿中国传统浑仪，再造新器，命名为"玑衡抚辰仪"。至此，当今所见之八种仪器，已配置完备。

1900年，德、法两国曾将上述八种古仪外加台下浑仪、简仪平分，各劫走五件。法国将仪器运至法国驻华大使馆，后于1902年归还。德国则将仪器运至波茨坦离宫展出。第一次世界大战后，根据《凡尔赛和约》规定，被掠仪器，悉数归还原主，遂于1921年将其运回北京，重新安置于观象台。1912年，清廷逊位，民国肇基，观象台更名为中央观象台。1922年，中国天文学会在此宣告成立，标志着中国天文学研究更上一层楼，进入全新时代。1927年，紫金山天

古观象台

Ancient Observatory

❶ 1900年，古观象台旧影
❷ 德国传教士汤若望，是中国历史上第一位主管钦天监的洋人官员，如今这里还安放着他与祖冲之、张衡、南怀仁等古代科学家的半身铜像（视觉中国供图）
❸ 进门西侧的院落是古观象台庭院的主体，院内古木萧森，正殿五间，名曰紫微殿（视觉中国供图）
❹ "今人不见古时月，今月曾经照古人"，满月缓缓"落入"浑天仪中（视觉中国供图）
❺ 古观象台星轨图（视觉中国供图）

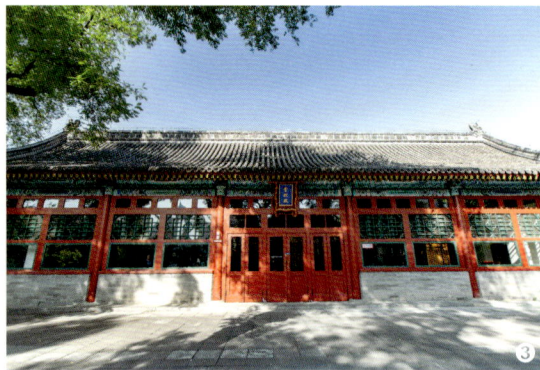

文台筹建后，古观象台不再用于观测研究，可谓功成身退。1929年，更名为国立天文陈列馆，是中国第一座天文博物馆。1931年九一八事变后，为保护文物，天文工作者将明制浑仪、简仪与漏壶、圭表与清制经纬仪、天体仪等天文仪器迁往南京，台上八架清制古仪因拆装运输困难，未能同行，致使古观象台明、清古仪再次分离。至今，明制浑仪、简仪与圭表，仍安放于南京紫金山。

如今的天文仪器早已不再用于观测，而是作为文物静静地安置于此，俯瞰着北京城内的面貌变迁与百姓生活（宏描摄影）

北京古观象台在国内外享有极高声誉，并于 1983 年重新对外开放。许多外国元首、政府首脑、高级官员与科学界同行，如英国首相布莱尔、比利时首相伏斯达等，均曾慕名前来考察参观。如今，古观象台台体上，八架天文仪器仍按清代格局摆放，台下院内主殿紫微殿与东西厢房，皆作为展览区域，向观众展示中国古代光辉灿烂的科技成就及前辈天文学家孜孜不倦的求索历程。

新文化街—宣南探访路线示意图

注： ▬▬▬ 探访路线

N

西单　西长安街

李大钊旧居

佟麟阁路

闹市口大街

宣武门内大街

新文化街

新华街

基督教
中华圣公会教堂

南堂

和平门　前门西大街

宣武门

正乙祠戏楼

长椿街

煤市街

东西琉璃厂

琉璃厂西街　琉璃厂东街

铁树斜街

安徽会馆

陕西巷

宣南梨园史迹

韩家胡同
百顺胡同　脂胭胡同　万福巷

珠市口西大街

报国寺
及顾亭林祠

长椿寺

宣武门外大街

广安门内大街

菜市口　骡马市大街

虎坊桥

牛街

法源寺

湖广会馆

输入胡同

绍兴会馆

宣南会馆

教子胡同

湖南会馆

牛街礼拜寺

法源寺前街

南横西街

252

- 🟡 南堂
- 🟡 李大钊旧居
- 🟡 基督教中华圣公会教堂
- 🟡 长椿寺
- 🟡 报国寺及顾亭林祠
- 🟡 牛街礼拜寺
- 🟡 法源寺
- 🟡 宣南会馆
- 🟡 宣南梨园史迹
- 🟡 东西琉璃厂

第八章

新文化街—宣南探访路线

Chapter 8:
New Culture Street-Xuannan
Visit Route

湖广会馆

夏同和歌

康衢借身踏宦商一片依然白雪阳春

魏阙共朝宗气象万千苑在洞庭云梦

入

253

这条探访路线所涉及的空间，全部位于今日的西城区南部，然而却跨越了被当年的宣武门以及内城南垣分隔开来的内外两个城区。内外城区虽只一墙之隔，却表现为截然不同的文化范畴，内城的宫廷文化、士大夫文化与外城的市井文化形成了鲜明的对照。

宣南地区涵盖了多半个唐幽州城和辽南京、近半个金中都，是北京城内历史最悠久的区域，其主体城市肌理至今仍遗传着八百年前的基因。明代外城的历史要比内城晚了一百多年，城市基础设施的规划建设以及居民区的成熟程度与内城有明显的区别，这也是宣南文化最初形成的基础。而推动宣南文化形成的直接原因，则是清朝初年的旗民分置政策。自清初以来，满、蒙古、汉八旗的旗人居住在内城，而以汉族为主体的各族民众居住在外城，不仅在行政上各有隶属，在空间上也彼此隔离，自此，宣南文化开启了多元纷呈的发展新纪元。

传统的宣南文化涵盖了以会馆和琉璃厂文化街为代表的士子文化，以前门商业区为代表的传统商业文化，以戏园、戏班、娱乐业为代表的梨园文化，以厂甸庙会与天桥市场为代表的旧京平民文化,以牛街穆斯林生活为代表的民族文化,等等各具特色的文化形态。

　　此游览路线之中,内城的三处景点,有一处红色旅游景点,另外两处是基督教堂,反映出自17世纪初至20世纪初的三百年间中西文化交流的轨迹,同时也反映出近代以来北京城内西洋建筑的出现及其演进。而外城的七处景点,则无一不是典型的宣南文化的代表。

　　北京著名文史大家、《辞源》主编之一刘叶秋先生这样记叙过琉璃厂:

　　公元一九一七年于厂甸旧址创建海王村公园。自明代起,书肆即荟萃于琉璃厂,至清代而益盛。除书肆外,古玩、字画、碑帖、文具以及珠宝玉器商店,鳞次栉比,形成一条文化街。每年正月初一至十五日,琉璃厂街头巷尾,到处设摊,食物、玩具,无所不有;书籍、古玩、字画等,亦皆陈列上街;游客骈阗,异常热闹。北京人于此际来游,称为"逛厂甸儿"……

南堂，位于西城区前门西大街141号。之所以称为南堂，是就北京四大天主教堂的空间方位而言。因距明清内城宣武门城楼的旧址近在咫尺，又称宣武门教堂。这是北京城区最古老的天主教堂，由意大利籍耶稣会士利玛窦始建于明万历三十三年（1605年）。

利玛窦是基督教耶稣会在中国传教事业的奠基人，他开创了耶稣会传教士尊重中国社会制度和礼教文化的先例，以学术交流与传教事业互为表里，因此得到了中国士大夫阶级的普遍尊重。

南堂建在宣武门具有一定的偶然性。据《利玛窦中国札记》载，当时利玛窦等人在北京靠租赁房舍居住，传教诸多不便，于是拟购买一固定住所。恰好此时宣武门内有一处民居出售，面积很大，价钱合理，于是他们就买了下来，并在此基础上建立了宣武门礼拜堂，成为明代北京第一座天主教堂。

宣武门虽然是内城九门之一，又是皇城以南的前三门之一，但并不在中轴线上，虽然距正阳门不远，毕竟不是像正阳门一样

的政治敏感地带。宣武门还是内城与外城沟通的要道，属于两个文化圈层的交汇处，故而是传教的上佳地点。利玛窦时代的礼拜堂十分低调，仅内部装饰采用了欧式教堂风格，外观就是一所传统样式的中国民宅，毫不影响城市建筑的基本风貌。

顺治七年（1650年），德国传教士汤若望在顺治皇帝的大力支持下，将其扩建为城内第一大教堂，同时还建起了神父住宅、天文台、藏书楼和仪器馆，但仍保持着中国传统样式。康熙三年（1664年），汤若望因新旧历法案被参下狱，教堂一度被毁。汤案平反后，康熙四十二年（1703年），清廷赐银重修。新建的南堂首次被改造为纯欧式建筑，自利玛窦以来延续百年的中国传统式的基督教堂开始转化为折中主义的洋风建筑。

康熙五十九年（1720年），京师地震，教堂被毁。次年，以葡王斐迪南三世之款第二次重建教堂。新建的教堂采用了当时欧洲盛行的巴洛克式，北京居民惊奇不已，前来观瞻者势如潮涌。

雍正八年（1730年），京师又遭地震，教堂再次受损，第三

❶ 南堂1900年毁于义和团运动，1904年重建，此照片留下了南堂被毁前的影像
❷ 大门的东西两侧悬挂着三块牌匾："北京市天主教爱国会""北京教区宣武门天主堂""天主教北京教区主教府"。许多传教士和学者都曾在这里留下过他们的足迹（视觉中国供图）
❸ 教堂主体建筑为西欧巴洛克风格，正面砖雕精美，柱顶有木刻浮雕镏金花纹，雄伟而庄重（视觉中国供图）

次重建；乾隆四十年（1775 年），教堂失火，建筑尽毁，后第四次重建；光绪二十六年（1900 年），教堂被义和团焚毁，1904 年第五次重建并保存至今。现为天主教北京教区主教府。

如今的南堂共有三处院落。中式大门后为第一进院落，进入大门，首先看到的是南堂创始人利玛窦，以及最早来东方传教的耶稣会士之一圣方济各·沙勿略的全身铜像。右侧建有假山水池组成的圣母山，洁白的圣母马利亚雕像屹立其间，圣母脚下湖石上镌刻的"万福"二字，透射出中西合璧的浓郁特色。

❶ 教堂外建有圣母山，在秋日夕阳的余晖中，圣母双手合十，目光低垂，慈爱温柔（张垾摄影）

❷❸ 圣诞将至，院子里随处可见节日的装饰，长长短短的串灯"长满"了枝头，还有一位淘气的圣诞老人竟然也"爬上"了高墙（视觉中国供图）

❹ 平安夜当天，教堂内通常会举行盛大的弥撒仪式，吸引了众多信徒和游客前来参加（张祎婷摄影）

南堂西跨院为起居住房，东跨院便是教堂的主体建筑。教堂坐北朝南，为巴洛克风格的砖石结构，三个砖雕拱门并列一排，雄伟而庄重，高大的十字架镶嵌在教堂顶端。东西两侧分别立有顺治皇帝《御制天主堂碑记》，以及记述利玛窦、汤若望事迹和建堂历史的碑石，诉说着南堂数百年的沧桑传奇。室内空间运用了穹顶设计，柱顶有木刻浮雕镏金花纹，两侧配以五彩的玫瑰花窗，更显富丽堂皇。堂内有描绘耶稣受难的巨幅油画和圣母像，整体气氛庄严肃穆。数十盏西式玻璃吊灯，把高耸狭长的教堂装饰得神圣高雅。

李大钊旧居，位于西城区新文化街西部的文华胡同 24 号（原石驸马大街后宅胡同 35 号）。

新文化街始建于明代，因明宣宗朱瞻基的长女顺德公主下嫁给昌黎人石璟，其府邸就在此街，故而得名石驸马大街。明属阜财坊，清为镶蓝旗地界，至今已有 580 多年历史。1965 年，石驸马大街改名为新文化街。

李大钊，字守常，是中国共产主义运动的先驱、伟大的马克思主义者、杰出的无产阶级革命家、中国共产党的主要创始人之一。1916 年，李大钊从日本留学归国后便来到北京，直到 1927 年 4 月 28 日被反动军阀绞杀，在他 38 年的生命中有约十年是在北京度过的。李大钊在北京的居所先后有八处，1920 年春至 1924 年 1 月，他携家人搬到此地居住，这是他在故乡之外与家人生活时间最长的一处居所。在此期间，李大钊写下《唯物史观在现代史学上的价值》《中国的社会主义与世界的资本主义》《十月革命与中国人民》《艰难的国运与雄健的国民》等文章，以极高的革命热情研究与传播马克思主义。他指导创立马克思学说研究会，领导创建北京的共产党

早期组织和北京社会主义青年团，领导北方工人运动，促成第一次国共合作，被誉为 20 世纪初中国革命的"播火者"。

旧居分为南北两个院落，北院为李大钊及家人租住。其中，北房是李大钊、赵纫兰夫妇的堂屋和卧室；西厢房是李大钊的书房和会客室，他曾在此接待过陈独秀、邓中夏、梁漱溟、章士钊等名士友人；东厢房是长子李葆华卧室和亲友往来居住的客房；东、西耳房是长女李星华及次女李炎华、次子李光华等人的卧室。

旧居还原了百年前的陈列，是李大钊及家人简朴生活和高尚道德情操的真实写照。如堂屋的布局，除了中堂画两侧悬挂着由李大钊本人书写且象征其精神风范的"铁肩担道义，妙手著文章"对联，以及传统的中式条案、桌椅、多宝槅、掸瓶等家具摆件外，就只有一台老式座钟和一台黑色老式电话。为了告知大家，李大钊还在《少年中国》1920 年 10 月第 2 卷第 4 期刊登了迁入此地的消息，这也成为李大钊在此居住的最有力证据。李大钊、赵纫兰夫妇的卧室更为简朴：墙上挂着两人的照片，炕上摆放着一张木质小桌和针线盒，桌上只有一本发黄的《红楼梦》和一盏煤油灯。当年赵纫兰不识字，

260

❶ 20 世纪 20 年代，李大钊肖像（视觉中国供图）
❷ 推开院门，李大钊半身铜像矗立其间，庄严而凝重（视觉中国供图）
❸ 李大钊故居是传承红色基因、弘扬革命精神的重要场所，如今已向公众开放（视觉中国供图）

李大钊只要一有闲暇就教夫人识字，久而久之，赵纫兰都能阅读《红楼梦》了。在丈夫的感染下，赵纫兰毫无怨言地支持着李大钊的革命工作，特别是在李大钊牺牲后以坚韧不拔的精神，培养教育子女投身革命。去世后，她被追认为中国共产党党员。旧居还展出了很多稀有资料，如馆藏一级文物，也是他史学思想的精粹之作——《史学要论》，因受众有限，存世量少，显得格外珍贵；专题展厅中播放的无声视频是他存世仅有的八秒钟影像资料。随着电视剧《觉醒年代》的热播，旧居还不定期开展了沉浸式导览讲解等互动活动，这里也逐渐为更多的人所了解和探访。

❹ 院子里有两棵由李大钊亲手种植的海棠树，每年清明时节都会灿烂盛放，那也是故居最美的时节（视觉中国供图）

❺ 穿过院落，走进故居北房堂屋，这里是李大钊用来接待客人以及家人活动、用餐的场所（视觉中国供图）

❻ 北房东屋是李大钊、赵纫兰夫妇的卧室，里面的一件件陈设诉说着他们简朴的生活（视觉中国供图）

❼ 西厢房是李大钊的书房，也是共产党早期组织召开重要会议的地点（视觉中国供图）

❽ 观看沉浸式导览剧《守常先生》，跟随演员身临其境地穿梭于院落间，与革命先辈来一场跨越时空的"青春对话"（视觉中国供图）

中华圣公会教堂，又名"安立甘"（Anglican）教堂、中华圣公会救主堂、南沟沿救主堂，位于西城区佟麟阁路85号。

佟麟阁路，源自元代的一条引水渠，明代以后成为纵贯北京内城西部的"大明壕"的南段，旧称南沟沿，民国初年修成马路。1945年为纪念抗日爱国将领佟麟阁，命名为"佟麟阁路"。位处佟麟阁路南段路西的中华圣公会教堂，也被称作"南沟沿救主堂"。

圣公会，又称安立甘宗，是基督教新教中的三个原始宗派之一，最早为英国国教会。在清朝传入中国后，译作"圣公会"（圣而公教会，Holy Catholic Church）。

中华圣公会教堂始建于清光绪三十三年（1907年），是华北地区建设最早、规模最大的基督教中心教堂，于1907年由当时圣公会华北教区的总堂主教史嘉乐请人画蓝图、找工匠建造，并于同年竣工。

中华圣公会教堂是北京最早的中国"宫殿式"教堂，代表了北京教堂建筑由18世纪以来对中国传统式的模仿，向20世纪初"传统复兴式"的转向。建筑材料选用中式的青砖、灰筒瓦，使得教堂整体风格颇具中国传统建筑的韵味，但建筑平面以及细节的处理却均为典型的欧洲建筑风格。

教堂为南北走向的长方形建筑。建筑平面为两横一竖的拉丁双十字形，南北走向的建筑主轴采取经典的巴西利卡设计，两道东西走向的横翼，南侧规模较大，北侧相对短小。两边的侧廊做成单坡硬山形式，比中央屋顶略低，中央部分上部做成侧窗以利采光。在南北主轴与东西横翼的两个交点，各自建有一座中式亭子作为钟楼和天窗，南为两重檐六角亭，北为三重檐八角亭。建筑的正门位于南侧山墙正中，山墙取中国传统的硬山形式。正门两侧及门楣上方有汉白玉雕楹联，右侧书"此诚真主殿"，左侧书"此乃上天门"，横批为"可敬可畏"，正门上方的山墙上开有圆形玫瑰花窗一座，体现出哥特式建筑的痕迹。正门两侧侧廊的山墙为单坡硬山，山墙底部镶嵌有四通石碑，记述了教堂修建以及修缮的历史。

❶ 佟麟阁路绿树成荫，车辆不多，很是令人惬意（张㙗摄影）

❷ 教堂的平面为拉丁双十字形，顶部有两个八角亭作天窗和钟楼，是教会建筑中体现中国传统建筑风格的早期作品（视觉中国供图）

❸ 木质的穹顶、彩绘的花窗，华美而空灵（张㙗摄影）

❹ 教堂内部灯光如细语，轻柔地烘托出这里的静谧（张㙗摄影）

❺❻ 复古的吊灯，三面排满的书架，在百年教堂邂逅最美书店，如今这里已被改造为"模范书局＋诗空间"（视觉中国供图）

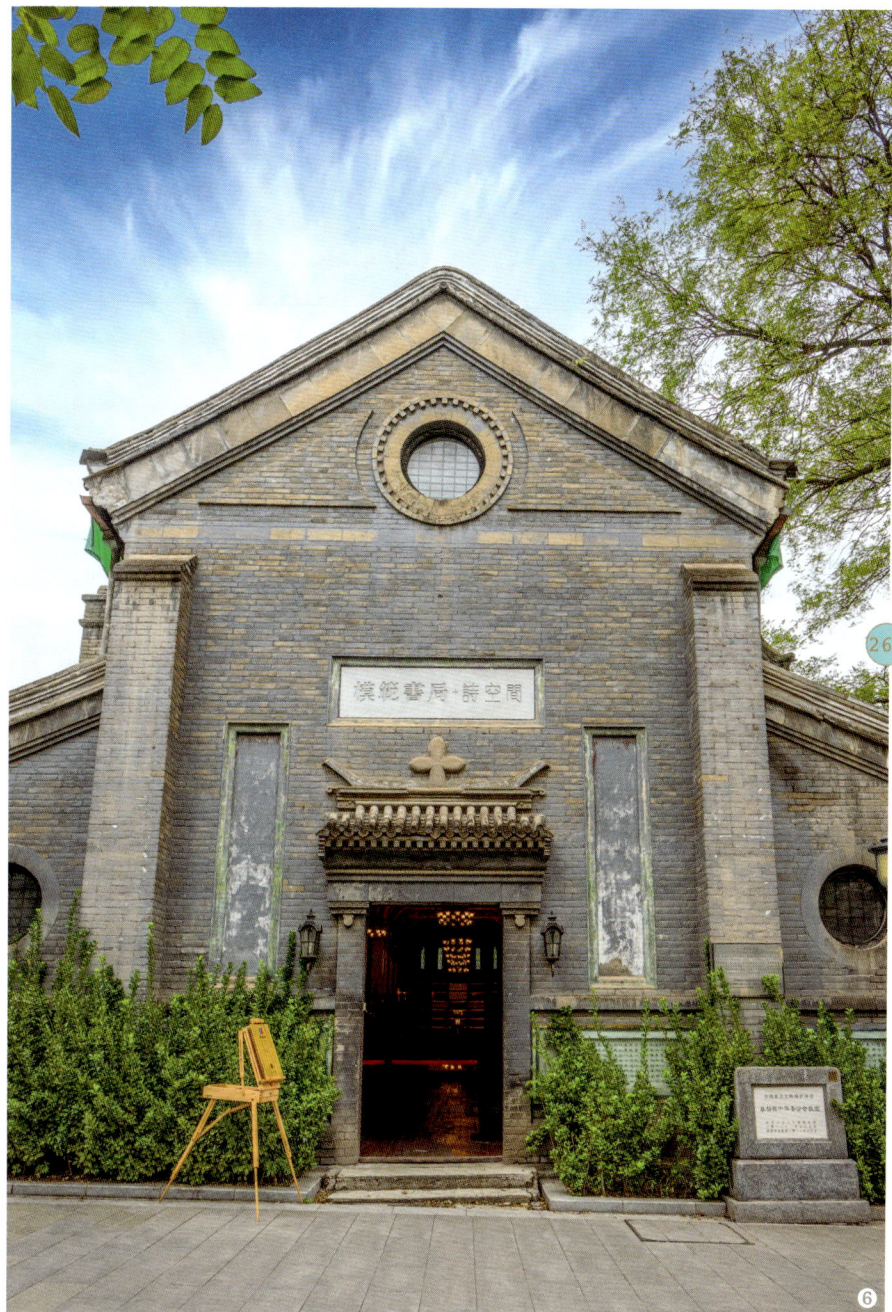

　　教堂内部结构也同样是中西建筑风格统一的典范，其承重结构均为典型的中式建筑风格，全部以木材支撑屋顶荷载，地面铺设木质地板。教堂平面十字处设立木制圣坛，四周边围以中式红木围栏，雕有花草装饰，圣餐桌背后设有中式冰纹格子隔扇，圣坛摆设均为传统中国红木家具。教堂内设圣洗池，并且配备有完整的上下水装置，这是那个时代建筑中非常少见的。

　　2001 年 7 月，基督教中华圣公会教堂被北京市人民政府公布为北京市第六批市级文物保护单位；2013 年 3 月，被中华人民共和国国务院公布为第七批全国重点文物保护单位。

长椿寺是北京南城的著名佛寺，明清之际曾有"京师首刹"之誉。位于西城区长椿街7号、9号、11号。

长椿寺规模宏大，坐西朝东，前后四重殿宇，集中在一条东西中轴线上。佛寺身后原有一条向北的道路，跟随寺名称作长椿街。而正对山门的道路却是历史上曾被称作槐树斜街、土地庙斜街的下斜街，是南城最古老的传统文化街道之一。此地因临近丰台花乡，金元之际，斜街上的都土地庙即是远近闻名的鲜花集散地，曾留下"小海春如画，斜街晓卖花"的诗句。

早年间，南来的长椿街沿着长椿寺北墙向东合入下斜街，然后再向南接到广安门内大街。2001年长椿寺大修，当时的宣武区将长椿街建成了笔直宽阔的南北大道，改由长椿寺的身后向南穿过，直通广安门内大街。这样一来，极具历史人文价值的下斜街和长椿寺都被保留下来了，还在长椿寺以南新旧道路之间的三角地内建起了"长椿苑休闲广场"。

长椿寺始建于明万历年间，是一座皇家敕建的大庙。隆庆六年（1572年），明穆宗朱载垕病逝，九岁的神宗朱翊钧（万历皇帝）登基。

其母孝定皇太后虽为太后，却出身卑微且十分年轻，为维护儿子皇权、稳固江山地位，孝定皇太后以托梦的方式，自称为九莲菩萨化身，用宣扬佛教及兴建佛刹的方式来神化自己，提高自己在宫中的地位，于是就有了"九莲菩萨梦中传经"的故事，继而被寺僧神话为九莲菩萨下凡，为其披上了一件慈悲而神圣的佛教外衣。长椿寺就是由孝定太后为当年名闻天下的高僧水斋禅师明阳所敕建，万历皇帝依据"椿龄无尽"的吉语赐名"长椿寺"，祝祷母亲健康长寿。

辉煌时期的长椿寺内曾藏有三件镇寺之宝。其一为渗金多宝佛塔，史载："寺有渗金多宝佛塔，高一丈五尺……金色光不可视，而梵相毕具，势态各极。"当年铸造佛塔时，在铜料中加入了一定比例的黄金，铸成后又在塔身表面镏镀上赤金层，使这座佛塔金光四射，分外夺目。宝塔之上造像众多，雕刻细腻，精美绝伦。20世纪70年代末，渗金多宝佛塔曾被移至五塔寺，现经修复后安置在万寿寺（北京艺术博物馆）中。其二为孝定太后御容画像。明代最后一个皇帝崇祯，因思念其生母孝纯刘太后，也让画家画了一幅像，收藏在长椿寺内。至清光绪间，两幅画像只剩下刘太后像一幅，后来也遗失了。其三，也

① 戊戌六君子肖像（张㙇摄影）
② 大书画家米万钟书《敕赐大柞长椿寺赐紫衣水斋禅师传》，并镌石立碑，此碑现立于大雄宝殿前北侧，成为长椿寺三件镇寺之宝中唯一留在寺内的珍贵文物（张㙇摄影）
③ 长椿寺门楣有"敕建长椿寺"字样石额，寓意祝愿万历帝之母健康长寿（左普摄影）
④ 前院内的"士人佳话，访书结缘"主题雕塑，直接把人们带入了宣南文化的生活空间（视觉中国供图）

⑤ 寻迹"长椿"，来京师首刹了解宣南文化（视觉中国供图）
⑥ 另一件镇寺之宝"渗金多宝佛塔"，现收藏于万寿寺（北京艺术博物馆）无量寿佛殿内，而长椿寺的藏经楼中仅留下了基座（张㙇摄影）

是唯一留在原地的，就是明末书画家米万钟为水斋禅师所撰写的碑石了。米万钟是宋代大书画家米芾的后裔，书法与董其昌齐名。石碑是2002年在长椿寺重修期间出土的，现立于大雄宝殿门前北侧，是长椿寺的镇寺之宝。

至清末民初，长椿寺已成为停灵寄骨与办理丧事的场所。清光绪二十四年（1898年），"戊戌六君子"谭嗣同、康广仁、林旭、杨深秀、杨锐、刘光第在北京遇害，死后曾停灵于长椿寺；1927年，中国共产党的主要创始人之一李大钊被害后，遗体先被移往长椿寺，此后在西侧的浙寺停灵六年。长椿寺遂与浙寺一起，成为北京重要的先烈遗迹。

以宣南文化为主题的北京宣南文化博物馆现坐落于长椿寺内，通过文物与展览，生动展示着宣南地区的悠久历史和丰厚的文化积淀。

报国寺位于西城区报国寺前街1号，始建于辽代，因寺内曾有两株形如蟠龙的金代奇松，也曾被称作双松寺。后院的毗卢阁内曾供奉着一尊镇寺之宝，名为窑变观音。前有双松，后有毗卢阁，再加上窑变观音，报国寺"三绝"远近闻名，吸引众多信众与文人墨客于此驻足。

明代扩建后改名为慈仁寺。清康熙十八年（1679年），京师大地震，慈仁寺建筑大部坍塌。乾隆十九年（1754年）得以重修，改名大报国慈仁寺，俗称报国寺。清康熙年间，南城会馆云集，文人商贾荟萃，此时的报国寺曾为京城最大的庙市和花市。报国寺还曾是北京最大的旧书市场，文化氛围浓厚。清代不少诗人、词人、诗词理论家、文学家、戏曲家、书法家、收藏家、学者、金石学家等文化名人，例如孔尚任、王渔阳、朱彝尊、翁方纲等，经常会光顾报国寺旧书市场。由于地处知识分子聚居的核心区域，报国寺顺理成章地成为宣南文化的重要组成部分。

走进报国寺内，西侧月亮门的两侧刻有"天下兴亡""匹夫有责"八个金色大字，这里就是顾亭林祠了。顾亭林，即顾炎武，原名绛，

字忠清，江苏昆山人，明末清初著名的爱国主义思想家、史学家、语言学家，与黄宗羲、王夫之、唐甄并称"四大启蒙思想家"。因其家乡故居旁有湖曰"亭林"，于是人们尊称他为亭林先生。作为伟大的爱国学者，他的著作《日知录》《天下郡国利病书》等，数百年来脍炙人口，影响后世至深至远。

自清顺治十五年（1658年）顾炎武第一次来到北京，在他此后25年的北游历程中曾多次往返京城，而在京期间，其主要居住地就是报国寺。他可以在那里淘到心仪的古籍，还可以结交到众多的文化名人。寺院清净，适合著书立说，他的大部分著作都是在报国寺完成的。

清康熙二十一年（1682年），北游途中的顾炎武在山西友人家去世。道光二十三年（1843年），翰林院编修何绍基、贡生张穆等发起修建顾亭林祠。道光二十五年（1845年）春，顾亭林祠落成。自此友人每年都要来报国寺祭祀。每次祭祀，参与者均要签写"题名录"（签名），并要举办赋诗作文、现场唱和以及书法绘画等文化

❶ 旧时顾亭林祠（刘鹏供图）
❷ 春日的报国寺，繁花满树，丁香盛开（李玉谦摄影）
❸ 满红墙的油纸伞在晨曦中摇曳生姿，犹如一幅幅生动的画卷，展示着报国寺的宁静与美丽（视觉中国供图）
❹ 这里的二手书市场最早可以追溯到明清时期，历经数百年的沉淀与积累，每一本图书都仿佛承载着一段历史，等待着人们去发掘（视觉中国供图）
❺ 在报国寺的西南角是顾亭林祠，亭林先生铜像和亭林书堂地处第三进小院，小院通过月亮门与报国寺相连，院内翠竹四季常青，海棠瘦硬遒劲，在紧凑庄重中有着浓浓的江南韵味（视觉中国供图）
❻ 小院往南是顾亭林祠的游廊，游廊墙壁镶嵌有亭林经典名言的书法作品石刻（视觉中国供图）

雅集活动。主办者将活动内容及题名录、诗书画等归档保存，然后汇编成《顾祠会祭题名卷子》四辑，卷首印有顾炎武肖像。影印出版后，分发给参与祭祀者，使其得以传世。参与祭祀者中，有人编写《顾炎武年谱》，嘉庆道光年间问世的《顾炎武年谱》多达六种；有人点校、注释顾炎武的著作，从顾祠建成到光绪年间，有94位名家撰写了百余种解读顾炎武著作的书籍。当时京城文化界出现"顾炎武热"，而顾亭林祠则成为文人雅集的场所，人们虔诚地怀念这位胸怀天下的报国志士。

如今的报国寺，随着古旧书市的再度举办，千年古刹又添书香，文化根脉得以延续，古旧书这个"黄金屋"中所蕴含的历史价值、文化价值和艺术价值也得到充分挖掘。

牛街，曾名柳河村、冈上、牛肉胡同、礼拜寺街，又称"冈儿上""藁上""阁上"。牛街之名，或始于清初。清康熙二十五年（1686年）朱彝尊编的《日下旧闻》中，已有牛街地名出现。牛街礼拜寺位于西城区牛街18号，始建于辽圣宗统和十四年，即北宋至道二年（996年），由外籍伊斯兰教人士"筛海"（意为"老者""长老"，伊斯兰教对有名望的宗教学者的尊称）那速鲁定创建，明成化十年（1474年）宪宗皇帝敕赐"礼拜寺"，从此称牛街礼拜寺。它是北京历史最为悠久、规模最大的清真古寺，也是世界上著名的清真寺之一。

据记载，伊斯兰教传入中国始于隋文帝时期，大约150年后的唐玄宗时期，清真寺开始在长安和沿海兴建。辽穆宗应历十年（960年），有一位阿拉伯"筛海"名叫革洼默定，携子来到辽南京（今北京）传教，他也是牛街礼拜寺第一任掌教。他的儿子那速鲁定对皇帝赐予的官爵坚辞不受，一心继承父亲的职位，在牛街礼拜寺当上第二任掌教，并向朝廷奏请颁建牛街礼拜寺。辽圣宗统和十四年（996年），牛街礼拜寺建成。寺院坐东朝西，建筑格局以中国宫殿式木结构为主，细部带有浓厚的阿拉伯建筑装饰风格。历经元、明、清

各代修葺与扩建，使其整体布局严谨对称。牛街礼拜寺主要建筑有望月楼、礼拜大殿、宣礼楼、南北讲堂、南北碑亭、对厅和沐浴室等。寺内两座筛海坟，是元初由阿拉伯国家前来讲学的伊斯兰长老之墓，墓碑镌刻的阿拉伯文字，精美苍劲，为国内少有的文物。还有清朝康熙三十三年（1694年）"圣旨"牌匾、明代古瓷香炉、纪事石碑和已保存三百多年的《古兰经》手抄本，以及清代的铜香炉、铁香炉、铜锅等，都是珍贵文物。

除建筑特色外，牛街礼拜寺在历史上还成就了一件有广泛影响的事情，即兴办回民新式教育。20世纪初期，一批接受过新式教育的穆斯林知识分子抱着"救国、救族、救教"目的，在新文化运动的影响下行动起来。清光绪三十三年（1907年），王浩然和王友三等在牛街礼拜寺内设立"回教师范学堂"；清光绪三十四年（1908年），王浩然阿訇在牛街礼拜寺内创建清真第一两等学校；民国六年（1917年）第一两等学校学生张德明等人发起组织成立"北平清真学社"，社址设在牛街礼拜寺内；还有"北平清真书报社"由牛街马魁麟阿訇创办，该社书刊远销海内外，颇具影响。如今的牛

❶ 20世纪20年代，北京牛街礼拜寺旧影（李哲供图）
❷ "牛街礼拜寺"的蓝底金字匾额悬挂于望月楼上，每年伊历九月进入斋月时，阿訇乡老登楼寻望新月，以定斋月始末，故名望月楼（视觉中国供图）

街礼拜寺，每天都有众多的穆斯林信众前来沐浴、礼拜，而到了每年的开斋节、古尔邦节期间，全国各地，甚至世界各地的穆斯林会聚集于此，聚礼欢度节日。

❸ 正门在望月楼下，上悬"达天俊路"金字匾额，该门平时关闭，只在开斋节和宰牲节时开启（刘姝平摄影）

❹ 走过甬道，便进入了第二进院落，院内正西为礼拜殿，朝向圣地麦加，殿内拱门仿阿拉伯式上尖弧形落地，拱门门券上还有堆粉贴金的《古兰经》文和赞美穆圣的词句

❺ 拜寺殿抱厦内门上方悬有庆亲王赠送的"清真古教"牌匾一方，匾底栗赭色金字凹雕围廓楷体大字，书法欧颜兼姿，笔气雄伟壮观（视觉中国供图）

❻ 筛海坟位于礼拜寺东南角跨院内，分东、西两座，为宋末元初前来中国传教的波斯人艾哈麦德和布哈拉人阿里之墓（视觉中国供图）

法源寺位于北京市西城区法源寺前街 7 号，始建于唐代。唐贞观十九年（645 年），唐太宗李世民为哀悼北征辽东的阵亡将士，诏令在此立寺纪念，但寺还没有建成，李世民便撒手离世。其子高宗李治即位后，在上元二年（675 年）再次颁诏建寺。直至武则天万岁通天元年（696 年）才完成工程，赐名"悯忠寺"。"安史之乱"时，悯忠寺曾一度改名顺天寺。自唐代建寺直至辽金，一直为华北地区著名的巨刹。元明之际，悯忠寺被毁，明正统三年（1438 年）由相璎和尚说服司礼太监宋文毅出资重建，改名为"崇福寺"，现在寺的规模就是在那时形成的，面积比唐、辽时缩小了一半以上。清雍正十一年（1733 年）重修寺庙后，将其改名为"法源寺"。

法源寺坐北朝南，现存寺内建筑基本上都是明建清修的，共七进六院，布局严谨。主要建筑有山门、天王殿、大雄宝殿、悯忠台、毗卢殿、观音殿、藏经阁等。其中，悯忠台是寺内现存最古建筑，殿内存有唐、辽、金、清的碑刻；另有清代翁方纲复制的唐"云麾将军碑"残柱础，以及法源八咏、《心经》等碑刻镶嵌于外壁。此外，寺内尚有北齐石造像、唐石佛像、五代铁铸像、宋木雕罗汉、元铜铸观音、明木雕伏虎罗汉等，均为雕刻艺术和铸造技术之上等佳作。

毗卢殿前有一巨大石钵，雕刻极为精美，石钵双层石座，周围精工镌刻海水、八宝、山龙、海马等图像。相传是当年元世祖忽必烈建立元帝国，为犒赏三军，命能工巧匠建制的。钵身海水翻腾，鱼龙变幻，煞是生动，取名"渎山大玉海"。钵重 3500 斤，下配汉白玉莲花底座，饮宴时钵内盛酒，香气四溢。当年它被放在北海琼华岛的广寒殿中，明万历年间广寒殿倒塌，石钵亦告失踪。世事变迁，几经辗转，大玉海与底座流落于西华门外的真武庙内，成了道士的腌菜坛。乾隆皇帝闻听此事，赶忙派人把大玉海买回后放在团城，赐名"玉瓮"。有感于真武庙保存大玉海有功，乾隆帝又命人选优质石料仿照大玉海雕凿了一个类似的玉钵，送还真武庙。20 世纪 70 年代重修法源寺时，这尊大玉钵被迁到寺内。有趣的是，这尊大玉钵有两个底座，其中一个就是渎山大玉海的原配，制于元

270

❶ 1924 年春天，印度诗人泰戈尔到访法源寺，徐志摩、林徽因等人陪同（李哲供图）
❷ 进入山门，绕过天王殿，就是大雄宝殿，殿前有明、清时代的石碑六通，记载了历朝皇帝重修法源寺的功德以及寺名的演变历史（贾建新摄影）
❸ 绕过大雄宝殿，便来到了"悯忠阁"，阁甚雄伟，有"悯忠高阁，去天一握"之赞语（视觉中国供图）

初。后来乾隆帝买回大玉海，办事人疏忽，没有带回原底座，只好找人又重新配了一个底座。所以我们现在看到法源寺的渎山大玉海，是乾隆皇帝制作的仿品，而底座却是地地道道的元代大玉海原配。而北海团城所藏的渎山大玉海，玉钵是原件，而底座实为后配。

法源寺为历史名刹，文化底蕴深厚。宋钦宗（赵桓）被金兵掳至燕京时，曾被拘留于寺内。金大定十三年（1173 年），寺被用作试策女真进士的考场。元世祖至元二十六年（1289 年），宋朝遗臣谢枋得被拘在此，绝食至死。到了清代，法源寺更以花木幽胜著称，使不少名人流连觞咏。赫赫有名的纪晓岚、黄景仁、龚自珍，名噪一时的宣南诗社，都曾在寺内留下足迹与诗篇。1914 年著名的"百人丁香诗会"在寺内举行；1924 年 4 月 24 日，著名诗人徐志摩陪同印度诗人泰戈尔专程在此赏丁香、瞻古刹，成为一段文学史上的佳话。1956 年，中国佛教协会在法源寺设立了中国佛学院。

法源寺是史，是诗，是文。赵朴初居士说，它是一本"式今鉴古，昭告方来"的书，从书里能够读出过去和未来，也可以读出他人与自己。

❶ 绕过悯忠阁，毗卢殿前栽着碗莲的巨大石钵——渎山大玉海，有力地震撼着人们的每一根视觉神经（视觉中国供图）
❷ 寺内殿阁重重，一砖一石，一草一木，都显得如此古朴深邃（视觉中国供图）
❸ 鱼梆为寺中法器，置于五观堂（即斋堂）前，鱼头朝外证明是十方丛林，可以接受游方僧"挂单"，木鱼昼夜均不合眼，隐喻佛徒修行也应精勤不息，废寝忘食（视觉中国供图）
❹ 法源寺以繁茂多样的花草树木名冠京华，专以丁香名动京城，开放时芬芳馥郁，被称为"香雪海"（荀潇摄影）

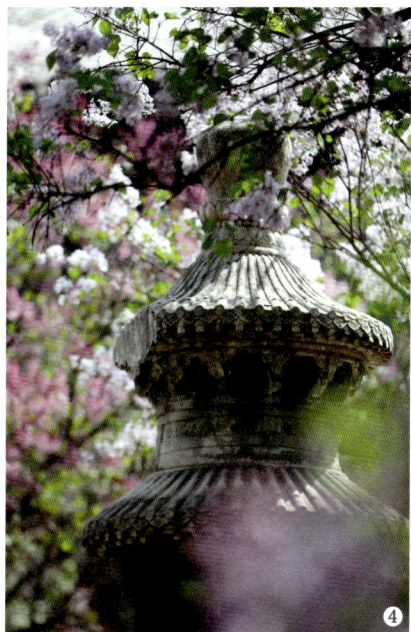

会馆是明清时代一种独特的城市文化现象，它是由同省、同府、同县或同业的人在京城、省城或各大商埠设立的机构，主要以馆址的房屋供同乡、同业聚会或寄寓，是科举制或工商业活动的产物。北京的会馆兴起于明代，清代达到鼎盛。全盛时期曾有四五百所之多。约略而言，会馆大体可分为"同业会馆"与"同乡会馆"两类。

随着城市经济繁荣，商品流通扩大，工商业者为了维护自身利益，协调业务，联络感情，应对竞争，需要经常集会议事，于是便随着工商活动发展的轨迹，在京师、省、府（州）、县等中心城市建立起各自的会馆。这种会馆保持着浓厚的地域观念，基本上是同乡工商业者的行帮会馆，并非北京一地所独有。由于是按不同行业分别设立，所以会馆也叫行馆。

在北京的四五百所会馆中，有六十多所工商会馆。其中有明代山西颜料商人创建的平遥会馆，明代浙东药材商创建的四明会馆，明代徽州的茶、漆商人创建的歙县会馆，明代山西铜、铁、锡、炭、烟袋诸帮商人创建的潞安会馆；清康熙年间绍兴商人建立的银号会

馆（正乙祠），清初浙江慈溪商人建立的成衣行会馆，清雍正山西商人建立的烟行会馆（河东会馆），清雍正山西布商建立的晋翼会馆，清乾隆福建纸商建立的延邵会馆，清乾隆玉器行商人建立的长春会馆；等等。

另一种会馆是受明清两代科举制的影响而创建的。京师之地乃全国政治、经济、文化中心，各地的商人、学子以及在京待命的官员云集此地，为方便这些人的食宿，建立同乡会馆确为必要之举，尤其是科举制每三年一次举行全国会试，而唯一的考场就设在北京。每逢会试之年，万千外地举子齐聚京城，再加上随行人员，数量十分可观，食宿就成了头等大事。此事得到先期来京为官或经商的本乡人的重视。出于同乡情谊，他们相互邀请，筹措资金，购置或捐赠房产，供来京应试的举子和其他来京谋事、旅居者寄寓，会馆由此而生。除乡人寄寓之外，这种同乡会馆的作用还有很多，举办团拜、联络感情、纾危解难、宴请做寿、婚丧嫁娶等不一而足，就像是同乡集资筹办的一个民间"驻京办事处"。因其主要功能仍为接待同

Xuannan Guildhall

274

❶ 南海会馆七树堂庭院山石小景
❷ 绍兴县馆旧影
❸ 烂缦胡同，原名烂面胡同，曾经斑驳的院落、坑洼的路面，如今已迎来了新生的"烂缦"（视觉中国供图）
❹ 旧时的烂缦胡同会馆众多，多位名人曾在这里居住（视觉中国供图）
❺ 如今的烂缦胡同，处处透着温馨，逛累了就去 108 号院的"红色会客厅"歇歇脚，听老书记讲讲红色故事，收获不一样的惊喜与感动（视觉中国供图）

❹

❺

❸

乡举子赴试，所以称之为"试馆"。各地无论经济发达与否，科考之事绝然不敢含糊。一时间，全国各地的省府州县纷纷在京设立起大小不一的会馆，"以至外城房屋基地价值昂贵"（清《水曹清暇录》）。京城试馆成了全国独有的一种文化现象。

明代时，京师内外城都有会馆。清初旗民分城而居，内城的会馆随着汉人一起被迁到了外城。前三门外，会馆林立。除崇文门外的三十多处外，其余大部分集中在宣南。据《北京市宣武区志》统计，"至清末民初，宣南地区一百七十条街巷中建有会馆五百一十一处，其中明代三十三处，清代至民国初年四百七十八处"。宣南一隅云集的会馆，覆盖了国内大部分地区，诚为全国之最。

各类会馆的规模不一，因各地旅京人士的经济实力、热心程度、管理水平和积累年限而各有不同。大型省级会馆有四五进院落和几层跨院，有的还建有聚会、筵宴的会所，祭祀神仙、魁星、乡贤的庙宇祠堂，有的会馆附有花园游廊，还有的建有戏台为聚会演出助兴之用。如果再加上各种附产、义园（墓地）、学校等，规模就更大了。府县一级的会馆也有大小之别。大的会馆由十多个院子组成，如安徽的休宁会馆；小的会馆则仅有一座三合院，如江西吉安惜字会馆等。

比较典型的如烂缦胡同湖南会馆，有馆舍三十六间，有戏台、文昌阁、客厅和集会用的场地。还有十余处附产房舍出租。此外还有义园四处、学校一所。又如后孙公园的安徽会馆，为同治七年（1868 年）李鸿章兄弟首倡，淮军将领集资所建，规制宏大，分为三路九个套院，房屋六十多间，并有一座大花园。全馆占地八千八百多平方米。不过安徽会馆的圈子仅限于淮军中高级将领，普通皖人是无缘厕身其间的。位于虎坊桥的湖广会馆始建于清嘉庆年间，是湘、楚两省同乡会馆，总面积达四万三千平方米。道光年间重修时增设了戏楼，后曾国藩又再次修建。该馆前部有戏台，中部有文昌阁和乡贤祠，最后部分为供会议的宝善堂、供宴饮的楚畹堂和会客的风雨怀人馆。每年阴历正月，两湖旅京人士云集馆中公祭乡贤，同乡团拜，并约请著名京剧演员在戏楼演出三日，一时盛况空前。

历史上很多重大事件和重要人物都与会馆有关。

宣武门外上斜街的番禺会馆，曾是清代进步思想家、文学家龚自珍的故居。面对清末的衰败局势，他不止一次提出变革图强的建议。

福州会馆原在虎坊桥福州馆街，为明万历年间内阁首辅叶向高私宅捐建。林则徐初入京时官卑俸低，寄住在骡马市贾家胡同莆阳会馆。当得知闽籍刑部尚书陈望坡捐出私宅建立福州新馆时，毅然将代人书折写文的笔润全部捐出，用于新馆装修。

宣外大街上的歙县会馆创建于明末，是北京最早的会馆之一，原为工商会馆，清初改为试馆，长年居住在此的财政学家王茂荫，是马克思在《资本论》中提到过的唯一一个中国人。

光绪八年（1882 年），康有为来京应考，住在米市胡同南海会馆内的"七树堂"。他在这里同维新党人策划变法的方案，写过很多维新变法的诗文，有名的"公车上书"的万言书就是在这里起草的。变法失败时，康有为的胞弟、"戊戌六君子"之一的康广仁也是在这里被捕的。

同为"戊戌六君子"之一的谭嗣同，寄寓在北半截胡同的浏阳会馆。他在这里写文章、发书信，提出变法维新的主张。变法失败后，他被清廷杀害于距此不远的菜市口刑场。

戊戌变法中与康有为齐名的梁启超曾居住在粉房琉璃街的新会会馆。

其书斋号"饮冰室"，许多著作是在这里完成的。

孙中山 1912 年初到北京，曾到珠朝街的香山会馆参加集会，并曾到南横街的粤东新馆出席欢迎大会。1912 年 8 月 25 日，同盟会等组织在虎坊桥湖广会馆举行欢迎孙中山的仪式，并召开国民党的成立大会。

绍兴会馆在南半截胡同。鲁迅先生自 1912 年起在此居住，长达八年，并在此写下了《狂人日记》《孔乙己》《药》等许多不朽之作和极富战斗性的杂文以及许多翻译作品。他奠定了新文学的基石，成为反帝反封建的英勇旗手。

烂缦胡同的湖南会馆，为清光绪初年几位湖南籍进士集资所建。1920 年 2 月毛泽东来北京时曾居住于此，并曾在此召开千人参加的"湖南各界驱逐军阀张敬尧大会"。

随着清朝末年科举制度的废除，文人会馆也逐渐衰落。但这一特定历史条件下的产物，对宣南文化的形成与发展起到了重要的作用。狭义的宣南文化，指的本是清代京师的汉族士人文化。有清一代，来自天下四方的汉族京官和士大夫，寓居或流连于天子脚下的会馆之中，以其交游唱和、学艺切磋的特有方式，构建起独树一帜的文化集结。宣南之地不仅是四方文化聚集汇合的终点，也是经过交汇融合之后重新流布各地的起点。宣南士人所取得的文化成就，在中国文化和思想历史发展进程中产生了重大影响。从这个意义上说，宣南会馆功不可没。

行走于宣南街巷之间，如与古人比邻，无处不是名人晨夕过往之地，此情至今如是。

北京还有一类会馆，叫作仪馆，主要是用于旅京同乡停放灵柩之用，数量很少，一般建在城边比较偏僻的地方。

作为八百年的古都，北京的戏剧文化历来发达。舞台艺术作为上层建筑，其萌生与发展离不开雄厚持久的经济基础。所以在元明两代，北京演艺事业的活动区域都离不开"东富西贵"的内城闹市。元代羊市角头（今西四）一带的西院勾栏胡同（今大院、小院胡同）、缨子胡同（今前、后英子胡同）、粉子胡同，以及明代东大市街（今东四南大街）一带的勾栏胡同（今内务部街）、本司胡同、演乐胡同，都是勾栏瓦舍集中的地方。然而到了清代，演艺活动的空间区域却发生了巨大的变化。

清朝初年实行旗民分城居住的政策，内城的汉人迁至前三门以外，内城变成了全国最大的八旗兵营，不能开商店，不能开旅馆，更不能开戏园。娱乐中心、商业中心全都迁到了外城。距离内城最近的正阳、崇文、宣武这"前三门"，商业、服务业迅速发展起来，前门和崇文门一带逐渐形成当时北京最大的商业中心区，而宣武门外则发展成为士人官宦的聚集区。当时的戏园子也大多集中在前门外，尤其是商业极度繁盛的大栅栏地区。

京师的舞台吸引了各地的戏曲艺人和文人墨客，在京剧诞生之前，北京地区的戏曲艺术已然经历过广泛的交流与融合。不同地域、

不同声腔的戏曲艺人纷纷来到北京，花雅竞秀，异彩纷呈。

清乾隆五十五年（1790年），为庆祝乾隆皇帝八十大寿，浙江盐务大臣奉命承办皇会，征调了以高朗亭为台柱的"三庆徽班"进京。演出结束后，该班并未返回南方，而是继续驻留京城献艺。三庆班的成功，吸引了四喜、春台、和春等徽班相继来京，号称"四大徽班"。大约在嘉庆初年，汉调演员进京，搭入徽班。徽汉合流，同时又接受了昆曲、秦腔的部分剧目、曲调和表演方法，又吸收了一些地方民间曲调，最终在道光年间形成了彪炳中国戏剧史册的京剧。

京剧在剧目、唱腔、表演上的世俗化，与昆腔形成了鲜明对比。它的观众群囊括了帝王将相、士农工商，直至引车卖浆者流。听戏、票戏、捧角儿，北京人趋之若鹜，整个帝都为之癫狂，与当今追捧流行歌星并无二致。京城迅即涌现出很多营业性的演出场所，其中肉市街的广和楼，大栅栏的庆乐园、庆和园、同乐园、三庆园、广德楼，以及毗邻大栅栏的粮食店街的中和茶园，号称"七大名园"，其中除广和楼外，全数集中在大栅栏地区。

这些外地班社和演员进京要有住处，还要离戏园子近，所以就都下榻在大栅栏西南方不远处的胡同里。三庆班落脚在韩家潭（今

韩家胡同），四喜班住进了陕西巷，和春班住进了李铁拐斜街（今铁树斜街），春台班住进了百顺胡同。

这韩家潭、陕西巷、百顺胡同，再加上附近的胭脂胡同、石头胡同、王广福斜街（今棕树斜街）、朱家胡同、李纱帽胡同（今小力胡同），就是后来大名鼎鼎的"八大胡同"。这个"八"是个虚词，并非专指这八条胡同，而是泛指观音寺街以西、铁树斜街以南、珠市口西大街以北这一区域内的多条胡同。虽然这一区域中确实衍生出过清代最大的男色聚集地，至清末民初又演变成名噪一时的烟花柳巷，但究其初始，却是众多外地戏班进京后的寄寓之所。徽、汉、昆、京、梆各路艺人，来京多寄寓于包括八大胡同在内的宣南地区，久之，大栅栏、椿树、广内、牛街、陶然亭、先农坛、天桥等地区，逐渐形成梨园界的聚居地。二百余年沿袭，祖孙师徒传承，或者姻亲缔结，使得宣南成为京剧的发祥地。

据《京师梨园故居》一书记载，清代至民国，有京剧界人物近八十人住在韩家潭这条胡同内，在整个宣南地区，有名的京剧界人物故居就有一百八十余处。号称清"同光十三绝"的那些名角大多也住在八大胡同一带，如四喜班的老板兼须生时小福住在百顺胡同；春台班的老板兼须生俞菊笙，以及王瑶卿、姜妙香的老师陈德霖都住在百顺胡同；俞振庭住在大百顺胡同；就连后来梅兰芳从李铁拐斜街的老宅搬出，也在百顺胡同里住过，其祖父梅巧龄的故居在李铁拐斜街肇庆会馆的斜对面；春台班的掌门老生余

❶ 1905 年，中国第一部电影《定军山》在北京丰泰照相馆拍摄完成，著名京剧演员谭鑫培在镜头前上演拿手片段（视觉中国供图）

❷ 纪晓岚故居以东，有一条只有三十多米的小胡同，这就是胭脂胡同（视觉中国供图）

❸ 沿胭脂胡同向北走到头，便与百顺胡同交接，形成了一个丁字路口，路口的东南角墙上，醒目地竖立着三块拼接的红铜浮雕，表现的是京剧《借东风》中领令旗的场面（视觉中国供图）

❹ 沿百顺胡同向东走到头，便到了陕西巷，这里的上林仙馆曾演绎过瓦德西和赛金花的故事，也流传过小凤仙和蔡锷的传说（视觉中国供图）

❺ 沿陕西巷向北走到头，穿过铁树斜街、大栅栏西街，便到了朱茅胡同，这里至今还保留着一座特别的"聚宝茶室"（视觉中国供图）

279

三胜住在石头胡同；连声名赫赫的谭鑫培也在大外廊营路口盖上了西式小楼。所以老北京流传着一句俗语："人不辞路，虎不离山，唱戏的离不开百顺、韩家潭。"

1905年，谭鑫培在丰泰照相馆拍摄了黑白无声影片《定军山》，成为中国电影史上的开山之作。这部电影在前门大街的大观楼戏园首次放映，轰动京城，而大观楼戏园的名声也逐渐响亮起来。

一出戏的演出既需要戏班、演员、舞台和观众，也需要剧作家。古来文人士大夫的娱乐与交际活动都离不开戏剧，一些经典剧本的创作与伶人表演艺术的提高也离不开文人士大夫的参与。被后世誉为"中国戏剧理论始祖"的戏剧家李渔，曾在康熙初年两次入都，并选择在戏班云集的韩家潭修建私宅园林，以其南方别业芥子园命名。李渔在园中自组戏班，常为官宦士人演出。戏曲大家洪昇的名作《长生殿》，写成于宣南，

首演于孙公园，即后来的安徽会馆戏楼。一经问世，轰动京城。在清代剧坛与洪昇并称"南洪北孔"的孔尚任也居住在宣南，其名作《桃花扇》首演于菜市口绳匠胡同（后改为丞相胡同）安徽休宁会馆的碧山堂戏楼。康熙朝进士张照，曾住宣南后铁厂胡同。由他编纂的宫廷大戏《劝善金科》《升平宝筏》，各有240出，皇皇巨制，开清代"连台本戏"之先河。这些宫廷大戏对于当时民间演出的昆剧、京剧影响巨大。

❶ 正乙祠，又称银号会馆，原是明代的寺庙，清康熙年间，浙江银号商人在此集资建立了祠堂（视觉中国供图）
❷ 正乙祠的祠堂里藏着一座二层戏楼，布局紧凑，装饰讲究（张埭摄影）
❸ 如今这座拥有三百多年历史的老戏楼，时隔多年终于再度面向观众揭开了它神秘的面纱（视觉中国供图）

会馆有戏正乙祠戏楼

CHINESE OPERA IN ANCIENT HALL ART

正乙祠戏楼

天官正乙落坛祠会馆有戏恰开罗

五路君尊朝天阙唱念文武鏖笙鼓

琉璃厂是位于北京南城的一个古老街区。从清康熙后期至今，以琉璃厂东西街为中心，北至和平门、南到虎坊桥的广泛区域，一直是一个经营文化商品及相关行业的文化消费街区。这里聚集了众多经营古旧书刊、文献典籍和传统字画、文房四宝、碑帖尺牍、古玩珠宝、民族乐器等中国传统文化用品的店铺，历来被视为宣南文化的重要标志和中华传统文化的窗口。所以当代旅游业界认为，游北京而未到琉璃厂，会是一个重大遗憾。

早在金元时期，这里还是金中都和元大都城外的一片郊野。元代初年，为满足营造大都皇城和宫殿的需求，此地遂成为烧制琉璃构件的主要窑区。明成祖登基后，为营造新都，在北京建立了"神木""大木""黑窑""台基""琉璃"五大厂，琉璃厂便延续了元代窑区的旧址，成为烧制琉璃构件的官衙工场。明嘉靖年间修建外城以后，这里已被划入城区，不适宜大规模烧窑，遂将窑厂迁至今门头沟区的琉璃渠村，但"琉璃厂"的地名则保留下来并流传至今，窑厂衙署的设置也一直持续到清代。清乾隆三十九年（1774年），此地发现了辽代御使大夫李内贞的墓志，言其葬于京东燕下乡的海王村，遂知此地原为辽南京东郊的一处村落。民国初年所建之海王村公园，即因此而得名。

清代初年旗民分治，"凡汉官及商民人等尽徙南城"，以往人烟稀少的南城顿时兴旺起来。琉璃厂附近的宣南地区，集中居住了大量的汉族官员和文人学士。另外，为解决同乡进京的食宿与交流需求，尤其是科举考试的需求，全国各地的同乡会馆也多集中于宣南一隅。这使得宣南地区成为汉族文化和学术的汇集区与交流地带，对于书籍和文房用品的需求陡然增加，此前活跃于内城灯市口、城隍庙、棋盘街等处，前门外西河沿、打磨厂，以及南城慈仁寺等处的书肆，纷纷向琉璃厂集中。至乾隆年间修纂《四库全书》时，琉璃厂的书肆业已有一定规模。《四库全书》的修纂更为琉璃厂书肆业的发展提供了强大动力，外地书商借此良机涌入京城，图书交易异常活跃，琉璃厂已逐渐发展成为京城最大的书市，成为天下文人心中的"京都雅游之所"。同时，书市的兴隆也带动了其他文化经营类别的发展。至乾隆中后期，琉璃厂已形成了以书籍、文玩、字画、碑帖、文房四宝等为文人服务的行当作为主体的文化商业街区。

282

❶ 20世纪初，琉璃厂里的海王村公园旧影（李哲供图）
❷ 琉璃厂文化街，分为琉璃厂东、西两街，历史上曾是东琉璃厂以古玩业为主，西琉璃厂以旧书业为主（视觉中国供图）
❸ 琉璃厂文化街上颇有年味的一家小店——老北京兔儿爷店，大大小小、形态各异的兔儿爷琳琅满目，备受顾客青睐（视觉中国供图）

自清代以来，几乎所有著名的知识分子都曾与琉璃厂有过关系，可以说是北京的"士"文化创造了琉璃厂。反过来，琉璃厂既汇聚了大量的古代文化典籍和文玩字画，又进一步培育和丰富了北京的士文化。二者相辅相成，促成了琉璃厂的特殊地位。

文化街上有许多老店，而最著名的老店则是荣宝斋。荣宝斋专营历代字画、笺纸、文房四宝以及木版水印、字画装裱等，其前身是创办于康熙十一年（1672 年）的松竹斋南纸店，光绪二十年（1894 年）开办新店，以"以文会友，荣名为宝"之意将店名定为"荣宝斋"。经过三百多年的发展，荣宝斋拥有了"木版水印"和"装裱修复"两项国家级非物质文化遗产技艺。20 世纪 70 年代复制的《韩熙载夜宴图》是其木版水印技艺的巅峰之作；装裱则是北派装裱——"京裱"最集

中的体现，其国画修复技术在国内外堪称一流。

位于琉璃厂中心的中国书店是北京书肆业的代表，专门收集中国历代古籍、碑帖、拓片、各类旧书、报纸杂志，同时发售新印古籍以及和学术研究有关的各种图书及画册，是古今文人"淘书"的圣地。

坐落于琉璃厂东街的戴月轩湖笔店始建于 1916 年。其毛笔做工精细，自新中国成立以来，便为国务院办公厅专供湖笔，老一辈革命家所用的湖笔多为戴月轩定制。老字号一得阁始创于 1865 年，经过近一百六十年的洗礼，始终保持着制墨行业的领军地位。目前，一得阁仍是中国最大的墨汁生产厂家，并在汉文化圈畅销，其墨汁制作技艺已被纳入北京市非物质文化遗产项目名录。论修复文物古玩当推汲古阁，这是一家专门经营古物修复的老店，曾对不少博物馆的珍贵文物进行修复，在国内外享有极高的声誉。

1949 年 6 月，琉璃厂来薰阁的治印大师张樾丞接受委托，制作新中国的"开国大印"——"中华人民共和国中央人民政府之印"。如今，这枚"开国大印"仍完好地珍藏在中国国家博物馆中。1955 年 11 月，琉璃厂萃文阁的篆刻大师魏长青、徐焕荣将毛泽东、周恩来的亲笔题词，篆刻于天安门广场的人民英雄纪念碑之上。

琉璃厂地区又是厂甸庙会的所在地。旧京众多庙会中，唯有厂甸庙会并不以庙为名，每年虽只春节一度，却规模盛大且脍炙人口。自清初起，上元节灯市将"灯"与"市"分布在不同地方。"悬灯胜处，则正阳门之东月城下打磨厂、西河沿、廊房巷、大栅栏为最"，而"厂甸即市之一"，市售商品以书画、古董、南纸为多。"每于新正元旦至十六日，百货云集，灯屏琉璃，万盏棚悬，玉轴牙签，千门联络，图书充陈，宝玩填街"（《帝京岁时纪胜》），故厂甸灯市又被称为"文市"。此时的厂甸灯市已有了固定的范围，即北起护城河，南抵梁家园，西到南、北柳巷，东至延寿寺街，以新华街、海王村、火神庙、吕祖祠为中心地带，又以"厂东门"即琉璃厂东街为主。

民国六年（1917 年），在琉璃厂原厂址往南修建了海王村公园，从此成为厂甸灯市的中心。民国七年（1918 年），北洋政府正式认定厂甸灯市的会期从每年的正月初一开市至正月十五结市。民国三十四年（1945 年）的厂甸灯市，游人达二十万人，占当时京城人口的五分之一。最后一届厂甸灯市于 1963 年举办。从 1964 年开始，厂甸灯市因有碍交通而停办。2001 年，北京市政府以"再现古都神韵、演绎宣南文化、重温百姓乐事"为主题，在原址恢复了厂甸庙会。2006 年 5 月，厂甸庙会被列入第一批国家级非物质文化遗产名录。

改革开放以来，在北京市各级政府的支持和倡导下，对琉璃厂进行了多次翻建和修缮，使这条著名的文化老街焕发出新的青春。如今的琉璃厂文化街，成为广集天下图书、字画、古玩、文房四宝的所在，成为国内外游客感受老北京文化的必游之地。

285

❶ 回顾 1960 年 1 月，春节将至，放眼望去，在厂甸市场上采购年货的市民摩肩接踵，热闹非凡（视觉中国供图）
❷ 2024 年春节期间，琉璃厂文化街上大红灯笼高高挂起，厂甸"文市庙会"焕新回归（视觉中国供图）
❸ 坐落于琉璃厂西街的荣宝斋，"以文会友，荣名为宝"（视觉中国供图）
❹ 坐落于琉璃厂东街的海王村，古香古色，烟火犹存（刘海摄影）

燕墩—天桥探访路线示意图

注：▭▭▭ 探访路线

N

虎坊桥

香厂新市区

毕学路

东方饭店　华严路

香厂路

泰安里

阡儿胡同

虎坊路

永安路

东经路

天桥

前门大街

北纬路

天坛

南横东街

天桥南大街

南纬路

286

太平路

南纬路

陶然亭路

先农坛

菜市口大街

陶然亭

开阳桥

陶然桥

南二环

永定门

永定门外

燕墩

燕墩公园

- 燕墩
- 陶然亭
- 天桥
- 香厂新市区

第九章 \

燕墩—天桥探访路线

Chapter 9:
Yandun-Tianqiao Visit
Route

　　世界文化遗产之北京中轴线，它是由南向北来走才合适。从传统理念上、历代古籍论列上、中国的习惯民俗上……我们可以讲十条二十条理由，这里且先搁下不表；现在从我们习见的常识上拈来一二：比如人们说"北上"是"步步登高""蒸蒸日上"，"南下"是"每况愈下""江河日下"；又如2008年举世瞩目的奥运会开幕式，那"大脚印"也是从南而北"啪啪啪""走"过来。像这样的例子还有很多……

　　北京中轴线南端西侧的这个燕墩，目前所知的就仅有永定门南边路西的这一座。有的人认为"东边还有一座"，还有人把燕墩台上的大碑，和它北边天桥东西两侧那两碑，以及后来被移至今首都博物馆建筑东北角那个碑，弄混了。历史的知识必须"丁是丁，卯是卯"地来叙说，任何的"想当然"都是不应该的。

　　从永定门往北走，这里介绍到天桥，读者当然十分关注这一地标点。这地界写一大本书也是足够的，但本书中短短的篇幅上，出人意料地引述了一段1900年八国联军一侵略者对天桥的记述，真是振聋发聩！关于北京的历史文化，我们自己人的著述自然不少，但打开窗户，看看别人怎么说，可以丰富我们的记忆。

陶然亭与朱启钤的"北京新市区"，都是大可以展开的题目，在本册书里只能"蜻蜓点水"式约略谈及。近年来文创产品大为火热，即拿它众多品类之一的小小的冰箱贴而言，原作绘于新市区东方饭店的巨画"江山如此多娇"冰箱贴，采自儿童游乐的"陶然亭大雪山"冰箱贴，都引来极多拥趸。希望我们自认"浅陋"的简介能辅助游人做更深刻的探索。

近代文学大家林语堂关于北京"内城"和"外城"有如下精彩的描述：

城市沿中轴线对称的规划设计很独特，其中有如宝石那样的城中城，金碧辉煌的屋顶衬托在各大园林的葱郁繁茂的绿荫当中。城墙上有城头堡和灰色的胸墙，2.5英里以外的内城门楼高大雄伟，耸入云霄，5英里外的外城郭门楼更像幻影一样消失在云中。天气晴朗时，可以看见远处的外城城墙。外城，方言称之为"帽子城"，因为从东到西，它比内城稍宽些，正好像帽子一样扣在内城上……

燕墩位于北京永外大街的西侧，距离永定门城楼约三百米处。它的平面为正方形，底部每边长近 15 米，台面每边长约 13.5 米，西北角的石门内 45 级台阶可上台顶。台基高耸，高约 9 米，上窄下宽，就像是古代战场上用来传递信息的烽火台，所以又被称为"烟墩"。

清人杨静山咏《燕墩》诗：

沙路迢迢古迹存，石幢卓立号燕墩。

大都旧事谁能说，正对当年丽正门。

北京故老传说，燕墩的修建与元大都的设计者刘秉忠有着千丝万缕的联系。刘秉忠精通《易经》，为了保护这座大城长久稳定，避免来自各类祸患的威胁，他运用五行与风水学说，在北京城的东、西、南、北、中五个方位设置了五处镇物，借以震慑金、木、水、火、土五行。由于南方在五行中属火，因此便在北京城的南门外堆建起一座烽火台来作为南方镇物。其他四处镇物分别是东方皇木厂（属木）、西方大钟寺（属金）、北方昆明湖（属水）和城市中部的景山（属土）。其实这只是关于北京城堪舆说法相沿已久的一种传言，这其中的"五镇"，有的是刘秉忠逝后许多年才出现的。虽然这些镇物

是否真的有灵人们不得而知，但是它们的存在确实寄托了古人消灾免祸的良好愿望。几百年过去了，历经沧桑的燕墩至今依然屹立在城南，引起一代代新北京人的时空遐想。

元代初建时的燕墩只是一座简单的土台子，至明代嘉靖三十二年（1553 年）北京修筑外城时，才把它包砌以砖。清代时又对燕墩重加修建，并在台子上竖立起一通高大、精致、华美的四面御制石碑，碑高约 8 米，碑首雕四角方形攒尖顶，四条垂脊各雕一腾身飞跃的巨龙聚向碑顶。碑座四周雕云、龙、菩提珠、菩提叶等图案，束腰部分雕二十四尊水神像——他们悠然笃定地坐在流波激浪上，突出了"镇火"的功能。碑体南北两面用满、汉两种文字镌刻着乾隆皇帝亲自撰写并书丹的《帝都篇》和《皇都篇》，以诗歌的形式评价古都北京的地理形势，以及提倡"德险兼备""居安思危"的建都理念，是关于北京建都的重要文献，也是北京地区著名的古代碑刻之一。乾隆时还制同样的碑一通，曾立于老天桥那座桥的西侧，后移至附近的"斗姆宫"，民国年间埋于先农坛园内地下，2005 年移至首都博物馆门前东北角上。

❶ "庚子国变"后，燕墩近景旧影
❷ 中轴线南端的燕墩公园春意盎然（视觉中国供图）
❸ 丁香花开，燕墩也被笼罩在这醉人的花香之中（视觉中国供图）
❹ 燕墩碑体镌刻的《皇都篇》和《帝都篇》，是记述北京幽燕之地的徽记（刘明月摄影）

当我们今日说"天桥"时，实际上包含着狭义的"天桥"和广义的"天桥"这两种概念。前者，指的是天桥这一具体的建筑物本身；后者，指的是由这座桥所漫泛出来、波延出来的一个市场区域。在叙说"天桥"一语时，常常出现这两种概念界限不清、相交叉、相含混的情形，以至于给读者也造成混乱的印象，这是我们要避免的问题。

先从狭义的"天桥"即那座古桥的实体来说。

这座桥是什么时候建造的？

实际上有不同的说法。

一种说法是，天桥始建于元代，当年有一条河在此流过，遂建桥以利通行。这种说法的原始资料尚嫌不足。

另一种说法是，天桥是永乐年间建北京城南之天坛、先农坛（开始称山川坛）时，为便于帝王出城往两坛祭祀，于是特为建桥。所谓"天桥"者，"天子之桥"也。这种说法倒是有明清以来大量史料证明。多位研究者关于乾隆疏浚天桥南北水系并在天桥两侧立碑且建碑亭的事详有记述，留心的读者自会查考。

天桥是一座单孔拱桥，桥面上有四道栏杆将桥面分为三部分：中间两道为直形，望柱十根，栏板九块；外边两道略呈"八"字形，亦为望柱十根，栏板九块。栏杆用汉白玉制，桥面中间铺大青石，是为"御道"。桥形弧度较大，民国年间北京历史学家、掌故家张次溪在他有关天桥的著作中记述："若以桥南之处向北望，不见正阳门。同时，在桥北之尽处南望，亦不见永定门。"明清时期桥之南北应该是设有拦阻器物的，行人自不得过；到皇上去天坛、先农坛行祀天、行耕耤礼时，这拦阻物体才撤掉。

1900 年 8 月 14 日八国联军攻入北京，法国海军上尉皮埃尔·洛蒂——他当年是侵略者中的一员，后来成了法兰西学院的院士，曾留下《在北京最后的日子》这样一册日记，1900 年 10 月 19 日他记的是：

"今天我应法国公使的邀请去游览天坛。我们沿一条大道走了半个小时，来到一座汉白玉的拱桥。桥下满是垃圾，还能见到腐烂的尸体，臭味难闻。河对岸已成一片荒原。据说这里曾叫'乞丐桥'，在联军攻破北京城之前，桥上会有很多乞丐站在桥两边，向过往的行人讨要钱财，有时他们还会持棍棒抢劫……偶尔可见几条野狗，有的嘴里还叼着裹着破衣烂衫的死尸。"

1906 年，清光绪政府整修正阳门至永定门的道路，天桥的拱形高度有所降低；1927 年，北洋当局经天桥一线通了有轨电车，天桥

292

❶ 天桥艺术中心主入口大厅的中古戏楼，严格按照清式戏楼规制设计（视觉中国供图）

❷ 天桥艺术中心的下沉广场内，还藏着一座天桥印象博物馆，它是人们领略老北京民俗文化的"打卡"地（视觉中国供图）

❸ 四面钟如今异地复建，成为了老天桥的地标性景观（视觉中国供图）

被改造为平地桥，原来的桥栏犹存；1934 年，北平市政扩宽马路，天桥石栏被拆除，于是这一地标似乎被"抹平"了。新千年之后的 2013 年，在原桥址往南移 40 米处，复建了一座仍称"天桥"的景观桥作纪念物。2022 年、2023 年，北京市的考古专业人员在天桥旧址上重新进行了发掘考察。

下面我们来说广义上的"天桥"。和上边专指那座古石桥不同，广义的天桥是指一个区域，换句话来说是"天桥市场"的代称。

这实际上是指东自金鱼池一线起，南至天坛、先农坛的南门，西及城南游艺园的西端，北抵东西沟沿这一带，相当宽泛的地界概称之为作为"市

场"功能的"天桥"。

明代的天桥周边一带视野空旷，环境清幽，是京城士大夫重要的郊野游玩之地。清朝定都北京之后，限令内城汉人及商贩迁往城外，正阳门外商业日益繁华，成为全城重要的商业、娱乐中心。受此影响，至道咸年间，天桥地区陆续出现茶馆、鸟市，一些梨园行人士在此喊嗓、练把式，但尚未形成很大规模。此时，天桥仍是一派田园风光。这种乡野景观很符合久居京城文人们的审美趣味，他们经常在此诗酒雅集，吟风弄月。附近虽有估衣摊、饭市及说书、杂耍等，但为数不多。

天桥商业的日渐兴起与清末民初北京城市空间结构变动与市场体系的兴衰密切相关。当地安门、东四、崇文门、花市等曾一度繁盛的商业区域相继衰退之时，天桥则借助于靠近正阳门的区位优势，逐渐吸引一批摊贩以及曲艺、杂技卖艺者。庚子年间，天桥地区的商业受到一定冲击，但旋即恢复。民国建立之后，天桥地区的商业功能更加丰富，除众多摊商之外，新增了戏园、落子馆等娱乐场所。1914年京都市政公所建立之后对正阳门实施改造，督修工程处把围绕正阳门月墙的东西荷包巷各商铺房屋以及公私民房六十多处作价收购拆毁，并平垫香厂，修成经纬六条大街，如华仁路、万明路等，开启了香厂新市区建设，很大程度上改善了天桥周边区域的环境。东方饭店、新世界商场、城南游艺园在香厂地区先后建成，也为天桥带来了大量客流，天桥的经营面积大大扩张。香厂与天桥地区原有的市场连成一片，和平门外马路的拓展也是一个积极因素。1927年电车开通后，

天桥成为通往东西城的第一、二路电车总站，便利的交通促使天桥盛极一时。

天桥市场的面貌随着北京城市命运的升沉起伏，也有着兴衰荣败的变化。1949年中华人民共和国成立以后，人民政府消除地方上的黑恶势力，涤荡旧社会留下的污泥浊水，改善商铺游贩、民间艺人的生活，曾经使整个市场一派新貌；但事物的发展自不会有坦途，后来历史的进程中也出现曲折，也出现过把"市场"视为"四旧"，被风暴冲击得一片潦倒的情景。

今天游人行走在北京中轴线，逛永定门，看其北侧的天桥，那"景观桥"当然会引您一览；如若想重温一下"天桥市场"的旧迹，中轴线西侧老天桥复建的"四面钟"楼亭、"天桥八大怪"的雕塑群，特别是天桥艺术中心、天桥艺术大厦、天桥印象博物馆等新建中的演艺节目，也会引您关注。

❶ 俯瞰复建后的天桥及石碑，新天桥相较老天桥南移了四十多米（刘明月摄影）
❷ 清"大金牙"的徒弟"小金牙"罗沛林拉洋片
❸ 清末民初，天桥艺人技艺表演（李哲供图）
❹ 天桥艺人耍狗熊

陶然亭别称"江亭"，是清代名亭，也是"中国四大名亭"之一。陶然亭今位于陶然亭公园中心岛西北面最高处，实际上并非真正的凉亭，而是南北向稍长的敞轩。这里原是烧制砖瓦的窑厂，清康熙三十四年（1695 年），当时任窑厂监督的工部郎中江藻在始建于元代的慈悲庵内创建此亭，并取唐代诗人白居易"更待菊黄家酝熟，共君一醉一陶然"之诗意，为亭题额曰"陶然"。

雍正年间（1723—1735 年），陶然亭已是江浙士人会试后举办"老乡会"之所，也因地势高敞，成为都中文士重阳登高、踏秋雅集的上选之地。继江藻之后，乾隆朝汪启淑也曾因工部之职而与江亭结缘。据其《水曹清暇录》记载，"黑窑厂与陶然亭接壤，都人登高多往游焉"。乾隆十九年（1754 年）重阳佳节，大学士纪昀（纪晓岚）便曾登上陶然亭，与好友饮酒食蟹赏秋，三十年后还赋诗回忆此景曰："左持绿酒右持螯，对此真堪赋老饕。记得红英黄菊节，陶然亭上共登高。"那时的江亭九日雅集，文士们大多"纵酒成狂客，销愁仗友生"，登高赏秋，思亲怀远。乾隆四十二年（1777 年）六月十一日举行的一场学术"联谊"活动，开启了"江亭雅集"的黄金时代，担任京师学政的朱筠执京中学界牛耳，群集了一批淹通经史百家的汉学家编修《四库全书》，他们切磋经术，月旦诗赋，品鉴书画，高谈许慎郑玄，辩论六经群说，一时间学风炽然。

道光年间（1821—1850 年），陶然亭的雅集，甚至形成了人员相对稳固、长达十年（1828—1838 年）的"江亭雅集圈"。而修禊之事于道光十六年（1836 年）为全盛，真可谓"群贤毕至，少长咸集"。此后，江亭雅集之事极盛而衰。至民国，空亭荒烟，旧事如风消散。

自清代建成以来，陶然亭一直都是文人墨客雅集高会的好去处，著名爱国志士林则徐、龚自珍、秋瑾等也常来此吟诗抒怀。五四运动前后，李大钊、毛泽东、周恩来等革命先驱也曾在此从事过革命活动。

中华人民共和国成立以后，1952 年开始改建陶然亭，挖湖堆山，铺路筑桥，新建和迁建了亭、榭、楼、轩等园林建筑，1989 年，曾命名为"华夏名亭园"。原来的与后建的慈悲庵、陶然亭、云绘楼、高君宇石评梅烈士墓、王羲之兰亭、欧阳修醉翁亭等都是可一游之处。

陶然亭

Taoranting

296

❶ 20 世纪 20 年代，毛泽东与进步团体辅仁学社同人在慈悲庵山门外的古槐树下合影（左四为毛泽东）（李哲供图）
❷ 陶然亭是慈悲庵的主体建筑，位于慈悲庵西部，亭内金色"陶然"二字的匾额是建亭人江藻书写的，下面"似闻陶令开三径，来与弥陀共一龛"是禁烟名臣林则徐留下的楹联（刘姝平摄影）

❸ 出了陶然亭，跨过板桥，便到了云绘楼清音阁，这组古建筑原在中南海，1954 年迁地重建在此（慈悲庵西原武家窑的遗址上）（刘姝平摄影）

❹ ❺ 炎炎夏日荷花开，百鸟齐鸣为"荷"来，守护在公园里的"小精灵"嬉戏觅食，使公园成为了鸟语花香的生态乐园（视觉中国供图）

民国时期建设的香厂新市区位于北京的外城，香厂南面是先农坛，东至留学路，西面为虎坊路，北面是虎坊桥大街。香厂新市区的规划和建设为北京留下了独特的成规模的民国风貌的城市片区，它所构建的街区体系今天依然存在。香厂地区向东紧邻天桥地区，北面则与大栅栏商业区南端相连。在元代时香厂地区属于大都城的南郊，修建有水滸庵，后来几经重修，成为香厂地区的标志——万明寺。

辛亥革命使中国由帝制走向共和，同时行政管理体制和各类行政机构仿效西方国家政权的架构进行组织成为当时的主流。作为城市管理主体的京都市政公所在全国重要城市陆续成立。民国初年（1914 年）至 1928 年为北洋时代的京都市政公所署理北京时期，是北京近现代意义的市政体制的初创时期。这段时期，北京城市建设、维护和管理大部分由市政公所承担，正是在市政公所的推动和具体参与之下，香厂新市区的规划建设拉开了帷幕。在民国政府内务总长、京都市政督办朱启钤的主持推动下，市政公所开始改良北京市政，香厂地区被选中作为外城市政改造的"模范市区"试点，总面积约二十二公顷。1915—1918 年，是新市区集中建设的时期，建成约二十座（组）新式建筑，定位为中高档消费街区，曾是引领社会时尚，也是京城最繁华的地段之一。

京都市政公所成立后，非常重视交通建设。市政公所在香厂地区规划了十四条道路，分别为万明路、香厂路、保吉路、华严路、仁民路、永安路、阡儿路、虎坊路、大川路、板章路、华仁路、香仁路、仁寿路、留学路。马路两侧建筑了很多西式楼房，并在万明路与香厂路交叉路口的中心广场设立了北京最早的交通警察岗和电灯柱。万明路上"小小汽车行"曾是 20 世纪 20 年代出租行业的领头羊，是今天出租汽车的先驱。

香厂新市区

Xiangchang Road "New Urban Area"

❶ 万明路街景旧影
❷ 东方饭店早期接送客人的汽车
❸ 老房子 1918 咖啡厅栖身于东方饭店一层，这里见证过若干重大历史事件，也有众多历史名人曾在此驻足（张埒摄影）
❹ 走进咖啡厅，欧式沙发和复古餐具，还有墙壁上的老照片，无不诉说着时光的故事，仿佛一下"穿越"回民国时期（张埒摄影）
❺ 穿过咖啡厅，便来到了名人花园，花园北侧的老楼客房保留完整，是目前香厂地区仅存的保持原有名称和业态的民国建筑（东方饭店供图）

香厂新市区代表性建筑有北京"新世界商场"、东方饭店、仁民医院、华康里、泰安里等。"新世界"体量高大，仿照"上海大世界"修建，由英国通和洋行建造，设计者为英国人麦楷，1917年建成就立刻轰动京城。"东方饭店"建成于1918年，是与北京饭店、六国饭店齐名的三家"百年饭店"之一，在当时是北京唯一一家由中国人投资、中国人自己经营的高档饭店，成为各界名流的首选之地。另外还有依照近代西医医院标准设计，但附有中医门诊的仁民医院，为广大民众提供了便利的医疗场所。华康里位于板章路与华严路相交的东北角，有一座二层大门，院内共有三开间平房38座，分列于中间通道两侧。平房为砖木结构，坡顶山墙及通道两侧院门略有装饰。泰安里位于仁寿路与仁民路交汇的东北角，是仿照上海石库门的砖木结构建筑，由六座平面格局和立面相同、各有独立天井小院的二层楼房组成，外形为欧式风格，路口转角处设计成弧面过渡，富有当时特定的时代气息。

目前街区内历史街巷的整体格局没有较大改变，当年规划的十四条道路中，大多仍保持原有路板宽度。我们尚能看到东方饭店初期建筑群和泰安里两处保存民国时期历史记忆的建筑，徜徉其间有时光穿越之感。

❶ 藏在二环里的海派弄堂——泰安里文化艺术中心，这里保留了"修旧如旧"的石库门建筑风格（张垛摄影）
❷ 楼内充满艺术感的设计非常适合拍照，配上吊灯、罗马柱、红木色楼梯、青灰色外墙，行走其间令人浮想联翩（张垛摄影）
❸ 如今的泰安里，古朴交融现代，从百年文物建筑到时尚"打卡"街区的实践探索，成为了文物活化利用的生动注脚（视觉中国供图）

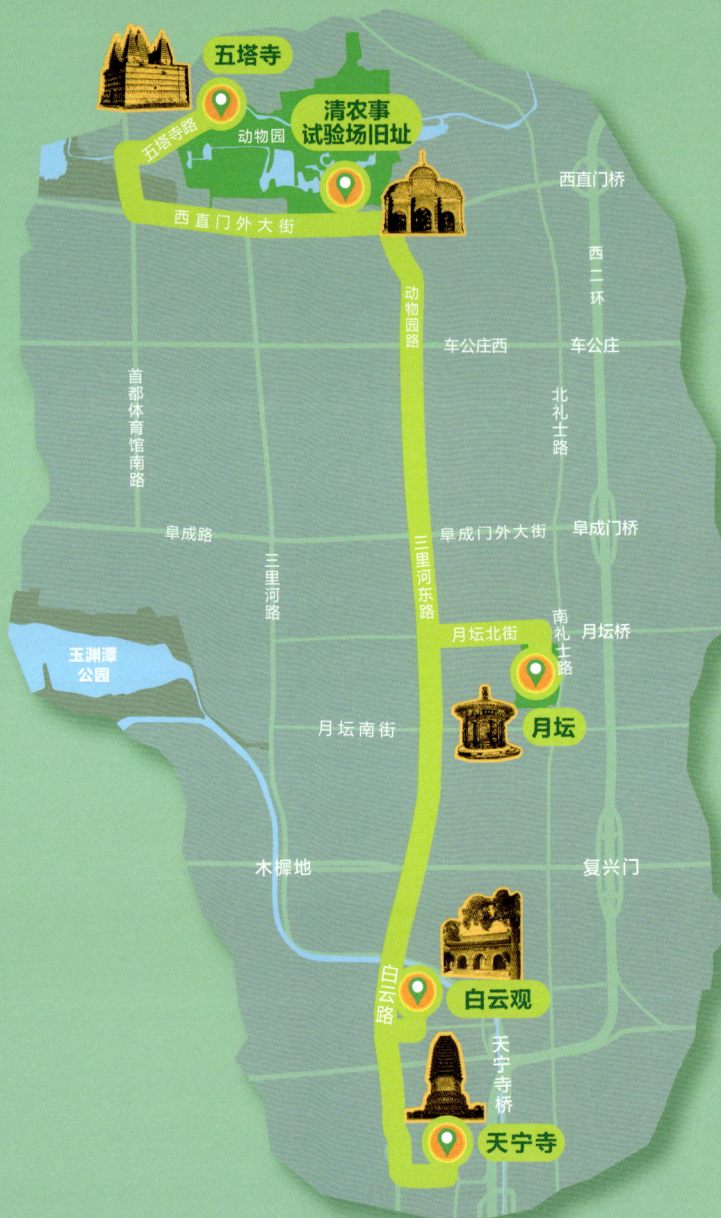

天宁寺—五塔寺探访路线示意图

注：　　　　　探访路线

图例：
- 天宁寺
- 白云观
- 月坛
- 清农事试验场旧址
- 五塔寺

地图标注：

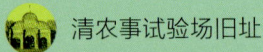

五塔寺
清农事试验场旧址
五塔寺路
动物园
西直门外大街
动物园路
西直门桥
西二环
车公庄西
车公庄
北礼士路
阜成门外大街
阜成门桥
三里河东路
月坛北街
南礼士路
月坛桥
月坛
月坛南街
首都体育馆南路
阜成路
三里河路
玉渊潭公园
木樨地
复兴门
白云路
白云观
天宁寺桥
天宁寺

N

302

第十章 ＼ 天宁寺—五塔寺探访路线

Chapter 10:
Tianning Temple-Five Pagodas Temple Visit Route

　　此探访路线位于北京城西，以寺院、道观、郊坛、园囿为主题，内涵丰富，品位高深，值得一游。

　　天宁寺，以密檐砖塔闻名，居当今京城同类佛塔身高之冠，且雕刻精湛，美轮美奂。白云观，由金元之际长春真人丘处机创建，宏大宽博，因中国道教协会驻锡，享"中华道教第一观"之尊位。

　　月坛，原为明清两代皇帝"秋分"祭祀夜明之神（月亮）及天上诸星宿专用场所，布局紧凑，建筑精巧。清农事试验场旧址，即动物园之所在，既是中国对公众开放最早之动物园，又是华北地区对公众开放最早之公园。流连其中，亲近自然，可于休闲之同时，感悟天人合一之至理。真觉寺金刚宝座塔，是京西名刹五塔寺核心古迹，异常珍贵，所涉佛学知识深广。寺内所建"北京石刻艺术博物馆"，馆藏石刻文物已达二千六百件，包括碑碣、墓志、造像、经幢、石雕、石质建筑构件等。于系统陈列展示北京地区之石刻艺术,满足金石爱好者证古习书之趣,作用彰显,加持甚多。

或呼朋引类,或独步前往,乘兴一游,必不虚此行,收获多多。

北京有位文史专家叶祖孚——可惜历史似乎将他忘记了,叶先生关于白云观的记录很值得一读:

逛白云观和逛厂甸一样,主要是北京市民春节的娱乐活动,"燕九节"实际上自初一开始一直到正月十九。人们来到白云观是为了欣赏大殿宫灯上画的《西游记》图画;为了买些年糕、艾窝窝等北京小吃,喝碗豆腐脑,给孩子买个空竹、风车;为了到场地上看看走江湖的变戏法、练把式。至于王公贵族们,则到白云观西边的大道上遛马,看看谁养的马膘肥体壮,这也吸引了一部分游人观赏。

天宁寺，位于西城区天宁寺前街，始建于北魏孝文帝拓跋宏在位时，初名"光林寺"，隋改"弘业寺"，唐开元时改为"天王寺"。辽天庆九年（1119 年），天祚帝下旨，命皇叔耶律淳于天王寺建造舍利塔，保存至今，塔高 57 米，居北京地区密檐砖塔高度之冠。元、明之际，天王寺辄毁辄修。至明宣德时，改称天宁寺。明万历年间，天宁寺大修，万历皇帝生母慈圣宣文李太后，曾亲临天宁寺礼佛。新中国成立之初，天宁寺大部被用作工厂，破损严重。1991—1992 年间，天宁寺寺院及砖塔依清乾隆时规制予以修复，保持至今。

天宁寺坐北朝南。从南至北，依次为山门殿、弥陀殿以及东西配殿。中路有山门殿（韦驮殿），山门前，有古槐二株，根深叶茂，生机盎然。山门上方，有"敕建天宁寺"匾额。山门殿内，前供弥勒佛，后立持杵韦驮。山门殿后，为前院。前院正北，为接引殿，殿门上有"接引殿"匾额。门前楹联，东曰"发欢喜心慧光通宝筏"，西曰"施方

便力法界转金轮"。大殿面阔五间，进深三间。内供接引佛，即西方极乐世界的阿弥陀佛。因其能接引念佛人往生西方净土，故又称"接引佛。 大殿前，有碑刻数方，内含乾隆朝《重修天宁寺碑》。接引殿后，为舍利塔院，高大宏伟之舍利塔，矗立院中。舍利塔院宽阔，东、西亦有配殿，东为药师殿，西为弥陀殿。塔院后，为一清幽四合院，号"兰若院"。兰若是梵语音译"阿兰若"的略称，意思就是寂静处。

天宁寺舍利塔，雄伟庄严，雕刻精美，是北京地区早期古塔之一。初多被认为乃隋代遗物，后经著名建筑学家梁思成先生考证，现存塔身，属辽代重建，后虽又再修，仍保存着辽代建筑风格，实属不易。其形制独特，飞檐叠拱，共十三层；为实心砖砌，内无石阶可通。由塔座、塔身、密檐组成，平面呈八角形。其塔基甚高，底层平台，为须弥座，亦呈八角形；基座各面，有六座壶门形龛，由短柱隔成；龛内，有浮雕坐像；各龛之间，雕有缠枝莲；束腰上，

❶ 20 世纪 20 年代，天宁寺塔旧影（李哲供图）
❷ 前院正北是天宁寺的主殿——接引殿（视觉中国供图）
❸ 接引殿内供奉阿弥陀佛（接引像），是目前世界宗教界罕见的金丝楠木立佛（视觉中国供图）

❹ 从接引殿旁边绕过去，便是中院的天宁寺塔，驻足细观，其浮雕工艺精湛，造型优美，手法细腻，栩栩如生（视觉中国供图）
❺ 晚霞中的天宁寺塔，著名建筑学家梁思成曾盛赞它"富有音乐的韵律，是中国古代建筑设计中的杰作"（视觉中国供图）

雕有壸门花饰。其上覆有一道束腰。塔基底层，则有斗拱勾栏俱全之平座，与二层仰莲瓣共同承托塔身。塔身共计十三层，雕有金刚力士、菩萨、云龙等浮雕，造型丰富多彩、形象生动。十三层塔身，属最高级别，非皇家特许，不得建造。其第一层塔身，立于仰莲之上，约占塔高三分之一，四正面为拱券假门，两侧夹立天王像，神态各异，栩栩如生，为辽代雕塑艺术精品。其上十二层塔身，每层仅有出檐、斗拱，每层重叠，不露塔身。宽度自下而上逐渐缩减，外部轮廓壮丽、雄伟。塔顶置有宝珠形塔刹。整体建筑造型优美、典雅精致，属实心砖塔中之佼佼者。

参观天宁寺塔，亮点首在各类浮雕。其下层须弥座束腰中各面，以短柱隔成六座壸门形龛，龛内各雕有一尊自内向外伸出之狮头，雕工十分精美，形神兼备。龛与龛之间，雕刻缠枝莲、蒲草慈姑、水生植物等图案。其中，莲花与莲叶图案造型各异、百态千姿。须弥座转角处，雕刻金刚力士像，上身赤裸，肌肉紧绷，双手承托须弥座上枋，凛然可敬。

须弥座之上，为仿木砖雕斗拱，承托塔台及雕有一周护栏之平座。平座上，雕刻缠枝莲、宝相花等纹饰，姿态不同，细腻精美，典雅俊秀。平座之上，是三层巨型仰莲瓣，以承托巨大塔身。仰莲瓣原为铁质，每月初八日，寺僧注油其中，点亮三百六十盏佛灯，以供释迦如来。每当此际，灯光将塔身照得通明，与天上星月，相映生辉。远近民众，围聚观灯，飞火流萤，佛光普照，同祈一年风调雨顺、国泰民安。

塔身雕像，乃依《圆觉经》布置之圆觉道场，佛塔建筑与装饰，是按《华严经》经义设计，象征大日如来之"华藏世界"，二者结合，可见证辽代佛教尊崇华严、融合显密之时代特色。通观整座塔身浮雕，工艺精湛，造型优美，手法细腻，栩栩如生。只可惜，历经时代风雨侵蚀，上述浮雕大多残损严重，满目疮痍，然仍不失为中国佛门建筑领域之艺术瑰宝。

白云观，位于西便门外，现为中国道教协会办公处。原名天长观，乃唐开元二十六年（738 年）玄宗李隆基为奉祀"圣祖玄元皇帝"老子李聃而建，至今已有一千二百余年之悠久历史。唐玄宗为"斋心敬道"，奉祀老子，特建此观。观内至今还存有汉白玉石雕老子坐像一尊，据传为唐代遗物。金正隆五年（1160 年），天长观遭火灾，焚毁殆尽。大定七年（1167 年），敕命重修，历时七载，方得竣工。金世宗赐名曰"十方天长观"，成为当时中国北方最大道教丛林。泰和二年（1202 年），天长观再罹火灾，仅余老君石像。翌年重修，更名曰"太极宫"。金宣宗贞祐二年（1214 年），因国势不振，迁都汴梁，太极宫遂逐渐荒废。

元初，丘处机自西域大雪山觐见成吉思汗后，东归燕京，赐居太极宫。当时，宫观遍地瓦砾，一片凄凉。长春真人丘处机（亦作邱处机，因避孔子讳，改"丘"为"邱"，1148—1227 年，字通密，道号长春子，登州栖霞人，道教主流教派全真道掌教人）乃道教全真派"北七真"之首，对蒙元立国方略及施政方针之确定，影响甚巨。成吉思汗对丘处机礼遇甚重，言听计从，呼为"神仙"，而避讳其名。

处机则以儒、道二家之"忠孝仁义"，谆谆劝其戒杀以治天下。成吉思汗深信其言，欣然接受，史称"一言止杀"。成吉思汗赐处机以虎符、玺书，等同于列土封侯之恩荣。全真师徒凭此便宜行事，护族佑民，倡仁戒杀，功德无量。

东归后，处机积极布道，使全真派乃至道教正式进入兴盛期。元太祖十九年（1224 年）春，处机应蒙古汗国治下燕京官员之邀，主持太极宫（今白云观）。三年后，成吉思汗下诏，将太极宫更名为"长春观"。又敕修白云观，并合而为一。另以万岁山、太液池赐之，更名为"万安宫"。又赠"金虎牌"，并云"道家事一切仰'神仙'处置"。1227 年七月初九日，处机羽化于兹，享寿八十。城中，三日瑞香氤氲，世人称奇。至元世祖时，追尊其为"长春演道主教真人"。为纪念"丘神仙"之无量功德，道教信众定其生辰（夏历正月十九日）为"燕九节"，岁岁庆祝，后来演变成京津一带重要民俗节日。

白云观建筑，包括中、东、西三路及后院，规模宏大，布局严谨。中路即中轴线上，以山门外照壁为起点，依次为照壁、牌楼、华表、山门、窝风桥、灵官殿、钟鼓楼、三官殿、财神殿、玉皇殿、救苦殿、

308

❶ 20 世纪 30 年代，白云观庙会"打金钱眼儿"活动
❷ 神路的前端有棂星门，为一座四柱七楼木结构牌坊，正楼前书"洞天胜境"，后书"琼林阆苑"（荀潇摄影）
❸❹ 山门面阔三间，中间门券上的石雕图案中隐藏着一只小石猴，

所谓"神仙本无踪，只留石猴在观中"，这石猴便成了神仙的化身，来白云观的游人都要用手摸摸它，讨个吉利（视觉中国供图）
❺ 窝风桥为南北向的单孔石桥，桥下并无水，由于北方风猛雨少，观外原有座"甘雨桥"，人们便在观内修了这座"窝风桥"，两

桥象征风调雨顺之意（视觉中国供图）
❻ "道教第一丛林"白云观之灵官殿，主祀道教地位最高的护法神、仙界名声显赫的"检察官"——王灵官（视觉中国供图）

 ❶

 ❷

 ❸

 ❹

 ❺

药王殿、老律堂、邱祖殿及三清四御殿。

照壁又称影壁，位于观前，正对牌楼。壁上嵌有"万古长春"四个大字，出自元代书法大家赵公孟頫之手笔。其字体遒劲有力，令人叹赏不绝。

牌楼原为棂星门，乃观中道士观星望气之所。后演变为牌楼，已失去原有观象之用。此牌楼建于明正统八年（1443年），为四柱七楼，取歇山式。山门为石砌的三券拱门，有门洞三，象征"三界"。跨进山门，则象征跳出"三界"而入神仙洞府。山门石壁上，雕有流云、仙鹤、花卉等图案，刀法浑厚，造型精美。中间券门东侧浮雕中，隐一石猴，仅巴掌大小，已被游人摸得黝黑锃亮。老北京有传说云："神仙本无踪，只留石猴在观中。"石猴乃神仙化身，游人以手抚摩，讨个吉利。观内共有石猴三只，均小巧玲珑，且分藏于不同地点，非细心寻觅者，实难一睹，故有"三猴不见面"之说。

而今，白云观定期举办法会，人气大涨，气氛热烈，于弘扬中华民俗文化，功莫大焉。

月坛，又称夕月坛，是旧时北京城"五坛八庙"中"五坛"之一。位于西城区月坛北街6号，始建于明嘉靖九年（1530年），是明清两代皇帝"秋分"大祀夜明之神（月亮）及天上诸星宿的专用场所。民国初年废弃，1955年，辟为月坛公园对外开放。

月坛外坛墙呈方形，坛墙周长786米，《大清会典》对它的记录是："墙正东三门六柱，西、南、北各一门二柱……墙东门、北门外燎炉各一，瘗坎一，东北钟楼一。墙南门外西为神库、神厨各三间，宰牲亭、井亭各一，南为祭器库、乐器库各三间。"

月坛选位、规划、建筑以及祭祀礼仪和祭祀乐舞均依据中国古代《周易》阴阳、五行等学说设计，突破了中国中轴线为主的传统格局。

月坛内，钟楼、天门、神库等古建筑历史上的记录十分清楚。后来在园区南部新建的公园内，建有天香庭、爽心亭、揽月亭、霁

月风光亭、夕月亭、嫦娥奔月等多处景点，在南北园之间长达146米的垣墙上，还设有以咏月为主题的大型碑廊。

新建的南部公园，又名"邀月园"或"蟾宫园"。中部有一组小园，由五开间油漆彩画北房与游廊、花墙组成。院中植桂花，以附和"桂子月中落，天香云外飘"之诗意，命名日"天香院"。内有露天音乐茶座，播放《月光曲》《春江花月夜》等名曲，并定期举办"月光晚会"；夜幕降临，彩色音乐声控喷泉则"大显身手"，将游人引入"溶溶月里花千朵，灿灿花前月一轮"之至美境界。南园东北角，有一种满青松翠柏之小山，顶上建有敞堂，以供游人夏日登高纳凉。

❶ 清末，月坛东棂星门、钟楼、北天门旧影
❷ 北天门内东侧为具服殿和东西配殿，为帝王祭祀时更衣、休息的场所（视觉中国供图）
❸ 整个月坛公园分为南北两部分，北园以红砖绿瓦的古建筑遗存和规则式的道路为特征，即明清时期的月坛（视觉中国供图）

西北角及南部，亦各有一丘，上方各建彩画古亭一座，名曰"揽月亭""霁月亭"。登高望远，可俯瞰全园。南山北麓，有一玲珑小桥，桥侧瀑布，直泻入池。池中雕一塑像，名"嫦娥奔月"。天香院南侧，有开阔草坪，上置石雕玉兔数只，与天香院共寓"人间广寒"之意。

❹ 南园是新辟的游览区，以自然山水园格局为主。夕月亭坐落于南园西南"咏月碑廊"旁，是园内唯一一座六柱圆亭（李玉新摄影）

❺ 南园的月华池盈盈而立，池中锦鲤灵动，池畔楼台亭榭错落有致（李玉新摄影）

"晚风杨柳之中，一塘藕榭，满池荷花，游人可从船厅乘船，放舟于荷花深处，静观日出芙蓉。"这是清末学部尚书荣庆阖家游览长河南岸农事试验场后，所撰写游记中的话。这一美景，出现在北京西直门外清农事试验场，也就是当今北京动物园之所在。

晚清洋务运动兴起，西方先进技术逐步被清统治者所认可接受，并引入效仿。清光绪三十二年（1906年），商部上奏：学习西方先进经验，开通风气，振兴农业，在京师择地修建农事试验场。光绪皇帝"依议"准奏。于是，当年四月，农事试验场开始动工。

试验场地点，选在位于西直门外的乐善园、继园、广善寺、惠安寺旧址之上；又将周边部分官地圈入其中。清光绪三十四年（1908年），农事试验场竣工，总面积约71公顷。场内设有实验室、农器室、肥料室、蚕室、温室、农夫住宅等，动物园与植物园亦跻身其中。楼堂亭榭等修筑，广采中式、西式、日式等不同风格，相得益彰。并充分利用原有基址地势，引入长河之水，形成港汊、湖泊，饶有田园风光。

1908年6月16日，农事试验场正式售票，对外开放。场内附设博览园，以便公众游览。园内设有动物园（"万牲园"）、植物园、蚕桑馆、博物馆等，对于如此布局，官方一再强调其开通民智、研究学理之意义。并规定学堂组织参观博览园，不收门票费用，定星期天为接待学堂日，"万字楼"在此日不对外开放，以便专门接待学生，尤见其偏重研究教育之良苦用心。后来，万牲园逐渐代指整个农事试验场，是为北京动物园的前身。因此，农事试验场既是中国对公众开放最早之动物园，又是华北地区对公众开放最早之公园。

动物园沿袭西方规制，对园中各种动物，实行分栏蓄养。兽笼为六角形庭式建筑，外设铁栅栏；内分六格，均为扇形。墙上有兽洞连通，装有推拉插板：拉开，则兽可通行，插上，兽即不得出入，以便饲养员清理、喂食。笼外，皆张挂普及知识功用之标识牌，标明所展动物产地与习性。据时人游记，当年园中展出动物，计有美

312

❶ 20世纪初至20世纪40年代，"万牲园"先后雇用过四个两米多高的"长人"在门口检票，成为当时一景（视觉中国供图）
❷ 如今旧大门迎来了它久违的"假期"，已不再作为出入口使用（刘姝平摄影）
❸ 藏在动物园内西北部的畅观楼，是清后期具有独特风格的皇室长河行宫，也是北京保存最完整的欧式建筑（张晨声摄影）
❹ 畅观楼里穿插着曲面和椭圆形的设计，阳光透过窗户映照出斑驳的光影，目前已作为园史展面向游客免费开放（视觉中国供图）
❺ 与畅观楼隔河相对的鬯春堂，在民国年间曾是同盟会领袖宋教仁的寓所，目前已被改造成了一间清雅的书吧（视觉中国供图）
❻ 北京动物园大熊猫"西直门三太子"萌兰，再现经典绝活"一字马"（视觉中国供图）

洲银狮、非洲狮、印度蟒蛇、美国鳄鱼、非洲斑马、美洲红鹿与俄国黑熊等，多国人未尝得见之奇牲，神态各异，使游客眼界大开，兴致高昂。

园内中西洋建筑，中西参用，多彩多姿，共设有四处茶座，即豳风堂、万字楼、观稼轩与咖啡馆。另外，还有一处餐厅，供游客休憩、啜茗及进餐。上述茶座，将休闲功能与周边风景巧妙结合，游客可边品茗用膳，边观赏景致，怡情赏心，因此备受欢迎，人气满满。此外，园内标志性景致，尚有松风萝月轩、荟芳轩、海峤瀛春、畅观楼、邑春堂等。

除普通市民外，农事试验场还曾得到慈禧太后与光绪皇帝高度重视。建成后，此地亦曾留下母子二人之足迹。慈禧太后还为自在庄、豳风堂等处题写匾额。清代皇帝，多喜乘船去颐和园游览居住，自乾隆时，西直门外高梁桥即已建有皇家码头，号"倚虹堂船坞"，以便行船。光绪时，慈禧太后与德宗母子乘船前往颐和园，长河畔农事试验场遂成御船必经之地，正所谓"万牲园船坞登御座，试验场水路上颐和"。光绪三十四年（1908年）四月、九月，慈禧太后、光绪皇帝曾两番莅临农事试验场，并于畅观楼品茗休憩，亲近自然，留下士林佳话。

313

"客影碌碌然，步步追春天。石阁三层上，金刚五座连。"这是《帝京景物略》中王樨所写的《登真觉寺浮图》，描绘的正是初入暖春之际的美景。诗中所说的"金刚五座连"就是位于北京西直门外、长河以北之真觉寺。寺内《明成化御制碑》云："寺址土沃而广，泉流而清；寺外石桥，望去绕绕；长堤高柳，夏绕翠云；秋晚春初，绕金世界。"由此不难想象真觉寺当年美轮美奂之胜景。因此，真觉寺理所当然地成为当年京城雅客清明踏青、重阳登高之绝佳去处。因寺中造型独特的五座金刚宝座塔，被世人形象地呼作"五塔寺"，其本名真觉寺反被渐渐遗忘，知者鲜焉。

真觉寺金刚宝座塔，俗称五塔寺塔，原本是寺内主要建筑，与真觉寺一并建于明成化九年（1473年）。建筑此塔之因缘，是永乐初年为放置尼泊尔高僧班迪达大国师进贡之金身诸佛像，朝廷"择地西关外，建立真觉寺，创治金身宝座"。其形制是"以石为之，

基高数丈，上有五佛，分为五塔"。由于依照班迪达大国师贡献的金刚宝座形制，故五塔之"丈尺规矩与中印土之宝座无异也"。

真觉寺于明初落成后，至清乾隆时，曾大修一次，主要维修寺内殿宇、佛像，而金刚宝座塔结构与雕刻并未涉及。竣工后，为避雍正帝胤禛之讳，更名为正觉寺。这次修缮过程，用汉、满、蒙、藏文刻记于塔东西两侧二块石碑之上。时至清末，正觉寺日渐衰颓。民国初年，大殿与后殿尚存。到1927年，北洋军阀政府蒙藏院以二千五百元将正觉寺出售给商人黄圩东。以后，大殿、后殿及配房被陆续拆毁，但精美的金刚宝座塔幸被完整保存下来。

金刚宝座五塔之含义，据佛经有云，金刚界有五部，佛部居中、金刚部居东、宝生部居南、莲花部居西、羯摩部居北。每部各有部主，中为大日如来佛，东为阿閦佛，南为宝生佛，西为阿弥陀佛，北为不空成就佛。《秘藏记》云："五佛座，金刚界五佛之宝座也。大日

314

❶ 真觉寺金刚宝座塔旧影
❷ 大门匾额"真觉寺"，为1981年巨赞法师专门为寺院题写，巨赞法师是中华人民共和国开国元勋之一，也是站在天安门城楼

参加开国大典的唯一僧人（视觉中国供图）
❸ 静坐观空界，天花绕石坛，宝塔前的两株银杏树一雌一雄，树与宝塔同龄，堪称真觉寺一宝（贾建新摄影）

❹ 穿过大门，金刚宝座塔便映入眼帘，从明朝初年建成，历经五百多年的风风雨雨，塔前的大雄宝殿如今只剩下基座，用玻璃覆盖着（视觉中国供图）

狮子座，阿閦象座，宝生马座，阿弥陀孔雀座，不空成就迦楼罗座。"此记载与正觉寺金刚宝座塔须弥座及五小塔须弥座四周所雕刻之狮子、象、马、孔雀、迦楼罗等五种动物形象，完全契合。可知明永乐时，班迪达所贡金佛五躯，当是金刚界五部主像，所云之金刚宝座规式，即雕有狮子、象、马、孔雀、迦楼罗等五种形象之宝座规式，即所谓"上有五佛，分为五塔"。

　　1987年，文物部门建北京石刻艺术博物馆于寺内，用以收藏、研究、展示北京地区不同时期存留之石刻文物。而今，馆藏石刻文物已达二千六百件，包括碑碣、墓志、造象、经幢、石雕、石质建筑构件等。露天陈列历代石刻文物共计五百多种。其中包括北京地区现存年代最早石刻《汉故幽州书佐秦君之神道》柱，石阙构件有清显亲王富绶石享堂、《纳兰性德夫人卢氏墓志》及《诒晋斋》《敬得堂》等名家书法刻石等，以及北朝造像、唐明两代墓志、金元石雕、历朝法帖等。于系统陈列展示北京地区之石刻艺术，满足金石爱好者证古习书之趣，作用彰显，加持甚多。

❶ 宝座上雕刻着上下五层佛龛，每个佛龛内刻有佛像一尊，形态各异（视觉中国供图）
❷ 昔日五塔寺，今日石刻馆，其中体量最大、规格最高的是位于院子东侧的乾隆阅贡院御制诗碑（视觉中国供图）
❸ 院子西侧的显亲王富绶石享堂（富绶是康熙的堂兄，康熙大伯的儿子，即皇太极长子豪格的四子），1970年在朝阳区劲松架松村肃王坟出土，现收藏于此（视觉中国供图）
❹ 这里的馆藏石刻文物多达二千六百件，无言地向世人讲述那一段段历史往事（视觉中国供图）

后
Postscript
记

　　城市记忆是一座城市的文化根脉。而作为首都，北京的城市记忆，不仅仅是北京人的记忆，更是国家记忆的凝聚与升华；既蕴含着古老民族的家国情怀与精神气质，凝聚着海内外炎黄子孙的向心力，更是广大人民群众创造历史、见证历史的鲜活例证。2023年8月，在时任北京市人民政府参事室主任李昕、北京市人民政府参事室（北京市文史研究馆）一级巡视员陶水龙的策划和指导下，北京市文史研究馆启动《古韵新风游京华》的编辑出版工作，经过不断酝酿打磨，于2025年5月定稿付梓，与读者见面。

　　全书图文并茂，点线面结合，力求更丰富展现出北京的古韵新风。内容不拘于介绍北京城的悠久历史，更将视角延伸至现代都市的纷繁万象。通过勾勒遍布北京老城核心区的十条文化探访路线，为读者实地参观游览提供参考。

书稿撰写过程中，四位文史专家力求内容客观与准确，通过平实生动的表达，贴近读者，使北京的古都风韵与现代神采跃然纸上。书中收录图片五百余幅，除精选图库摄影作品和搜集珍贵历史影像外，数十位摄影师于四季更迭中，捕捉北京老城光影，为本书插图锦上添花。本书编纂过程中，还得到了多位北京市文史研究馆馆员与相关领域专家学者的大力支持，在此一并致谢。

　　北京城市文化内涵宏富、博大精深，搜集、记述万难周全，疏漏、不足在所难免。敬请广大读者批评指正。

编　者

2025 年 5 月于北京